湖南地区信仰民俗的文化生态及保护研究

李 琳 著

中国社会科学出版社

图书在版编目(CIP)数据

湖南地区信仰民俗的文化生态及保护研究 / 李琳著 . —北京：中国社会科学出版社，2021.1
ISBN 978-7-5203-5680-0

Ⅰ.①湖… Ⅱ.①李… Ⅲ.①风俗习惯—文化生态学—研究—湖南 Ⅳ.①K892.464

中国版本图书馆 CIP 数据核字(2019)第 252187 号

出 版 人	赵剑英
责任编辑	伊 岚
责任校对	张爱华
责任印制	张雪娇

出　　版	中国社会科学出版社
社　　址	北京鼓楼西大街甲 158 号
邮　　编	100720
网　　址	http://www.csspw.cn
发 行 部	010-84083685
门 市 部	010-84029450
经　　销	新华书店及其他书店
印刷装订	北京市十月印刷有限公司
版　　次	2021 年 1 月第 1 版
印　　次	2021 年 1 月第 1 次印刷
开　　本	710×1000 1/16
印　　张	16
插　　页	2
字　　数	263 千字
定　　价	98.00 元

凡购买中国社会科学出版社图书，如有质量问题请与本社营销中心联系调换
电话：010-84083683
版权所有　侵权必究

序一

卓新平

对于中华传统文化，有着不同视角的回溯、反思和审视，其中基于地区文化风貌的探究和思考则更为具体、更加生动，亦更有意义。自己作为常年游迹在外的湘籍学人，读到李琳博士新著《湖南地区信仰民俗的文化生态及保护研究》，心情颇难平静，油然生出一种强烈的乡思、乡恋和乡愁。

如何守护我们的精神家园？如何保持并弘扬中华民族的文化特色？李琳博士在其新作中以家乡湖南的信仰民俗为例，做出了极为独到而且很有说服力的剖析和解答。中华民族的文化传承源远流长，丰富多彩，有着各族共构、汇通合一的特色，达成了我们整体文化的宏伟绚丽，而其中的地区文化生态之多样性和互渗性则是这种宏大景观的基本构成和必有要素，因而值得我们特别关注。例如，湖湘文化就具有典型的内陆山、水文化印痕，而且还深深浸染着楚文化的巫风神韵，使之独具特色、卓尔不群，给人留下深刻的印象。李琳博士对之有着细致、生动的探究和新颖、独到的诠释，由此也触动我们对中华信仰文化及其与世界宗教精神遗传之关联和区别的思考。

中国的信仰民俗探讨，首先就关涉中国文化史上究竟有无宗教的问题，进而则引申出对宗教价值的评判问题。社会上有不少人借百年之前梁启超关于"中国没有宗教""中国人不需要宗教"的暂且之论而否认中国历史上的宗教存在。其实，梁启超很快就放弃了自己这种认为中国"无宗教"、"不需要宗教"之说，但其观点却得以长期保留，并成为后人否定中国宗教的重要依据。由此以来，中国社会就陷入"有无宗教"的迷茫和争议之中。这里，显然就涉及如何看待并评价中国古代神话、原始巫术遗俗的问题，而其定性则会直接回答中国自远古以来究竟有无宗教的问题。对此，李琳博士以湖南为例，指出"湖南古为楚地，有所谓'南楚江湘'之称，楚文化有着与众不同的巫风色彩，古老而荒诞，浪漫而神秘。巫术至今还留存在湖南某些地区的原始宗教遗俗中"。显然，这一表述对中国远古就有宗教做了非常肯定的回答。

中华古代神话给我们留下了"朦胧之美"，产生出巨大的精神魅力。这些神话实际上即一种"神话宗教"，离开宗教这一基本范畴则无法解释神话。而且，远古神话与巫术遗俗有着密切关联，有时很难将之截然区分。马克思说，"任何神话都是用想象和借助想象以征服自然力，支配自然力，把自然力加以形象化"。中外神话均为借助想象来表示对自然的积极征服，中华远古神话的这种"积极征服"尤为明显。但其"想象"以及"形象化"却是宗教性的，不离"神圣""神秘"这一最根本的宗教表达。这些神话尽管幽深莫测且浪漫荒诞，却实质性地代表着古代宗教的"神学"、蕴藏着先民的哲理。因此，基于历史唯物主义的审视，我们不能否认中华文明之源中已经颇具宗教之因素。

湖湘宗教文化作为古代楚文化的重要构成，在长江流域的文化发展中发挥了巨大作用，曾影响到中华民族的南国宗风及其民众的精神生活。对其细节，李琳博士在本书中有着生动的描述，进行了具体的田野案例分析，展示了洞幽独微的察辨。德国汉学家尉礼贤在对比中西宗教文化时曾指出，西方古希腊神话传统中有着北方主文化奥林匹斯诸神谱系与南方亚文化狄奥尼索斯酒神信仰之别。而中华古代文化同样也有着南北之分：北方文化以黄河流域为代表，形成孔子及其儒家学说的正统发展；而南方文化则活跃在长江流域，形成老庄道家传承及吴楚文化特色。这里，南方文化更以民间文化的身姿亮相，故其信仰亦主要为民间信仰。对此，梁启超也承认南方文化更有理想主义、遁世逍遥、激进浪漫、笃信天道、醉心神秘等特点，与以儒家为正统的北方文化明显不同。尽管后来形成了儒家一统天下、"吴楚翻成华邑"这一中华文化大团圆的结局，其地域特色、地区个性却仍旧得以保留，一直在历史发展的长河中依然时隐时现，让人难以忘怀。而李琳博士的研究则非常具体地将这种地域文化特色、信仰遗风生动地再现出来，给我们以史为鉴、洞若观火的透明之感。

既然中华民族本有着悠久的宗教文化传承，那么我们则可更加深入地探究中国宗教的独有特质和与西方宗教的不同之处。在李琳博士的新作中，对这些差异和区分也做出了比较冷静、非常恰当的解说。自华裔美国社会学家杨庆堃出版《中国社会中的宗教》、提出"弥散性"宗教这一概念以来，人们对于中国宗教的性质就有着广泛而热烈的讨论。我们暂不论以"建构性"或"弥散性"来界定中国宗教的性质是否准确，但至少可以看出中国民间信仰的"弥散性"特点乃是极为典型的。而这一信仰传统绵延至今、未有根本改变，故而也使我们在观察、界定和理解当今中国社会中的宗教时应该更加客观、更为全面、更有睿智。从古今中国宗教的建构性而言，其在民众中所占比重的确不大，由此可说中国宗教是少数人的信仰。但若以这种"弥散性"的审视来关注中国的民间信仰、并实事求是地肯定其宗教性的存在，那么宗教信仰在中国民众的占比、涵括则可能非常之大，所以说民间信仰值得我们高度重视，其认真探索或许会带给我们关于宗教的颠覆性认知。西方文化中建构性宗教占据了其宗教景观的主要画面，而中国文化的图景则与之迥异，对此不可简单地拾西方学者的牙慧来评议中国宗教，尤其不可忽略中国民间信仰的普遍存在和悠久影响。宗教反映人的精神生活，表现出其精神状态、灵性追求和敬畏情怀，其中"宗教性"乃体认宗教的关键要素，而宗教的"建构性"则仅是其表层的。我们不应放弃对宗教社会结构层面的"建构性"存在之研究，也不可忽略对宗教精神内在的"宗教性"现象之观察。如果无视中华民众这种"宗教性"的普遍存在或其"弥散性"的基层发展等表现，我们的宗教理解及宗教工作则可能出现失误，造成本不应该发生的损失。所以说，在今天仍有必要对比中国宗教中"建构性"与"弥散性"的交织，辨识民间信仰、民族宗教、相关地域独特的非物质文化遗产表象，以及它们与建构性宗教的异同，由此把握中国宗教的全景真相。从李琳博士的这一研究中，我们可以再思今天对中国社会宗教、对儒家宗教性以及对各种民间信仰的定性、评价和与之相应的把握及管理。这一方面涉及对中华文化传统之精神层面的探索，另一方面则与我们当今社会工作、群众工作、统一战线工作、爱国教育工作等都直接相关。基于这种科学研究，我们理应调整好我们观察宗教、信仰等现象的视角，把握好我们宗教工作的政策及其维度。

在对中国信仰特色的比较中，李琳博士以其田野调查的丰富资料而给我们提供了有助于理论思考和体系建构的许多案例，让我们形象地领略到中西信仰景观的不同和侧重。西方在"二元分殊"世界观的影响下，其宗教思想强调"神""人"的绝对不同，"人"不可逾越这一极限而达"神"。所谓世人"成神"的宣传乃一种"逆神"的僭越和亵渎，其任何尝试都被视为极其荒唐之举。在这种"神""人"迥异的认知中，只有"神"对"人"拯救中从上而下的"道成肉身"，而不可能出现从下达上"肉身成神"的奇迹。但中华文化则有"天""人"相通、一元共在的整体世界观。因此，中国传统宗教信仰当然承认并理解"人"的成圣、成仙、成神。"神""人"之间并无不可逾越的绝对鸿沟。这种中国宗教的"积极浪漫主义"与西方宗教的"消极浪漫主义"对比鲜明，相映成趣。对于中国民间信仰中"神格"的下降和"人格"的升华，李琳博士都有生动而精彩的描述。在湘楚文化的语境中，李琳博士深刻地指出，在自古以来巫风浓厚的湖湘大地，通过各种庙会、民俗活动而使人们的信仰经历了由"敬神"、"拜神"到"酬神"、"媚神"、"娱神"的嬗变，昔日以崇拜神明为主的信仰已经演化或退化为今日以满足人们自己精神生活、达其身心愉快的娱乐！但另一方面，人间的英雄却逐渐有了神圣位格，由"人"而最终升华成"神"。从对忧国忧民而投江自尽的屈原崇拜，从对忠诚守信的关公形象之神化，以及从对各路英雄包括农民起义英雄的敬仰上，我们都可以看到中华民族来自民间的"选神""造神"现象。就其历史价值的审视而论，很难对之加以简单的褒贬臧否。特别是在湖湘地区，诗人屈原以其家国情怀的执着、坚毅、甚至"我以我血荐轩辕"的慷慨激昂，形成了湖湘人"敢为天下先"、至死不渝的直率性格和"霸蛮"精神。从屈原到谭嗣同，这一精神可歌可泣、英勇悲壮，已经升华为"神性"而令人敬仰。所以，从中国信仰民俗中，我们可以得到对于"神性""神圣性"的另一种合理解读，而且还获得国民的共鸣，由此也可以启迪人们更加深入地窥透宗教、信仰之奥秘。

"高山仰止"，"上善若水"。湖湘信仰民俗随着文化拓展的脉搏而跳动，积聚了丰富的文化元素和深邃的精神蕴涵。洞观人类命运、领略人生意义，不可能不触及宗教。对于穿越历史千年的信仰现象及其积淀深厚的人脉资源，我们应该有更为务实的策略、更加求真的理论。对湖南信仰民俗的探究与梳理，不只是沉湎于过去而怀旧的思乡曲，而更应该是当下积极弘扬中华优秀文化来行动的集结号。为此，对当代中国信仰民俗的存在及发展，我们需要更多的关注、更深的思考和更好的引导，审时度势，关键在"导"。

李琳博士的这一新著既有交响音诗般的宏大叙事，也有如潺潺流水般的细腻入微，鲜活地呈现出湖湘信仰民俗的古今变迁，审慎地提出了当今宗教工作的建议和构想，令人感慨万千。作为一名土家族的学者，我也特别感谢李琳博士对土家族信仰文化的生动勾勒和精彩描述，从中也体悟到"认识你自己"的意趣。今天，中华民族的伟大复兴有着宽阔的胸襟，对待世界文明展示出博大的胸怀，既体现了引领"一带一路"国际合作的气魄，也更加表达出共建"人类命运共同体"的宏愿。那么，在这种"新时代"处境和"新文化"语境中，文明此刻也需要蓦然回首，真正看到并运用作为这一伟大事业之基的，建好中华民族命运共同体、文化共同体所首需的"和而不同""多元包容""和实生物，同则不继""各美其美，美美与共"等中华智慧。

是为序。

2019 年 5 月 12 日于北京

序二

黄永林

李琳教授的《湖南地区信仰民俗的文化生态及保护研究》即将付梓，她约我写序，我欣然答应。一是因为这部书是她承担的国家社科基金项目的结项成果，获得评审专家的好评；二是这是我指导她写的博士论文《洞庭湖水神信仰研究》（湖南人民出版社2012年版）中关于信仰民俗的研究的拓展；三是读了这部书稿后，很受启发，对湖南地区民间信仰有了一些新认识。

湖南地区有着丰富多彩、独具特色的信仰民俗，它既是历史悠久、得天独厚的湖南自然和社会历史文化生态孕育的结果，更是博大精深、异彩纷呈的湖南文化生态体系的重要组成部分。本书运用民俗学、宗教学和文化生态学等理论，以文献学和田野调查相结合的方法，研究湖南地区信仰民俗的文化生态及保护，其研究具有以下特征。

其一，将湖南地区信仰民俗置于湖南广阔的自然与历史文化背景下，在一个开放复杂的社会系统中，分析其产生与发展的文化生态系统环境，研究其在自然—文化—社会的复合生态系统环境中的互动关系，体现了对民间信仰研究的新视角和大格局，以及整体性和系统性特征。湖南地区在历史上一直是一个蛮荒之地，远离中国的政治、经济和文化中心。本书从湖南地区封闭落后的自然环境、复杂多变的社会环境、发展迟缓的经济环境、相对宽松的政治环境等方面分析了湖南民间信仰形成与发展的文化生态，探讨了湖南信仰民俗中保留了多类原始文化、融合了多元民族文化、融入了多种宗教文化的文化特征，剖析了这些信仰民俗和其他宗教形态一起构建的这一异彩纷呈的独特信仰民俗文化系统的多民族融合、多宗教并存、多元文化共生的生态结构。指出了湖南地区信仰民俗以各种少数民族巫术或原始自然神信仰、祖先神信仰、民间圣贤信仰和民间生活信仰相融互通成、丰富多彩的姿态，成为湖湘文化生态的有机组成部分，成为塑造湖湘文化的重要思想源泉，成为凝聚湖湘民众的精神力量，对社会经济以及人们的社会行为产生了巨大影响。

其二，从信仰民俗角度探寻历史上同一区域多族群间文化交流与变迁、冲突与交融，研究某群体信仰民俗的文化心理特征与情感倾向、文化认同与追求，探讨从信仰民俗文化层面构建湖湘民众的文化认同，体现了湖南信仰民俗在多民族多元文化共享的中国价值与世界意义。湖南地区自古以来就是南方土著民族与中原移民汇聚之地，各民族交错杂居，是一个多民族省份，全国56个民族，都有居民在境内生活。现有少数民族总人口达658万人（名列全国第6位，次于广西、云南、贵州、新疆和辽宁），约占总人口的10.21%。其中人口较多的是土家族占4%、苗族占3%、侗族约占1%、瑶族约占1%。在长期的发展、演化过程中，不同民族之间彼此尊重与包容，互相学习与合作，形成了"和而不同""多样共生"的湖湘文化传统，孕育了包容博大、独具特色的多元宗教文化共存的生态环境。历史上湖南地区信仰民俗与儒、释、道相互交流、相互融合，相互渗透，在融合中得到了发展，在发展中又彼此融合。在湖南信仰民俗中有的是本土的原始宗教遗风，有的属道教体系的神仙崇拜，有的属佛教体系的菩萨崇拜，还有的属儒家体系的民间圣贤信仰，民众对这些神灵都一律顶礼膜拜，道观庙宇祠堂比比皆是。湖南地区各族民族信仰民俗和佛教、道教、伊斯兰教、基督教和睦相处，形成了各宗教信仰协调共存、民族文化兼融的状况，呈现出瑰丽多姿的风貌。湖南地区民族文化"和而不同"和多种信仰"和谐共存"的相处原则，这是保持世界文化多样性，实现文化"各美其美，美人之美，美美与共，天下大同"这一处理不同文化关系的重要准则。

其三，以大量田野调研资料和具体生动的个案研究，对湖南地区信仰民俗的发展变迁历史及生存现状进行客观呈现，探讨了在现代化背景下湖南地区信仰民俗及其文化生态保护的挑战与机遇，体现当今多元文化背景下加强文化多样性保护的重要性与紧迫性。本书以3个典型文化生态区域的信仰民俗案例，即湘南衡山地区南岳女性香客朝香、湘北洞庭湖地区水神信仰和湘西地区新晃侗族自治县贡溪乡天井寨神秘民间习俗等，以及4个湖南非物质文化遗产民间信仰项目，即湖南土家族摆手舞、与屈原文化相关的端午节、道州龙船信仰习俗和九溪板龙灯等为个案，通过田野调研的第一手材料，进行了信仰民俗生存状态的分析。本书认为，中国信仰民俗不仅与生成塑造它的地方社会和地方民众有着密切的关联，而且与社会变革、经济发展和文化潮流等紧密相关。在现代化背景下，中国信仰民俗呈现出地域性特色凸显，性别意识淡化，神圣性减弱，世俗化、娱乐性和功利性增强等时代特征。湖南地区信仰民俗是湖湘本土化的信仰资源和文化资本，它丰富了湖湘民众的精神文化生活，在普通民众中间有较强的生命力和广泛的认同度。同时，信仰民俗文化也面临着科技发展、现代经济、外来文化等力量冲击，对湖南地区信仰民俗文化进行合理保护已刻不容缓。当今，湖南信仰民俗的保护必须将其置于具体的社会文化历史条件下去做出符合其传承与发展规律的现代性建构，在快速现代化的背景下保护和传承民间信仰文化更显得紧迫和任重而道远。

基于上述认识，我认为该研究成果对中国各民族对中华文化的认同、国家的认同、增强中华民族的凝聚力具有重要的学术价值与现实意义，对当今实践党和国家的民族宗教政策，增进民族团结、促进宗教和睦具有一定的积极意义，对在多元文化背景下加强对中华优秀传统文化保护传承，建立世界文化共存、共荣和共享机制同样具有重要作用。

2019 年 3 月 19 日于武汉

自　序

> 我旅行的时间很长
> 但我的生命简单像一枝苇草
> 极柔，又极坚定
> ——题记

在浩瀚的宇宙中，人类实在是太过渺小，有时候我们真是柔弱如一枝风中的苇草，但有时候我们又坚定无比。因为有爱，因为有信仰，足以支撑我们走过这漫长而又短暂的人生。

我对信仰最深切的感悟是十几年前去马来西亚学习交流，在宾馆电梯里遇到了几位来自不同国家的人，其中一位棕色皮肤的年轻男子可能对中国人有点好奇，他用流畅的英语向我发问："听说你们中国人都是没有信仰的，是真的吗？"当时我错愕了几秒钟，一下子竟不知如何作答。因为说实话，我本人就是没有任何严格意义上的宗教信仰的，但我想起很多西方人评价中国人没有信仰的言论，这些言论大多都是负面的。短暂的错愕之后，我镇定下来，我语音清晰地一字一句地说，我们中国人都是有信仰的，我们信仰祖宗，崇祀英雄，在春节、清明节等等特定的节日里我们都会祭祀逝去的先辈，以表达我们的怀念尊崇之情。听了我的回答，这位棕色皮肤的男子和电梯里其他几位白种人都有点吃惊，但目光明显都变得非常友好起来。可能在他们以前的观念里，中国人是没有信仰约束的群体，很容易置道德与法律于不顾而为所欲为，是最危险和可耻的。

但作为一个普通的土生土长的湖南人，我深知我和我的乡亲们所持有的信仰是纷繁芜杂而且不成系统的，似乎也没有各种制度性宗教的博大精深、体系严密，但这些信仰确确实实真切地存在于湖湘千千万万普通人的日常生活和道德意识中，并且已经成为他们物质生活和精神生活中不可分离的一部分，也成为千百年来湖湘文化的重要组成部分。但由于种种原因，这些混杂在湖湘民众日常生活中的信仰长期以来得不到人们应有的理解与尊重，甚至还被许多人视为封建迷信而唾弃。

关于宗教的文化生态研究，牟钟鉴在《宗教文化生态的中国模式》中说："多种宗教长期共存，不仅能够和平共处，还可以互相学习与合作，形成多样性共生的文化生态。"① 每一个国家与民族乃至于个人都有自己独特的文化个性，我们要摒弃任何一种文化霸权主义，文化的多元共融共生已成为当今世界文化发展的主流。而在一个群体内部，我们更不能因为彼此信仰不同而相互排斥。

"实际上，接受彼此的不同，尊重相互的差异已经成为'了解世界'的重点。""我们一定要走出去看世界，因为世界有太多的内容需要我们去熟悉和探索，陌生的文化与历史，各种不同的宗教现象，甚至是空气中弥漫的不同味道。"因为只有在这样的比较中，"我们才能睁大自己的眼睛，扩张自己的毛孔，也扩展彼此的胸怀。"②

作为一个多民族聚居的省份，湖南的少数民族信仰更值得更多的人去关注。复旦大学研究民间宗教信仰的范丽珠教授说："当我们把研究目光投向少数民族地区后，人们就会发现中国宗教不仅仅只存在于汉族地区，中国少数民族地区有自己的民族宗教，资源非常丰富。在历史进程中，宗教资本能够对文化资源、社会资源等进行整合，发挥着自己独特的作用。"③

值得庆幸的是，信仰民俗的文化生态学研究现在已成为宗教学、人类学以及民俗学界普遍关注的重要课题，但大多数学者们还没有把目光投向湖南地区，即使有极少数的学者已经对湖南地区的信仰民俗展开研究，但涉及湖南地区信仰民俗文化生态及保护的研究成果却是凤毛麟角。

笔者认为，以湖南地区为例，研究信仰民俗的文化生态及保护具有以下重要意义：

---

① 牟钟鉴：《宗教文化生态中的中国模式》，《中国民族报》2006年5月16日。
② 《我们为什么一定要走出去看世界》（http://www.sohu.com/a/134305010_544618）。
③ Weller、范丽珠、陈纳、Madsen、郑筱筠：《制度性宗教 VS 分散性宗教：关于杨庆堃〈中国社会中的宗教〉的讨论》，《世界宗教文化》2010年第5期。

1. 调查、记录和整理湖南地区信仰民俗资料，不仅可以系统展示湖南地区信仰民俗的独特魅力和永恒价值，而且能为以原始宗教和信仰民俗为重要研究对象的宗教学、民俗学、民族学等学科提供新的研究资料；

2. 从文化生态学的角度研究湖南地区信仰民俗，全面阐释它的社会功能和意义，有利于增进湖南地区各民族间的相互了解，为实现文化强省提供理论支撑，促进地区经济发展与社会进步。

3. 通过对信仰民俗的文化生态及保护的研究，不仅在信仰民俗的研究方法和模式上可能有所突破，而且在实践党和国家的民族宗教政策，维护社会稳定、加强民族团结、促进宗教和睦方面也具有积极的意义。

或许，穷极一生，我们中的大多数人也无法抵达梦想的彼岸，我们充满苦恼与彷徨，我们流下太多汗水与泪水。世界太过复杂奇妙，科学并不是万能的，并不能满足人类的全部需求，但有时候，信仰能帮助我们走出精神的迷茫。

爱因斯坦说："没有宗教的科学是跛足的，没有科学的宗教是盲目的。"在前行的路上，因为有爱，因为有信仰，我们就会满怀希望，我们就会全力以赴，这也正是生命的意义所在。

由于博士论文做的是关于洞庭湖水神信仰方面的研究，并有幸被评为优秀博士论文，后来博士论文结集出版，又获评湖南省优秀社科成果奖，这无疑给了我更进一步研究湖南地区信仰民俗的勇气和信心。

是以为序。

目　　录

绪论 ………………………………………………………………（1）
　一　信仰民俗及文化生态学概念阐释 …………………………（1）
　二　国内外相关研究综述 ………………………………………（2）
　三　主要田野调查点基本情况介绍 ……………………………（7）

第一章　湖南地区信仰民俗文化生态系统环境分析 ……………（14）
　第一节　封闭落后的自然生态环境 ……………………………（14）
　　一　不同地区自然生态的差异性 ……………………………（15）
　　二　山区与其他地区经济发展的不均衡 ……………………（16）
　第二节　复杂多变的社会生态环境 ……………………………（19）
　　一　建省之前湖南行政区划的沿革 …………………………（19）
　　二　建省以后湖南政治经济文化的发展 ……………………（21）
　第三节　多元共融的文化生态环境 ……………………………（23）
　　一　各族人民璀璨的民族文化 ………………………………（23）
　　二　信仰民俗文化与儒、释、道的共存与互渗 ……………（29）

第二章　湖南地区信仰民俗的起源与发展 ………………………（32）
　第一节　历史上湖南地区多民族信仰民俗概述 ………………（32）
　　一　原始巫术遗俗 ……………………………………………（32）
　　二　自然神信仰 ………………………………………………（35）
　　三　祖先神信仰 ………………………………………………（38）
　　四　民间圣贤信仰 ……………………………………………（42）
　第二节　历史上湖湘文人阶层与湖湘信仰民俗 ………………（44）
　　一　信仰自觉——湖湘文人对信仰民俗的关注、参与与
　　　　记载 ………………………………………………………（44）

二　文化渗透——湖湘文人积极引进封建正统信仰文化 ……（48）
　　三　移风易俗：湖湘文人对信仰民俗的改造 …………（52）
第三节　南岳圣帝信仰考察报告 ………………………………（54）
　　一　南岳圣帝信仰溯源 …………………………………（54）
　　二　当代南岳圣帝信仰的基本特征 ……………………（56）
　　三　南岳信仰民俗的生存策略 …………………………（59）

第三章　湖南地区信仰民俗文化生态典型区域案例分析 …………（63）
第一节　朝圣之地——湘南衡山地区 …………………………（63）
　　一　日常生活的失衡与平衡：南岳女性香客的宗教感情 …（65）
　　二　信仰成为"私人"的精神需要：南岳朝香女性的宗教
　　　　体验 …………………………………………………（69）
　　三　信仰的分层：湖南女性信仰民俗群体信仰特点 …（72）
第二节　水神汇聚之地——洞庭湖地区 ………………………（75）
　　一　历代文献记载与民间传说中的洞庭湖水神 ………（76）
　　二　洞庭湖水神的信仰主体与祭祀仪式 ………………（84）
　　三　洞庭湖水神信仰的发展演变 ………………………（90）
第三节　多元信仰文化共存的村落——新晃侗族自治县
　　　　贡溪乡 ……………………………………………（100）
　　一　村落概况 …………………………………………（101）
　　二　原始农耕信仰的现代展演 ………………………（102）
　　三　移民搬迁与祖先英雄崇拜 ………………………（110）
　　四　民俗旅游背景下的传统文化回归 ………………（115）

第四章　当代湖南地区信仰民俗的文化生态困境 ………………（120）
第一节　快速现代化背景下的湖南信仰民俗 ………………（120）
　　一　信仰民俗文化在社会经济环境巨变中的适应危机 …（121）
　　二　代际差异下的信仰民俗断裂化 …………………（123）
　　三　政策环境的不确定性及信仰民俗"欠合法性"存在的
　　　　风险 …………………………………………………（125）
第二节　转型期西方宗教文化冲击下的湖南信仰民俗 ………（127）
　　一　历史上湖南传统宗教文化与西方宗教的冲突 …（128）
　　二　转型期基督教的迅速扩张与湖南信仰民俗依存空间的

　　　　消解 …………………………………………………………（129）
　第三节　世俗化冲击下的湖南信仰民俗 ……………………………（132）
　　一　文化消费的娱乐化倾向与传统信仰民俗神圣性的
　　　　消解 …………………………………………………………（133）
　　二　现代性语境下湖南信仰民俗的功利化 …………………（135）
　　三　乡村新兴精英阶层的操纵与湖南信仰民俗草根性的
　　　　背离 …………………………………………………………（138）

第五章　平衡的湖南地区信仰民俗文化生态多维探讨 ……………（142）
　第一节　湖南地区信仰民俗的湖湘文化内涵 ………………………（142）
　　一　自然崇拜中的忧患与责任意识 …………………………（142）
　　二　祖先信仰中的家国情怀 …………………………………（147）
　　三　历史人物信仰中的包容并蓄 ……………………………（151）
　第二节　构建平衡的湖南信仰民俗文化生态 ………………………（156）
　　一　信仰民俗文化生态平衡的价值和可能性 ………………（156）
　　二　信仰民俗文化之间的互动 ………………………………（159）
　　三　社会主流文化对信仰民俗发展的影响 …………………（162）
　第三节　湖南信仰民俗文化生态保护路径 …………………………（165）
　　一　坚持稳定的"和而不同"的文化认知传统 ……………（166）
　　二　积极开展宗教间的交流与对话 …………………………（169）
　　三　提供政策与法律保障 ……………………………………（173）

第六章　非物质文化遗产保护视野中的湖南信仰民俗 ……………（178）
　第一节　湖南土家族摆手的"非物质文化遗产化" ………………（179）
　　一　土家摆手的历史渊源 ……………………………………（180）
　　二　本民族的传统与允许外力介入 …………………………（183）
　　三　土家摆手在现代经济社会中的选择 ……………………（187）
　第二节　作为文化品牌的汨罗屈原文化 ……………………………（189）
　　一　屈子祠概貌 ………………………………………………（191）
　　二　世界非物质文化遗产"汨罗江畔端午习俗" …………（191）
　　三　表达民众娱乐诉求的龙舟文化节 ………………………（196）
　第三节　道州龙船信仰习俗"非遗化"调查研究 …………………（200）
　　一　田野调查点的基本情况 …………………………………（200）

二　道州龙船信仰的发展轨迹 …………………………………（202）
　　三　当代"非遗"语境下的道州龙船信仰 ……………………（207）
　　四　引发的思考 …………………………………………………（215）
　第四节　非遗语境下的桃源县九溪板龙灯祭祀文化 ……………（216）
　　一　九溪乡板龙灯祭祀文化的内在传承 ………………………（216）
　　二　九溪板龙灯文化发展的外在驱动 …………………………（219）
　　三　九溪板龙灯文化的发展与繁荣 ……………………………（220）
结　语 …………………………………………………………………（223）
参考文献 ………………………………………………………………（226）
代后记　和一只鸟的凝望 ……………………………………………（237）

绪　　论

一　信仰民俗及文化生态学概念阐释

本书所论述的信仰民俗，又称民俗信仰，也就是一般认为的民间信仰。目前学术界对民间信仰的界定，一直没有定论。民间文学与民俗学的泰斗钟敬文先生说："（民间信仰）是在长期的历史发展过程中，在民众中自发产生的一套神灵崇拜观念、行为习惯和相应的仪式制度。"① 宗教社会学家杨庆堃在《中国社会中的宗教》一书中提出了制度性的宗教和分散性的宗教的概念，认为"佛教、基督教、道教、伊斯兰教等等宗教借助于独立的概念、仪式和结构，使宗教具有了一种独立的社会制度的属性，故而成为制度性的宗教。分散性宗教拥有神学理论、崇拜对象及信仰者，于是能十分紧密地渗透进一种或多种的世俗制度中，从而成为世俗制度的观念、仪式和结构的一部分。制度性宗教作为一个独立的系统运作，而分散性宗教则作为世俗社会制度的一部分发挥功能。作为一个独立的因素，分散性宗教可能并不那么引人注目，但它作为一种基层支持力量，对于世俗制度和整体的社会秩序或许十分有意义"②。他承认了民间信仰是一种分散性宗教，同时又指出了民间信仰与制度性宗教的区别，得到学术界的广泛认同。北京大学民俗史和社会史学者赵世瑜先生认为，"民间信仰是指普通百姓所具有的神灵信仰，并包括围绕这些信仰而建立的各种仪式活动，也是人们日常生活的一个组成部分"③。北京师范大学民俗学者萧放先生说："民间信仰

---

① 钟敬文主编：《民俗学概论》，上海文艺出版社1998年版，第187页。
② ［美］杨庆堃：《中国社会中的宗教》，范丽珠译，上海人民出版社2007年版。
③ 北京大学赵世瑜先生在《狂欢与日常：明清以来的庙会与民间社会》中指出，普通百姓所具有的神灵信仰，以及相关的各种仪式活动，已成为人们日常生活的一个组成部分。见赵世瑜《狂欢与日常：明清以来的庙会与民间社会》，生活·读书·新知三联书店2002年版。

是民众的一种知识形态,是民众对待自然社会的一种精神态度。"① 笔者认同上述学者的观点,本书所指的湖南地区信仰民俗,是一个广义上的概念,涵盖了湖南地区除正统宗教之外的民间杂神、自然神崇拜和佛道中已经民间化了的诸神信仰,还包括与湖湘民众日常生活紧密联系的一种价值观念和信仰体系,是一种集体的心理活动和外在的行为表现。

20世纪50年代,美国文化人类学家J. H. 斯图尔德首次提出了"文化生态学"的概念,此后,文化生态学为越来越多的人类学家和生态学家所重视,逐渐形成一门新的学科,并在20世纪中形成和发展起来。文化生态学主张从人、自然、社会、文化等多种变量的交互作用中研究文化产生、发展的规律,用以寻求不同民族文化发展的特殊形貌和模式。斯图尔德在他的《文化变迁理论》中阐述了文化生态学的基本理念,认为"不同地域环境下的文化有着不同的特征,人类文化方式是适应环境的自然资源和其他集团(即人文环境)生存下来的结晶"②。这部著作的出版被普遍认为是文化生态学正式诞生的标志。在斯图尔德的影响下,文化生态学著作相继问世,司马云杰在《文化社会学》中说,文化生态学主要是"从人类生存的整个自然环境和社会环境中的各种因素交互作用研究文化产生、发展、变异规律的一种学说"③,文化生态学研究在文化人类学、文化社会学、文化哲学、文化地理学以及景观生态学等学科领域都得到了广泛运用与深入发展,对整个学术领域产生了深远的影响。本书借鉴前人关于文化生态学的各种理论,从湖南地区民间信仰产生的自然和社会环境等多种因素的交互作用研究其产生、发展、变迁,重点探讨湖湘自然和社会环境对民间信仰的影响、民间信仰与湖湘其他宗教的交互影响。

二 国内外相关研究综述

近年来,有关信仰民俗与地域社会的相关研究倍受国内外学者的关注。国外学者从社会经济生活、宗教文化生态、非物质文化遗产保护等方面综合考察了信仰民俗与地域社会的关系。如韩森的《变迁之神——南宋

---

① 萧放:《文化遗产视野下的民间信仰重建》,《探索与争鸣》2010年第5期。

② J. H. Steward, *Theory of Culture Change*, Urbana: University of Illinois Press, 1979, pp. 39-40.

③ 司马云杰:《文化社会学》,华夏出版社2011年版。

时期的民间信仰》①、滨岛敦俊的《明清江南农村社会与民间信仰》②。通过考察传统社会中的民间信仰,认为神的变迁实际上提供了观察中国社会、经济以及政治变化的出发点。杨庆堃的《中国社会中的宗教》③、渡边欣雄的《汉族的民俗宗教:社会人类学的研究》④、欧大年的《中国民间宗教教派研究》⑤、王斯福的《帝国的隐喻:中国民间宗教》⑥ 探讨了宗教的现代社会功能与历史因素。佐藤仁史的《"迷信"与非遗之间:关于江南的民间信仰与农村妇女的一些思考》⑦ 通过考察江南农村的中老年妇女的信仰和作为"非遗"的民间信仰之后,认为中国的"非遗热"对一部分民俗文化给予肯定评价,而让不适合的民俗停留在封建迷信上。

国内相关研究主要从以下三个视角展开。

一是民俗文化视角。乌丙安⑧、宋兆麟⑨、高丙中⑩、万建中⑪、萧放⑫、林继富⑬、田兆元⑭、贾二强⑮、向柏松⑯、叶春生⑰、范正义⑱、王

---

① [美]韩森:《变迁之神:南宋时期的民间信仰》,包伟民译,浙江人民出版社1999年版。
② [日]滨岛敦俊:《明清江南农村社会与民间信仰》,朱海滨译,厦门大学出版社2008年版。
③ [美]杨庆堃:《中国社会中的宗教》,范丽珠译,上海人民出版社2007年版。
④ [日]渡边欣雄:《汉民族的宗教——社会人类学的研究》,周星译,天津人民出版社1998年版。
⑤ [美]欧大年:《中国民间宗教教派研究》,刘心勇等译,上海古籍出版社1993年版。
⑥ [英]王斯福:《帝国的隐喻:中国民间宗教》,赵旭东译,江苏人民2009年版。
⑦ [日]佐藤仁史:《"迷信"与非遗之间:关于江南的民间信仰与农村妇女的一些思考》,《民俗研究》2018年第1期。
⑧ 乌丙安:《中国民间信仰》,上海人民出版社1995年版。
⑨ 宋兆麟:《巫与民间信仰》,中国华侨出版社1990年版。
⑩ 高丙中:《核心传统与民俗学界的自觉意识》,《民间文化论坛》2007年第1期。
⑪ 万建中:《禁忌与中国文化》,人民出版社2001年版。
⑫ 萧放:《岁时:传统中国民众的时间生活》,中华书局2002年版。
⑬ 林继富:《神圣的叙事——民间传说与民间信仰互动研究》,《华中师范大学学报》(人文社会科学版)2003年第6期。
⑭ 田兆元:《民俗文物与民俗文献的价值研究》,《中国文物科学研究》2012年第2期。
⑮ 贾二强:《唐宋民间信仰》,福建人民出版社2002年版。
⑯ 向柏松:《民间信仰与非物质文化遗产保护》,《中南民族大学学报》(人文社会科学版)2006第5期。
⑰ 叶春生:《民俗主义视角下春节习俗的"真"与"伪"》,《河南社会科学》2007年第4期。
⑱ 范正义:《民间信仰研究的理论反思》,《东南学术》2007年第2期。

海冬①、尹虎彬②、周星③、张祝平④、王霄冰⑤等从神灵、庙会、仪式、"原始"信仰、民间传说、节日庆典、禁忌、非物质文化遗产保护、更名与制度化等方面考察了中国的民间信仰。赵世瑜通过考察明清以来的庙会与民间社会,认为"狂欢与日常是庙会这一类游神祭祀活动的基本特征,即它们不仅构成了民众日常生活的一部分,而且也集中全现了特定时节、特定场合的全民狂欢"⑥。

湖南学者朱汉民⑦、巫瑞书⑧、王建章⑨、赵玉燕⑩、吴曙光⑪、杨青⑫等对湖南地区民俗文化进行了细致的考察。朱汉民阐述了湖南民间信仰的多层建构,巫瑞书指出湖南孟姜女传说与楚文化有密切的血缘关系。徐孙铭⑬、王传宗⑭、万里⑮、何敦培⑯、张松辉⑰、陈彬⑱、李琳⑲等考察了湖南宗教信仰与湖湘地方社会的关系。陈彬认为庙宇

---

① 王海冬:《满族佛库伦神话中的萨满教意识》,《民间文化论坛》2012年第4期。
② 尹虎彬:《传承论的民间信仰研究》,《西北民族研究》2014第5期。
③ 周星:《民间信仰与文化遗产》,《文化遗产》2013第5期。
④ 张祝平:《本体与他者:当代中国社会民间信仰"非遗化"反思》,《中国农业大学学报》(社会科学版)2017年第6期。
⑤ 周星、王霄冰主编:《现代民俗学的视野与方向:民俗主义·本真性·公共民俗学·日常生活》,商务印书馆2018年版。
⑥ 赵世瑜:《狂欢与日常——明清时期的庙会与民间文化》,生活·读书·新知三联书店2002年版。
⑦ 朱汉民:《湖湘民间信仰的多元建构》,《湖南大学学报》(社会科学版)2013第6期。
⑧ 巫瑞书:《孟姜女传说与湖湘文化》,湖南大学出版社2001年版。
⑨ 王建章:《中国南楚民俗学》,岳麓书社1995年版。
⑩ 赵玉燕、吴曙光:《湖南民俗文化》,湖南师范大学出版社2010年版。
⑪ 赵玉燕、吴曙光:《湖南民俗文化》,湖南师范大学出版社2010年版。
⑫ 杨青:《洞庭湖区的龙文化》,岳麓书社2004年版。
⑬ 徐孙铭:《湘赣宗教文化互动与社会的和谐发展》,《湖南第一师范学报》2006年第2期。
⑭ 王传宗:《湖南佛教史》,湖南出版社2002年版。
⑮ 万里:《湖湘文化通论》,湖南大学出版社2005年版。
⑯ 何敦培:《湖南民间信仰及其与地方社会的关系》,《民族研究》2008年第10期。
⑰ 张松辉:《十世纪前的湖南宗教》,湖南大学出版社2004年版。
⑱ 陈彬:《庙宇型民间信仰的道德教化功能研究——基于湖南地区的田野调查》,《武陵学刊》2012年第5期。
⑲ 李琳:《洞庭湖水神信仰研究》,湖南人民出版社2012年版。

型民间信仰对广大信众未能形成有效的道德教化。湘西学者陆群①、熊晓晖②、向东③、刘黎光④等通过对湘西民间文化的宗教透视，展现了湘西巫文化的原始内涵。还有多位学者对湖南少数民族信仰及习俗进行了研究，成果颇多，如对湘西蚩尤、盘王、飞山信仰及本主信仰的研究，对土家族摆手习俗、梅山神张五郎信仰的研究，其中对飞山信仰的研究近几年来以谢国先⑤、张应强⑥、罗兆均⑦以及魏建中⑧等学者的成果最为突出。

二是文化人类学视角。金泽⑨、路遥⑩、范丽珠⑪、李向平⑫、叶涛⑬、吴真⑭、陈春声⑮、郭于华⑯、朱海滨⑰等学者用人类学方法研究信仰民俗与中国社会的关系。卓新平认为宗教人类学使宗教学中的"人学"凸显。林国平⑱、李亦园⑲、林美容⑳、刘大可㉑、濮文起㉒等对闽台地区民间信

---

① 陆群：《湘西赶尸》《湘西巫蛊》《湘西落洞》，民族出版社2006年版。
② 熊晓辉、向东：《湘西历史与文化》，民族出版社2008年版。
③ 熊晓辉、向东：《湘西历史与文化》，民族出版社2008年版。
④ 刘黎光：《湘西民俗文化》，中央民族学院出版社1993年版。
⑤ 谢国先：《试论杨再思其人及其信仰的形成》，《民族研究》2009年第2期。
⑥ 张应强：《湘黔界邻地区飞山公信仰的形成与流播》，《思想战线》2010年第6期。
⑦ 罗兆均：《家神的较量：湘黔桂界邻地域社会的家族互动与信仰建构》，《中央民族大学学报》（哲学社会科学版）2016年第2期。
⑧ 魏建中：《神山与山神——飞山神信仰探微》，《民族论坛》2017年第2期。
⑨ 金泽：《中国民间信仰》，浙江教育出版社1995年版。
⑩ 路遥等：《中国民间信仰研究述评》，上海人民出版社2012年版。
⑪ 范丽珠、欧大年编：《中国北方农村社会的民间信仰》，上海人民出版社2013年版。
⑫ 李向平：《当代美国宗教社会学理论研究》，中西书局2015年版。
⑬ 叶涛、陈振华主编：《东岳文化与地域传统》，学苑出版社2013年版。
⑭ 吴真：《民间信仰研究三十年》，《民俗研究》2008年第4期。
⑮ 陈春声：《正统性、地方化与文化的创制——潮州民间神信仰的象征与历史意义》，《史学月刊》2001年第1期。
⑯ 郭于华主编：《仪式与社会变迁》，社会科学文献出版社2000年版。
⑰ 朱海滨：《近世浙江文化地理研究》，复旦大学出版社2011年版。
⑱ 林国平、王志宇主编：《闽台神灵与社会》，厦门大学出版社2010年版。
⑲ 李亦园：《信仰与文化》，台湾巨流图书公司1982年版。
⑳ 林美容：《妈祖信仰与汉人社会》，黑龙江人民出版社2003年版。
㉑ 刘大可：《传统与变迁：福建民众的信仰世界》，社会科学文献出版社2011年版。
㉒ 濮文起、梁家贵：《挽劫救世：中国民间宗教的社会关怀》，《宗教学研究》2016年第1期。

仰的研究，刘锡诚①、吴效群②等对北京妙峰山庙会的调查，张桥贵③、陈麟书④对云南少数民族原始宗教的分析和解释，将宗教人类学理论视角与中国民族宗教研究结合起来。

三是文化生态学视角。牟钟鉴⑤、江帆⑥、高丙中⑦、马西沙与韩秉方⑧、段琦⑨、闫莉⑩、侯杰⑪、范丽珠⑫、李奋⑬、陈进国⑭、何其敏⑮、张祝平⑯等对宗教生态论、民间宗教、宗教人类学与民众宗教意识、中国宗教史、宗教生态失衡以及生态民俗学进行了研究。牟钟鉴认为宗教生态论将使中国获得正确处理宗教问题的整体观、动态观和驾驭全局的能力。高丙中认为文化生态建设要让那些曾经被贬低的人的文化得到承认，从而实现社会整体的"文化自觉"。

目前学术界对于民间信仰的研究的研究面广且研究深入，但大多数学者研究的关注点只在我国华北、华南、西南、东南或西北少数民族地区，对中南地区特别是湖南地区关注较少。对湖南地区信仰民俗的研究，其成果散见于湖湘民俗文化研究之中，较为零散，缺乏系统性，主要侧重于湘

---

① 刘锡诚主编：《妙峰山·世纪之交的中国民俗流变》，中国城市出版社1996年版。
② 吴效群：《走进象征的紫禁城—北京妙峰山民间文化考察》，广西人民出版社2007年版。
③ 张桥贵、陈麟书：《宗教人类学 云南少数民族原始宗教考察研究》，四川大学出版社1993年版。
④ 张桥贵、陈麟书：《宗教人类学 云南少数民族原始宗教考察研究》，四川大学出版社1993年版。
⑤ 牟钟鉴：《宗教生态论》，《世界宗教文化》2012年第1期。
⑥ 江帆：《生态民俗学》，黑龙江人民出版社2003年版。
⑦ 高丙中：《关于文化生态失衡与文化生态建设的思考》，《云南师范大学学报》（哲学社会科学版）2012年第1期。
⑧ 马西沙、韩秉方：《中国民间宗教史》，上海人民出版社1992年版。
⑨ 段琦：《丁韪良与西学东渐》，《世界宗教研究》2006年第1期。
⑩ 闫莉：《宗教信仰：自由与限制》，社会科学文献出版社2012年版。
⑪ 侯杰、范丽珠：《世俗与神圣：中国民众宗教意识》，天津人民出版社2001年版。
⑫ 侯杰、范丽珠：《世俗与神圣：中国民众宗教意识》，天津人民出版社2001年版。
⑬ 李奋：《新疆宗教文化生态现状研究》，博士学位论文，中央民族大学，2010年。
⑭ 陈进国：《中华教：当代儒教的三种实践形态》，《原道》2009年。
⑮ 何其敏：《转型社会中的信仰文化：对宗教在中国社会中位置的思考》，《宗教与民族》2012年第1期。
⑯ 张祝平：《本体与他者：当代中国社会民间信仰"非遗化"反思》，《中国农业大学学报》（社会科学版）2017年第6期。

西民俗文化或宗教文化，对于整个湖南地区信仰民俗的文化生态及保护的探讨尚未充分展开。

三 主要田野调查点基本情况介绍

对于湖南地区信仰民俗的田野调查在笔者就读博士的前一年就已经开始，但真正系统而有规划的调查是从2009年到2011年，两年多的实地调查为博士论文积累了丰富的田野考查资料，帮助我顺利完成了博士论文的写作。从2013年到2018年，笔者又亲历衡阳南岳大庙、岳阳君山、怀化新晃侗族自治县、靖州、通道、汨罗屈子祠、湘潭韶山毛主席故居、汉寿杨幺纪念馆等地进行田野调查。总的说来，从2009年到2018年，前前后后十年的田野调查让我对湖南地区信仰民俗有了一个更深入细致的了解。由于本人是家乡民俗学者，在常德、湘潭的田野调查随时可以进行，其他地方的重点调查点为衡阳南岳大庙、怀化新晃侗族自治县、靖州、通道、岳阳君山、汨罗屈子祠这6个，南岳大庙去了3次，2015年的大年三十晚上到正月初十都是在南岳度过，其他调查点每处去了两次，每次在一个调查点调查3—7天左右。

现将几个重点调查点基本情况介绍如下。

1. 衡山南岳大庙

有着"南国故宫""江南第一庙"之称的南岳大庙，位于湖南省衡山市南岳镇北，是中国江南最大的古建筑群，始建于隋唐，后经屡次修缮扩建，现存庙宇系光绪八年（1882）重建。南岳大庙是历代帝王代表国家祭祀山川社稷的主庙，主祭南岳之神——圣帝，大庙中间是儒家风格的建筑，东侧为8个道观，西侧为8个佛寺，集民间祠庙、佛教寺院、道教宫观三者于一体。虽然儒、释、道三教信仰不同，追求各异，但长期以来三教共存一庙，相处友好，同存共荣，共同发展，表现了湖湘宗教文化的博大精深与包容并存。由于南岳风景秀美，民间盛传"取岳山之水可以延年益寿"，又素有"寿岳""寿山"之美誉，吸引了中外善男信女和游客纷至沓来，南岳大庙平常日子就香火不息，特别是每年春节期间和八月更是香火旺盛，除湖南本土香客外，广东、广西、湖北、江西等省外游客，还有日本佛教界人士、东南亚华侨，以及世界各地回乡的善男信女，都不惜长途跋涉来此朝拜。

图1　衡山南岳大庙　　（拍摄人：李琳）

2. 岳阳君山湘妃祠和洞庭庙

君山，古称洞庭山、湘山、有缘山，是八百里洞庭湖中的一个小岛，与千古名楼岳阳楼遥遥相对，总面积0.96平方公里，由大小七十二座山峰组成。湘妃祠，又名湘山祠，位于君山东侧，为湖南最早的祠建筑之一，也是君山岛上最古老的建筑。据《史记·秦始皇本纪》中对秦始皇"浮江至湘山祠"的记载，可知君山在秦代以前就已有湘妃祠，其人文历史已有四千多年。祠里供奉着湘妃，即虞帝二妃，她们死后成为湘水神，又称渊德侯。人们为了纪念她们，便在君山建祠。历史上，湘妃祠多次被毁，多次又被重修。

现在的湘妃祠离东洞庭湖不到100米，是1986年在原有的基础上修缮而成的，三进庭院风格，正门写有"江南第一祠"，祠前立有"遐迩德馨"牌坊。一进内挂有清代两江总督张之洞书写的湘妃祠联，长达400字。二进两侧站有两尊武将，中悬中国书法家协会副主席李铎书写的李白诗"洞庭西望楚江分，水尽南天不见云；日落长沙秋色远，不知何处吊湘君？"三进内奉湘妃立像，祠内香烟缭绕，十分庄严肃穆。洞庭庙也位于君山岛，与湘妃祠相距不远。

新建的洞庭庙主殿供奉洞庭王爷柳毅神像，寝殿塑柳毅和龙女并排坐

图 2　洞庭湖君山湘妃祠　　（拍摄人：李琳）

像。阴阳亭设计为一大一小、一高一低、一阴一阳，象征柳毅和龙女。

岳阳君山区是 1996 年 3 月经国务院批准设立的一个新区。辖 2 个镇，3 个国有农场和芦苇场、渔场、林场、公园等，总面积 727 平方公里，本地居民信奉的水神是湘妃和洞庭王爷柳毅。

3. 新晃侗族自治县天井寨

天井寨位于怀化市新晃侗族自治县贡溪乡四路村，距县城 50 多公里。天井寨历史悠久，据族谱记载，至少在元代，天井寨祖辈为躲避战乱就从贵州迁至这里。由于境内崇山峻岭，交通阻隔，使天井寨保留了古老的民族习俗。这里有富有侗族特色的木制吊脚楼，光洁的石板路。2016 年 11 月，天井寨村入选第四批中国传统村落名录。

但天井寨为世人所知的还是缘自国家非物质文化遗产侗族傩戏"咚咚推"。为了方便表演传承傩戏"咚咚推"，村民们在村寨的一处空地上重修了一座新的鼓楼式戏楼。作为侗族傩文化产生和发展地，天井寨几乎所有的村民都会跳"咚咚推"，可他们跳"咚咚推"只为祈祷丰收、祭祀祖先、攘祸纳福，从不外出卖艺。在春节元宵节和农历六月初一，他们都会集体表演傩戏"咚咚推"。当地人主要信奉盘古和飞山公杨再思。

图 3　新晃侗族自治县天井寨村　　（拍摄人：李琳）

图 4　汨罗屈子祠　　（拍摄人：李琳）

4. 汨罗屈子祠

汨罗屈子祠,又名屈原庙、汨罗庙、三闾庙等,现辟为汨罗屈原祠纪念馆,坐落于岳阳市汨罗江下游北岸的玉笥山上,东南距汨罗市区约十公里。始建于汉代,现存建筑是清乾隆帝颁旨后于 1754 年重建的。早在南朝（公元424年），湘州刺史张邵就派"户曹掾"到汨罗屈原庙祭祀屈原，开了湖南官府公祭之先河。此后，屈子祠便香火不断，成为人们朝拜屈原的纪念场所，是我国现存纪念屈原的唯一古建筑，有"中华第一祠"之称。

汨罗屈子祠坐北朝南偏东，南北长50米，东西宽30米，占地1500平方米。

中门上方嵌白色大理石雕，镶有"五龙捧圣"的"屈子祠"镀金门额。有正屋三进，中、后两进之间有过亭，前后、左右两侧各有天井。天井里栽有4株300年以上的桂花树。祠的建筑为单层单檐，砖木结构，庄严古朴，肃穆幽雅。祠堂的山门上有许多泥塑堆画，祠堂的过道墙壁上镶嵌着8块明、清碑刻。屈子祠所在的玉笥山上还有独醒亭、招屈亭、骚坛、濯缨桥、桃花洞、黄狗坡、屈原故宅、饮马塘、寿星台等众多历史景点，东侧则有20世纪90年代修建的、汇集了当时全国300多位书画名流之大成的屈原碑林。汨罗屈子祠周围约10平方公里范围内还有屈原投江处、战国墓、南阳里、江暮潭及屈原十二疑冢。屈子祠所处屈子祠村，原名双水村，1966年由汨水、清水两个大队合并而成，1982年更名至今，因本村境内南侧屈子祠而得名。当地百姓奉屈原为汨罗江神。

5. 靖州飞山庙

靖州苗族侗族自治县东临物产丰富的云贵高原，西接山水清幽的雪峰山脉，属于沅水上游的渠江流域。地貌多样，既有许多崇山峻岭，又有丘陵、盆地。而飞山则位于靖州县城西北处，古有"忽一峰飞至"因名飞山的传说。飞山险峻，在清朝咸丰年间用青石板铺建了通往山顶的古道，飞山之上有白云洞、白牛洞及方广寺等。有关飞山的传说以及山上的寺庙增加了飞山的神秘性与神圣性，飞山神杨再思与飞山有着密切的关系，祭祀杨再思的飞山庙最初就是建立于飞山头宝鼎上。

靖州飞山庙又名威远侯庙，是为纪念五代时期少数民族首领杨再思而修建的，现位于怀化市靖州苗族侗族自治县渠阳镇飞山中路。据道光年间的《靖州直隶州志》记载，飞山庙原建于飞山绝顶之上，绍兴二十五年（1155），由崔守移至飞山寨上方、广寺之左，后又由詹守移至寺之西侧。现今的飞山庙则是宋淳熙甲辰年（1185）间从飞山绝顶搬迁下来的，当时主持搬迁的是时任靖州知州孙显祖，明正统十年（1445）知州苏忞又重新修缮了飞山庙。重修后的飞山庙坐西朝东，东西长72.5米，南北宽24.5米，占地面积1776.25平方米。

图5 飞山庙 （拍摄人：邵齐齐）

飞山庙分为三进：第一进是戏楼、天井。戏楼已毁，如今不复存在，天井中央则种植着两株参天的柏树，柏树上贴满了各种寄名的红纸与红布，多是信士祈求神树保佑家中新生儿易养成人；第二进为过厅、正殿，过厅中还高悬着"广惠侯""英济侯"和"英惠侯"三块匾额，这三个均是飞山公杨再思曾获的封号，正殿的中央就是飞山公高大威武的石塑金身神像，神像前还有一个神主牌位，上书"飞山太公杨再思之神位"，神主牌位旁侧还立着一尊飞山公的抬像，抬像主要用于飞山公诞辰六月初六和忌日十月二十六祭祀时游神，神像两侧还塑着站立的四位文官、武将模样的护卫；飞山庙的第三进则为将军殿，里面供奉的是杨再思父母以及文昌帝君、财神菩萨、送子观音和观音菩萨。

每年农历的六月初六杨再思诞辰和十月二十六杨再思忌日是飞山庙香火旺盛之时，尤以六月初六为最盛，来自靖州本地以及黔桂鄂地区的香客都会到此祭拜飞山神杨再思，尤其是杨氏子孙。

6. 津市孟姜女庙

孟姜女庙位于津市新洲嘉山，又名贞烈祠，共有二进六间，主堂取名

图 6 津市的孟姜女庙 （拍摄人：李琳）

百炼堂，立孟姜女神像，所建时间根据明代工部尚书李如圭在《贞烈祠记》中所载应为明嘉靖甲午年夏天。孟姜女故事，则于此前所编纂的《澧州志》中有记载："秦时州有孟姜女者，适范郎。因始皇筑长城，范郎往供役。姜女于州嘉山之顶筑台以望，久而不归，乃不惮险远，亲往长城寻觅。"现存有望夫台，台旁有竹林，名曰"绣竹"，山下有一四方石，尺许，光明可鉴，传为"姜女镜石"。山上一石块，上有指印密布，传为孟姜女怨秦始皇强征其夫不归以指抓成，名曰"恨石"，山下有"浣衣石"等迹址。

清咸丰、同治年间，津市为澧州所隶四镇之一。1938 年，津市始称津市镇，归澧县管辖。1949 年 7 月 23 日，津市和平解放，1949 年 8 月建市，1953 年为省直辖，1958 年改为地辖市，1963 年撤市改镇，1979 年 12 月恢复地辖制，1988 年 2 月又改为省辖市。孟姜祠所在地新洲嘉山，1985 年划归津市，实行乡镇合一体制，辖 12 个行政村，5 个居委会，186 个村（居）民小组。2005 年，新洲实行合组并村后，共辖 7 个村，3 个社区居委会。当地居民信奉姜女娘娘。

第一章 湖南地区信仰民俗文化生态系统环境分析

文化生态学中的"文化生态系统，是指某一族群为了适应生存于其中的自然环境而对其进行长期的改造、加工而形成的具有特定人文特点的人工生态系统"[①]。这个人工生态系统的主要组成部分为自然、经济、文化及社会环境，而作为文化载体的族群是这一系统的中枢。地处中南的湖南省，受其所处环境的影响，形成了具有浓郁的南方地域文化特征的信仰民俗。这里自古巫风盛行，儒、释、道、巫等多种宗教交融汇集于一体，南方祖先神（如蚩尤、祝融等）、自然山神水神和民间圣贤信仰备受尊崇，少数民族民众信仰民族巫术，一些原始宗教遗俗（如巫蛊、洞神信仰等）还继续存在等等。独有的经济、文化、自然与社会环境孕育了湖南地区独有的民间信仰文化，下面将从自然、文化和社会三个方面阐述湖南地区多元信仰民俗文化所生成的环境因素。

第一节 封闭落后的自然生态环境

"各地文化精神不同，穷其根源，最先主要还是自然环境之分别，而影响其生活方式，再由生活方式影响到文化精神。"[②] 人对自然的依存关系是最基本的生存关系，文化是由自然环境、社会环境及人文环境等多种因素相互作用而形成的，其中自然环境是最为基础的影响因素。"十里不

---

① 李子贤：《存在形态、动态结构与文化生态系统——神话研究的多维观点》，《云南师范大学学报》2006年第3期。

② 钱穆：《中国文化史导论》，上海三联书店1988年版，第2—3页。

同风，百里不同俗"，各地特定的生态环境生成了特定的民俗文化，湖南地区多元的信仰民俗文化也带有其自然生态环境的深刻印记。

一 不同地区自然生态的差异性

湖南地区地势多样，山区、丘陵地带和湖区密布，东、西、南三面山地环绕，湘西有山势雄伟的武陵山、雪峰山，湘南有南岭山脉，湘东有幕阜山等海拔一般为500——1000米的小山。湘北是洞庭湖及湘、资、沅、澧四水尾闾的河湖冲积平原，河网密布，湘江是湖南最大的河流，洞庭湖跨湘、鄂两省，是湖南省最大的湖泊，湘中为丘陵地带。总的说来，全省按地貌可划分为六个区：湘东山丘区（长沙地区，株洲地区，湘潭地区）、湘南丘山区（衡阳地区，郴州地区，永州地区）、湘西北山原山地区（张家界地区）、湘西山地区（湘西土家族苗族自治州，怀化地区）、湘北平原区（常德地区，岳阳地区）、湘中丘陵区（娄底地区，邵阳地区，益阳地区）。下面按区域发展的现实格局和战略定位，并考虑自然生态因素，将湖南地区分为长株潭、洞庭湖、湘南、湘西四个区域进行具体介绍。

长株潭地区属湘东地区，主要包括长沙、株洲、湘潭3个城市的14个县市，位于长江中游之南、南岭以北，地形多为小山和丘陵，西部多山，境内有湘江自南向北贯穿流过。长株潭地区历来是引领湖南经济社会快速发展的地区。其中长沙古称潭州，别称"星城"，为湖南省的省会，位于湖南省东部偏北，湘江下游和长浏盆地西缘，是"湖南省政治、经济、文化、交通、科技、金融、信息中心，是中国中西部地区最具竞争力城市"[①]。株洲古称建宁，位于湖南省东部偏北，是一座历史文化古城，中华民族的始祖、农耕文化的创始人——炎帝神农氏，就长眠在株洲市境内炎陵县鹿原坡。湘潭位于湖南省中部偏东地区，地处湘江中游，在清代中叶就因大米和药业发达而闻名，是当时湖南最重要的商业中心之一。

洞庭湖区位于长江中游以南，湖南省北部，地形以平原湖泊为主，包括岳阳、常德、益阳3个城市的21个县市区。历史上几次大规模的围湖造田，使洞庭湖天然湖面受到人为压缩，河湖水位上涨，洪、涝、渍灾害加

---

① 《湖南省长沙市》（http://www.china-zjj.net/html/20120328/20120328164045.htm）。

剧，垸田大量溃废。洞庭湖区的岳阳市位于湖南省东北部，环抱洞庭，濒临长江，岳阳港是长江航运中的湖南唯一的一站，城陵矶港是湖南最大最现代化的国际港口，自古以来水运交通特别发达。常德市位于湖南省西北部，古称"武陵"，是江南著名的"鱼米之乡"，境内有沅水，至常德德山注入洞庭湖，澧水是湖南省四大河流之一。益阳市位于湘中偏北，跨越资水中下游，是全国有名的"竹子之乡"，南竹、茶叶产量居湖南省第一。

湘南地区包括衡阳、郴州、永州三个市的34个县（市、区），历史上同属于衡永郴桂道、衡阳道和湘南行政区，是典型的梯级过渡地带，地形多山。其中衡阳位于湖南省中南部，地处南岳衡山之南，因山南水北为"阳"，故得此名，它是一座濒临湘江的重要工业城市，是湖南及中南地区重要的交通枢纽之一。衡阳境内多山，南岳衡山祝融峰为最高点，湘江支流舂陵水、蒸水、耒水流经境内。郴州市位于湖南省东南部，以山地丘陵为主，水面较少。永州，古称零陵，位于湖南省南部潇、湘二水汇合处，称"潇湘"，地貌以山地为主，山冈盆地相间分布，是湖南四大历史文化名城之一，也是中国瑶族文化和楚文化的发祥地之一。

湘西地区又称大湘西，位于湖南省西部，行政区划包括邵阳、娄底、怀化、张家界、湘西自治州五个市州，是整个湖南西部地区的统称。这里山同脉，水同源，以大片的山地山原地貌为主。其中邵阳地处湖南省西南，是湖南省人口最多的历史古城，属江南丘陵大地形区，山地和丘陵约占全市面积的三分之二；娄底市位于湖南省中部，境内山脉纵横，群峰起伏，以山地地貌和丘陵区为主，矿产、化工、能源丰富；怀化地处湖南省西南部，由于森林覆盖率高，自然生态良好，被誉为"一座会呼吸的城市"；张家界原名大庸市，位于湖南西北部，澧水中上游，属武陵山区腹地，山地面积占总面积的76%；湘西自治州位于湖南省西北部，以山原山地为主，兼有丘陵和小平原。整个大湘西地区，沅水、澧水、酉水、武水、辰水等等多条水系纵横交错。

二 山区与其他地区经济发展的不均衡

以山地为主要地貌的湖南，"西接溪洞，南抵五岭"①，自古以来就是

---

① （元）脱脱等：《宋史》，中华书局1977年版，第2201页。

少数民族聚居之地，交通闭塞，在湘北和湘西沅水流域、湘南五岭、湘中潭州西部梅山一带，更是"向来瘠土，非商贾辐之区，山泽之货，关市之税，厥利甚微"，所以野口保市郎在概括山地的落后根源上如此说："山地为文化发达最落后之地。山地多倾斜，需要劳力较大，且以人类寥寂，地产贫瘠，故交通不发达，使山居人民之生活，仅能自给，无暇致力于经济之发展。"① 湖南少数民族聚居的山区在清代还处开发阶段，经济基础相当薄弱。

当代湖南地区少数民族最集中的地区为大湘西地区，苗、侗、瑶、土家等50多个民族长期以来处于大杂居、小聚居的状态：其中湘西土家族苗族自治州是湖南省唯一的少数民族自治州，现有民族43个，以土家族、苗族为主的少数民族占78%；张家界有少数民族33个，以土家族、白族、苗族为主，少数民族人口占总人口的77%；怀化有侗、苗、土家等少数民族48个，少数民族人口占40%；娄底一带先民相传是盘古的后裔，属三苗、九黎集团，出自五帝中的颛顼，有苗、土家、侗等22个少数民族；邵阳市有39个少数民族。这些少数民族聚居地区的各族人民，创造了浓郁多彩、各具特色的民俗文化。

少数民族地区山高路险，崇山峻岭层层阻隔，不能引进先进的生产技术，加上自然灾害频繁，使得他们不得不借助祭祀神灵的方法来祈福纳吉，消灾避难，所以各种神灵鬼怪传说信仰应运而生。山区以山神、少数民族祖先神信仰居多，如梅山神、蚩尤、盘瓠、傩公傩母等。由于地理环境造成的信息交流不便，使山区大量各具特色的民俗传统与民间文化得以原汁原味地保存下来，具有了区别于其他地区的文化内涵。

相比经济发展缓慢的少数民族聚居的山区，湘江沿岸地带、洞庭湖平原以及围湖造田区从明代开始就有"鱼米之乡"的美誉，"其独特的自然地理条件，如广阔的洞庭湖和湘、资、沅、澧四水为湖南的农业经济发展奠定了良好的自然基础"②。湖南是清代中叶大米及其他谷物生产的基地，清朝盛世皇帝乾隆对湖南米谷丰收就特别满意："湖南熟，天下足，朕惟

---

① [日]野口保市郎：《人文地理学概论》，商务印书馆1935年版。
② 杨丹：《近代武陵山区的环境变迁》，硕士学位论文，湖南师范大学，2014年。

有额手称庆耳。"① 粮食丰收使许多农民因此而致富，宁远县和新田县"其民皆由乱定后招徕而至，垦辟荒土，久而富饶"②，生活在洞庭湖区的农民更是因湖区冲积平原土壤肥沃，适合种稻，"稻田之稻，一岁再种，一熟则湖南足，再熟则湖南有余粟"③，农民的生活逐渐富裕："垸农一岁之收，可抵山农数岁之收。垸民至厌粱肉，山民桓苦菜食。"④ 嘉庆《衡阳县志》载："衡邑素称雨米之乡，年岁又值丰穗之余，家有余仓，人皆安饱，久享盛宁之富，遂渐开奢靡之风。"⑤ 米谷贸易的发展和粮价的上涨，促进了湖南社会经济的发展。

但清中叶以来人口快速增长带来的耕地面积不足的问题，使洞庭湖区兴起了大规模的围湖造田运动。过量围湖造田占据洞庭湖水域面积，导致洞庭湖作为长江水量调节的功能逐渐丧失，19世纪中叶以来，平原地区频频遭受到水涝灾害，致使湖南农业经济损失惨重，城乡"饥民塞途，饿殍载道"。据不完全的统计，从道光二十年（1840）起，湖南几乎每年都遭受了比较严重的水灾，其中以洞庭湖区发生水灾的频率最高。遭受水灾地方的人民颠沛流离，缺医少粮，饿死病死的灾区难民不可胜计。而水灾过后爆发的瘟疫危害更大，疫情扩散之后，病死的人越来越多，只得就地挖坑掩埋。水患深深地影响了洞庭湖区的经济文化内涵。

天灾人祸、疾病造成了民众深重的苦难，反而成为民间信仰产生和不断发展壮大的气候和土壤，由于水患引起的天灾人祸、疾病使洞庭湖民众苦难深重。湖区的百姓大都从事农、渔业生产，而水利环境的优劣直接关系到湖区百姓的农业生产命脉，百姓靠天吃饭，遇到恶劣的天气只能望湖兴叹，无力对抗。因此湖区百姓特别虔诚地信仰水神、雷神、龙神，认为供奉好诸神才能带来风调雨顺，年年有余。如湖南洞庭湖区岳阳的天后宫、洞庭庙、水府庙等就是供奉水神的，洞庭神君、湘君、杨泗将军等水神江神也倍受崇祀。

---

① 《乾隆实录》卷五十七。
② 道光《永州府志·风俗》卷五。
③ 嘉庆《衡阳县志》卷十一《风俗》。
④ 光绪《华容县志》卷三《风俗》。
⑤ 嘉庆《衡阳县志》。

第二节　复杂多变的社会生态环境

"一个地区民间信仰文化生态格局的形成与发展和国家的宗教政策以及宗教管理水平有着很大的联系。宗教从诞生之日起，就鲜有不与政治相联系。或依附于它，或与之保持距离。"① 湖南当地的政治、经济、文化及宗教政策，甚至周边地区的宗教政策都会影响到湖南地区的宗教发展，丰富的资源，多民族的文化格局，多山的地理屏障等等，使得湖南受到历代中原王朝及各个封建割据政权的格外重视，历代中原王朝的政策对于湖南的自然社会和文化生态都有着重要的影响，因而对宗教文化生态格局的形成也是深刻而持久的。

一　建省之前湖南行政区划的沿革

湖南地区古称"湘"或"潇湘"，先秦时期，这里为南蛮和百越所居，对于中原华夏族群来说乃是落后的蛮夷地区，是中原文明辐射之外的洪荒之地。春秋战国时期湖南地区属南楚之地，秦统一中原后在湖南设置了长沙郡和黔中郡，后来还设置洞庭郡、衡山郡②。湘中、湘北、湘南、湘东地区的县市及湘西大片区域均被管辖。

西汉帝国建立以后，在原湖南秦朝郡治的基础上设置了长沙国，并有武陵郡、零陵郡和桂阳郡，此时湖南地区仍然还处于中原政权的边缘。汉武帝曾分置 13 州，湖南属荆州。三国时，湖南分属吴、蜀两国。晋代以及南朝的宋、齐、梁、陈，均曾设置湘州。西汉末期王莽之乱后，大批中原移民南下寻找安身之所，促进了湖南的经济开发。

唐初置潭州，设潭州都督府，属江南道，唐后期，湖南社会经济有了相当发展，并初步形成了一个基本经济区，在这样的基础上，"唐政府于

---

① 李奋：《新疆宗教文化生态现状研究》，博士学位论文，中央民族大学，2010 年。
② 秦帝国之郡县数量，除《史记》所载的三十六郡说法之外，另一种历史说法，是四十八郡。当代出土的简帛文物，也间或有秦帝国新郡名被发现。历史地分析，产生这种差异的可能性是，《史记》所载的三十六郡数量，是帝国法令颁布的第一批郡治。其余被后世发现的郡名，则是后来继续设立的郡治。后来发现的新郡名，先后有十二个：东郡、黔中郡、广阳郡、洞庭郡、陈郡、闽中郡、东海郡、常山郡、济北郡、胶东郡、河内郡、衡山郡。

广德二年（764）设湖南观察使，管潭、衡、永、道、郴、连、邵等七州，'湖南'作为一个行政区划的名称正式见于史册。唐末五代时期，马殷据有湖南七州，继而取得岳、朗、辰、沅等地，所统区域与今湖南所辖大体一致，从此，湖南的政治区域初步奠定"①。宋代高荆湖北路、荆湖南路，当时即简称湖北、湖南，荆湖南路与当今湖南大体一致。

  由于唐末五代及宋元之际的战场主要发生在北方，湖南处于交通要道而又免遭受战乱，因此湖南成为移民避乱首选。元代设湖广行省，所辖范围为今湖北部分及湖南、广东，今湖南地区属于湖广行省下辖的江南湖南北道和岭北湖南道。明代湖南属湖广布政司，所辖只包括湖南和湖北，治所在武昌。湖广布政司下辖属于湖南省范围的有岳州、常德、衡州、长沙、辰州、永州、宝庆7府，靖州、郴州2直隶州和桂阳州、沅州、道州、武冈州、澧州5属州。清代沿革了明代的行政机构制度，分15布政使司，湖北湖南地区属湖广布政使司，设湖广总督、巡抚及布政使司、按察使，皆驻武昌。康熙初，改布政使司为省，康熙三年（1664），由于湖南地区人口及经济的发展，特意以偏沅巡抚驻长沙，又移湖广右布政使司于长沙，分治湖南②。康熙六年（1667）改湖广右布政为湖南布政使司，雍正二年（1663），正式改偏沅巡抚改为湖南巡抚，至此，湖南建省正式完成。

  由湖南地区行政区划的变迁可以得知，在湖南建省之前，湖南地区在历史上一直远离中国政治和文化中心，闭塞落后，开发较晚。在北方战乱年代，湖南因地处偏僻，免于战乱，成为北方中原移民避乱之地，经济文化逐渐发展起来。特别是在唐末五代时期，湖南属马殷政权下的楚国，马殷实行"上奉天子、下抚士民"的勤政爱民政策，对外"倚朝廷""以制邻敌"，对内注重协调上下级关系，注重发展经济，促进贸易，使湖南经济得到快速发展。但总的来说，湖南地区历史上一直是一个以蛮族为主、开发较晚的偏远地区，在经济文化发展上不能与黄河流域及长江下游地区相比。"信鬼而事神""尚鬼巫"湖南地区许多地方志资料中均有记载，经

---

① 唐启淮：《唐五代时期湖南地区社会经济的发展》，《中国社会经济史研究》1985年。
② （清）刘锦藻编纂：《清朝文献通考》卷二八〇《舆地考》十二，浙江古籍出版社1988年版。

济上的发展迟缓使湖南社会遗留下了远古鬼神崇拜,一直到近代社会,湖南民间鬼神崇拜的风气依然很是流行,在这种浓重的好鬼崇神氛围之下,湖南崇奉神灵信仰民俗的人口占较大比例:"湘省无论贫富,迷信神权者十居八九。""湘人笃信神道,故各城乡市镇无不庙宇如林。"除崇拜宗教之神外,湖南城乡居民,多"畏鬼信巫"且"风水之说深入于人心"①。

二 建省以后湖南政治经济文化的发展

湖南历史悠久而且建省较迟,建省比起其他周边省份要晚好几百年,所以康熙年间两湖开始分治是湖南历史上一件重要的政治事件,结束了自元以来400多年的两湖一体制,湖南开始得到统治者重视,在全国地位上升。到了清后期,湘军集团兴起,湘军在曾国藩的带领下历经百战,终于力挽狂澜,打败太平天国起义军,从此湖南成为清廷倚重之地。维新时期,湖南又推动全国政治革新的新浪潮,异军突起成为引领中国中部的维新中心。虽然维新运动最后失败,谭嗣同等维新志士喋血街头,但维新之观念对后世影响甚大。随后的大革命时期,湖南再次成为辛亥革命的发源地,湖南的革命先行者聚首长沙,商议发动武装起义,湖南在全国的政治影响力也进一步扩大。

湖南单独建省以来,作为省会的长沙,政治地位得到很大提高,经济文化有了更进一步的发展。各地客商纷纷来长沙经营,商业、手工业得以较快复兴。大量移民的涌入,为长沙经济的恢复和发展注入了活力。城市规模日渐扩展,周边农民弃农经商涌入城市。长沙本土的传统手工业、商业发展蒸蒸日上,稳固提升了长沙在整个湖南范围的经济地位。特别是康熙、乾隆以后,随着洞庭湖区经济的加速开发,四水流域及湘西南山地得到进一步垦殖,农副产品增多,腹地经济的发达为长沙的发展提供了强大的物质基础。清后期,长沙对外开拓市场,积极搞活物资流通。积极促进与外地的贸易往来,加强经济合作。长沙确立了其与外地经济的主导地位,从而逐步发展成为湖南的对外贸易中心。

湖南单独建省之后,随即两湖分闱,湖南士子不再需要奔赴武昌应

---

① (民国)湖南法制院:《湖南民情风俗报告书》,湖南教育出版社2010年版,第22—30页。

试，长沙已设立乡试考点。以前湖南的秀才要参加乡试（省一级的考试），必须赶到武昌，远者数千里，又加上洞庭之险，五六月河水涨盛时，风涛陡发，覆溺须臾，多有一家父子兄弟葬身鱼腹者，故人视为畏途，或终身为诸生（秀才），不与一试。① 所以当时湖南人中科举是件很难的事，如唐朝末年长沙人刘蜕中进士，时人称为"破天荒"，可见那时期湖南文化的落后。两湖分闱之后，对湖南的人才选拔十分有利，大批湖湘人才脱颖而出，如陶澍、曾国藩等就是分闱之后选拔的人才。长沙岳麓书院作为湖湘文化之根，"集中了一批学识渊博、德高望重的大师，清中叶以后，湖湘文化走向近代化。嘉道年间经世学派兴起，咸同年间湖湘文化大放异彩，进一步提高了长沙在全国的文化地位"②。

  湖南武陵山区是多民族聚居的地区，湖南单独建省之前，武陵山区长期处于土司的统治下。"由于受自然环境的限制，再加之长期在土司的统治下，武陵山区在清初仍是地瘠民贫、人口主要为少数民族的蛮荒之地。"③ 以前土司统治下的湖南山区，改土归流自雍正七年开始，至乾隆年间基本结束。湖南少数民族地区在雍正年间的改土归流，打破了自元代以来的"蛮不出境，汉不入峒"禁令。以前汉族离少数民族居住区很近，但却互不来往，废除禁令后汉人与少数民族联系增强，相互通婚，汉人大规模迁入少数民族地区，少数民族也走出寨子，民族融合大大加强。

  但是，湖南地区历史上频繁的移民形成了民族杂处情况的复杂，也加剧了民族矛盾。美国人类学家罗伯特·莫菲说过："由于人类不断迁徙，……如果他们要在新的地方生存下来，他们就必须改变习惯的工作和交往方式。对环境的不同调节就导致了各式各样的习俗。"④ 湖南古时为南蛮之地，外来人口与本地土著之间本来就存在诸多不可调和的矛盾，如田地划分、土地所有权、赋役及各种地方事务上的多种纠纷，而湘西、湘南等偏远地区人口以少数民族居多，人烟稀少、发展更为迟缓。后来随着

---

① 《湖南通志》乾隆二十二年刻本。
② 周跃云、晨风：《湖湘文化缘起的社会文化背景》，《湖南师范大学社会科学学报》1991年第5期。
③ 王舒：《略论湘西土家族的民族文化》，硕士学位论文，重庆大学，2010年。
④ ［美］罗伯特·莫菲：《文化和社会人类学》，吴玫译，中国文联出版公司1988年版，第4页。

社会的发展、族群人员的迅猛增长,平原地带居住的以汉族为主的民众开始向资源丰富的山林地带迁移,族群迁移和争夺生存资源情况日益复杂,矛盾协调不一致便武力相向,以族群械斗的暴力方式解决,有时甚至发展成为声势浩大的民族反抗斗争。

第三节　多元共融的文化生态环境

不同空间不同阶层人们的经济文化发展常常是不均衡的,湖南各地区多元的民间信仰文化扎根于多元的经济方式,而多元的经济方式取决于湖南地区自然环境的差异。

一　各族人民璀璨的民族文化

湘西地区最有代表性的少数民族文化为苗族、土家族、瑶族、侗族文化。

苗族是一个历史悠久历经苦难的民族,苗族文化的产生和发展,和这个民族所遭受的种种生存磨难和历史变迁息息相关。我们现在探寻苗族的源头,只能从他们丰富多彩的口头文化里去寻找,苗族历史上最具影响的事件是这个民族的不断迁徙,族人口口相传着祖辈的迁徙故事。他们由富饶的黄河以南地区及长江中下游逐步迁移来西南山区,苗族叙事曲突出表现了他们的祖先千辛万苦的迁移过程,它深深地烙印在饱经迁徙之苦的苗族人民心里。苗族伟大史诗《苗族古歌》里的《跋山涉水歌》是这样叙述祖先的血泪迁徙史的:"从前五支奶,居住在东方;从前六支祖,居住在东方,挨近海边边,天水紧相连,波浪滚滚翻,眼望不到边,翻过水山头,来到风雪坳,河水黄映映,河水白生生,河水稻花香。……经历万般苦,迁徙来西方,寻找好生活。"据说苗族妇女的百褶裙上三大条平行的花边,从上到下依次代表祖先的迁徙历程:黄河、长江、西南山区。

在一个民族性格形成的过程中,其特定的社会历史背景和特定生活经历的影响是非常大的。由于历史留下的记忆太深刻,苗族人民对祖先特别崇拜,这种强烈的民族自豪感支撑他们度过诸多难关,因为他们相信祖先的灵魂永远和子孙在一起。他们不仅崇拜一个家族的祖先,还崇拜苗族共同的始祖。盘瓠崇拜是湘西苗族影响广泛的一种图腾信仰,据史书《后汉书·南蛮传》记载，盘瓠是帝高辛氏的一只神犬，因为立了战功，要娶帝高辛氏的女儿三公主为妻，高辛氏不愿履行将公主许嫁的诺言。但后来三公主自愿嫁给盘瓠，婚后夫妻隐入深山老林中，生下诸多子女，这些子女长大后自相夫妻，繁衍后代，这就是苗族的来源。所以《水经注》载："今武陵郡，即槃瓠之种落也。"① 湘西民间口头传说中也有很多讲述盘瓠与公主的故事，如湘西苗族代代相传的《古老话》，"奶夔爸苟"就是公主妈和狗爸的意思。"在苗语里，'爸'即父亲，'奶'是母亲，'夔'是指当官人家的女儿，'苟'即犬，'爸苟'汉语直译为'狗父'，'奶夔'则可译为'公主母'"② 。苗族也曾大量迁徙至贵州地区，据贵州省编印的《民间文学资料》第60集中也记载了这个在民众中广泛流传的口头传说："'男国王养豆来，女国王养王基，豆来养奶夔，王基养爸苟。'奶夔和爸苟生下来七个儿子，后来水牛吐露了实情之后，兄弟们误杀了爸苟，从此以后，苗族世世代代都要杀牛祭祖。"③ 苗族人聚居的地方，一般都会建有盘瓠庙或盘王庙，还有辛女庙。每年年末或新春时，苗族人民都要举行大型的祭祀活动杀猪宰牛来纪念自己的始祖盘瓠，盘瓠庙在村庄里随处可见，庙里盘瓠大王的神像就是一个狗头人身的塑像，苗族人认为祖先盘瓠会保佑子孙后代平安，保佑他们庄稼获得好收成。

"傩公""傩母"也是湘西苗族民众供奉的始祖神，"芭傩奶傩"就是苗语傩公、傩母的意思，在汉语里就是"圣公圣母"。远代神话传说中的伏羲女娲也就是"傩公""傩母"的原型。伏羲女娲是兄妹，洪灾之后人类几近灭绝，只有他俩活了下来。于是二人结为夫妻，人类才生生不息得以繁衍。"还傩愿"是湘西地区苗族最注重的祭祀活动之一。

苗族人一般在秋收后有"还傩愿"的习俗，也叫"腊祭"，就是通过做各种法事来敬傩神，以求解除不好的运气，驱除生活中的种种困难，"还傩愿"时请巫师演傩戏、唱傩歌、跳傩舞，祭祀活动盛大而隆重，表达了主人家对傩神无限的虔诚与敬仰之情。

湘西土家族族源可追溯至远古时代湘西境内的土著先民，也有多位学

---

① 北魏郦道元在《水经注》中认为武陵郡的武陵蛮是槃瓠后代。
② 郭辉东：《南蛮的上古远祖蚩尤——兼谈九黎、三苗、盘瓠与梅山蛮的族源和迁徙》，《湖南科技学院学报》2010年第10期。
③ 此处据贵州省编印的《民间文学资料》第60集摘引。

者认为湘西土家族的祖先或许就是典籍中有记载的古代巴人,但还是有学者提出质疑,总之,关于湘西土家族的来源,各种说法不一,还没形成定论。土家族自称"毕兹卡",湘西境域的土家族不只是信仰某一类神灵,祖先、土老司、灶神、猎神还有土地神都是他们祭祀的对象,他们还尊崇自然界奇特的物种以及各种少见的自然现象。他们认为每种生命和自然现象都有他的神灵护佑,如水有水神,树有树神,火有火神等等,他们崇拜英雄祖先神向王天子、八部大神,特别是向姓的土家人,家中日常都设有神坛每日祭拜,每逢向王天子忌日必前往向王庙,杀鸡宰羊设坛祭祀。现在湘西著名的风景区天子山还保存有向王庙供游人观光许愿。"而龙山、保靖、永顺等地最为崇拜八部大神,通常在春节过后举行祭祀仪式,称为月托,一年一小祭,三年一大祭。每逢祭祀之日,土家民众穿着漂亮的民族服饰盛装前往八部神庙,载歌载舞热热闹闹地聚集在神庙里,共同祈祷来年风调雨顺、五谷丰登。"① 土家人的梯玛信仰在土家族人的生产生活中影响深远,这种融合远古傩文化与巫文化的民间祭祀仪式,被学者称为是"巫、傩交融结合的一种民间祭祀文化",一直长期地支配着土家族的信仰活动与社会生活。土家人称巫师为梯玛,又称土老司。梯玛既不是神灵也不是巫蛊,但在土家人看来却也是各路神灵的化身,是各路神灵与土家人沟通的代言之人。因此,在土家人眼里,梯玛代表着神的使者,普通人虽然无法与神进行面对面的交流,但可以通过请梯玛举行祭祀活动与神取得交流和联系,同时祈求神灵满足自己的愿望。梯玛不仅日常协助土家人祈福消灾、呼风唤雨、治病求子等等,还在重大祭祀活动时主持祭祀仪式。梯玛主持仪式指导民众参与活动,一般是带动全体成员参与跳摆手舞,营造强烈的仪式气氛。也有以家族成员为主的梯玛仪式"玩菩萨"。"玩菩萨"有着严格的祭祀仪式和完整的程序,是土家族人表达对神灵信赖与敬畏的一种表现形式,祭祀的神灵有祖先神、自然神等神灵。雍正改土归流之前,土司制度延续了一千多年,梯玛在土司制度时期掌管各种祭祀及许愿还愿仪式,权力极大,后来在时代的发展中逐渐退出民众视野。

以前湘西土家族人每到开展还愿祭祖等活动时,还要表演"毛古

---

① 游俊:《土家族祖先崇拜略论》,《研究》2000 年第 4 期。

斯"。土家语的"毛古斯",大意是浑身长毛的打猎人,"毛古斯"表达了土家人对祖先的感恩和崇拜敬仰之情,表现了土家族先民的生产劳动和生活方式。此外,湘西土家族另一个较有特色的习俗就是婚礼中的"哭嫁",边哭边唱是婚礼程序与礼仪中不可或缺的一幕。"哭嫁"一般从新娘出嫁前三到七天开始,也有在新娘出嫁前三个月,新娘、新娘家人及要好的姐妹们就已开始了哭唱的序曲。土家族新娘把对婚姻的恐惧、对媒婆的憎恨以及对父母兄弟姐妹的不舍都倾注在哭嫁中,也有的在哭嫁中对男女不平等进行控诉,哭嫁歌是旧时土家族女性思想与情感的真实反映。

瑶族是湘中"梅山峒蛮"的主体民族,据何光岳先生考证,"远古的历代征伐,使一部分瑶民被当成中原人的奴隶,称之为'徭役',即'傜人'。周去非《岭外代答》曰:'傜人者,言其持徭役与中国也'"[1]。瑶族与秦汉时期居住在今湘江、资江、沅江流域和洞庭湖一带的长沙武陵蛮关系极其密切,长沙武陵蛮即五溪蛮。范晔在《后汉书》中曰:"武陵、长沙、庐江郡夷,盘瓠之后也,夹处五溪之内。"[2] 魏晋南北朝时,瑶族先民仍主要居住在湖南境内,由于历代瑶人"自云祖先有功,常免徭役,故以为名",他们不断反抗封建统治压迫,啸聚山林、不缴赋税,又有"莫徭"之称,意即不缴税赋、不服劳役之人,时称"莫徭蛮"。隋唐时期,瑶族先民已经分布在湖南大部分地区和广西东北部,广东北部山区。瑶族认为他们的祖先是盘王,瑶族史诗《盘王大歌》就是歌唱祖先盘王的丰功伟绩的,直至今天,瑶族人还通过宰牛杀猪祭祖还愿表达他们对盘王的无比敬仰,其中最隆重的是"还盘王愿"。这是一种带有传统文化气息的纪念仪式,瑶民在他们祖辈的无数次迁徙过程中认识到,正是因为有了祖先盘王神的护佑,其族群才得以逐步生存、繁衍发展起来,一代代创造和传承了丰富多彩的瑶族传统文化。因此,为了纪念祖先神盘王,感恩祖辈的辛劳,瑶民在每年的十月十六日,定为纪念盘王神的日子,并在当日举办盛大的还愿仪式。至于盘王到底是谁,有的说是盘古,是古代传说中开天辟地的神,后来的炎帝、皇帝、蚩尤都是盘古的后裔;也有的说盘

---

[1] 何光岳:《南蛮源流史》,江西教育出版社1988年版。
[2] (南朝宋)范晔:《后汉书》卷八十六,注引干宝《晋记》,中华书局2000年版。

王就是盘瓠，即苗族祭祀的神犬盘瓠。我们从苗族和瑶族共有的盘瓠神话可以推知这两个民族之间的某些渊源，但瑶族祭祀盘瓠有鲜明的个性特色，其历史文献《过山榜》就规定，祭祀仪式上必须"摇动长鼓，吹笙歌鼓乐"。这说明瑶族长鼓与盘瓠崇拜有着密切关系，"瑶不离鼓"，这句俗语生动地说明了长鼓在瑶族社会中的重要地位。瑶族为纪念祖先而制作长鼓，以长鼓舞为祭祀舞蹈，在祭祖仪式中不断演绎跳跃，已成为瑶族主体文化的一大特色。北宋名士沈辽曾罢官流放湖南永州瑶族聚居的村落，观看了瑶民长鼓舞之后写下《踏瑶曲》一诗："湘江东西踏盘王，青烟白雾将军树。社中饮酒不要钱，乐神打起长腰鼓。"瑶民长鼓在祭祀仪式中，已不仅仅是伴奏的乐器或舞蹈的道具，而是召唤祖先灵魂归来的"法器"，祖先灵魂归来后就依附在长鼓上，通过长鼓，祖先的灵魂就可和后代子孙进行交流，保佑他们农业获得丰收。此外，流传至今的江华"牛王节"是瑶族人民的传统节日。节日当天，牛不用辛苦地在田间劳作，放任在山上自由活动，主人也会用好吃的食物犒赏它。瑶族民众有春天不吃牛肉的习惯，据传是春天的牛肉有病虫易传染，实际上是为保护耕牛而编造的"善意谎言"，因为春天上开荒播种的时节，瑶族的春耕离不开耕牛，为防止宰杀耕牛减少劳动力，民众才编造了这样一个理由。在瑶族宗教仪式中，瑶族大法师作法时用的牛角就是一种身份的象征。

湖南侗族是古越人的一支，这已为国内许多学者所公认。侗族大歌、侗族萨玛节、侗族木构建筑营造技艺等是侗文化的主要标志，联合国"人类非物质文化遗产代表作名录"已将"侗族木构建筑营造技艺""侗族大歌"收录其中。有民谚说："侗人文化三样宝：鼓楼、大歌和花桥"。侗乡有"先有鼓楼后有寨"之说。侗人建寨的规划之初，是以鼓楼为重点。南侗地区侗寨的显著标志，就是寨子规模无论大小，都要首先修建鼓楼。侗寨的建筑群是以鼓楼为中心向外辐射的一个文化区域，寨子中所有重要的政务决策都在这里进行。鼓楼是一个寨子的中心，其他建筑如蜘蛛织网一样依次围绕着鼓楼层层修建起来，围护着鼓楼。侗族人在民歌中是这样歌颂鼓楼的："鼓楼是村寨的暖和窝，没有鼓楼无处寻欢乐。高高的杉木竖起鼓楼来，有了聚集的场所有了欢乐的歌。"鉴于鼓楼的重要性，侗族人迁徙到某个新的居住地，一旦决定修建山寨之后，最先就是要把鼓楼修建起来，然后才可以修建自家的屋舍。侗族民歌中唱到："未曾立寨先建楼，砌石为坛敬圣母，鼓楼心脏作枢纽，富贵光明有根由"。在侗寨的鼓楼附近，或者在寨头、寨尾，有用原木搭建的一些桥梁，木桥有廊有顶，可以遮阴纳凉、避风挡雨，被称之为"风雨桥"。桥体多雕龙画凤，屋檐重叠，桥身绘有彩画，又名"花桥"。侗族人民视歌为一宝，认为歌就是知识，就是文化，谁会唱的歌多，谁就是最有知识的人。歌与侗族人的社会生活息息相关，不可分离，侗族人把歌作为精神食粮，用它来陶冶情操和净化心灵。侗族人常说的一句话"饭养身，歌养心"，也就是说，他们把歌等同于吃饭一样重要。有一首侗家的歌谣很明确地指出了侗歌就是侗族文化的核心所在。那就是歌中唱到的"汉字有书传书本，侗家无字传歌声，祖辈传唱到父辈，父辈传唱到儿孙"。在侗族地区，歌师是被侗族人所公认的最有学问、最知书达理的人，因此最受侗族人的尊重。侗族人世代都学歌、唱歌、爱歌，以歌会友，以"会唱歌、会歌多"自豪，用歌来倾诉自己的情感，用歌来表达自己的喜怒哀乐。侗族的各种民歌，尤其是侗族大歌，便成了他们世代流传的一首古歌。侗族大歌真实地记录了侗族悠久的历史，再现了传统的侗族文化。作为侗歌中最精华的组成部分，它的演唱内容、表现形式，都密切地关联着侗族人的性情、心绪、习惯以及生活环境。"萨"是南部侗族人民崇拜的最高神，是南部侗族地区民间信仰的核心。侗族人认为萨岁是人类的先祖，她主管生育、婚姻、风雨雷电、山村田土，是护送灵魂之神，同时又是稻谷之神和酒神。"萨"是侗族人自己的语言——侗语里对祖母的一种称呼，"萨岁"在侗语里相当于我们说的"已经去世了的受尊敬的前辈老奶奶"，侗族人还专门修建了一处独特的祭祀场地——萨坛来祭祀这位神化的女英雄兼守护神，在侗族人心里，这位最高女神、女首领能保佑村寨风调雨顺，人畜兴旺，五谷丰登。侗族祭萨有多种形式，在大祭时侗族人民一般要穿着民族盛装，他们吹着芦笙，唱着歌谣，在萨坛前缅怀萨岁的功劳，希望萨岁护佑子孙后代平安幸福。此外，侗族人心中影响最大的还有飞山神信仰，它比起原始宗教信仰萨岁信仰起源要晚得多，飞山神杨再思是唐末五代时的一位侗族英雄人物，但飞山神原本是自然神、山神崇拜，后来和历史人物杨再思信仰结合起来，形成了这种具有祖先崇拜和英雄崇拜特征的民族信仰。

二 信仰民俗文化与儒、释、道的共存与互渗

历史上湖南地区民间神灵众多,有的是本土的原始宗教遗风,有的属道教体系的神仙崇拜,有的属佛教体系的菩萨崇拜,还有的属儒家体系的民间圣贤信仰,民众对这些神灵都一律顶礼膜拜,道观庙宇祠堂比比皆是。历史上湖南地区的民间信仰与儒、释、道相互融合,相互渗透,在融合中得到了发展,在发展中又彼此融合。

湖南古属南楚之邑,在道教佛教还没有产生和传入的先秦时代,楚人就深信各种精灵鬼怪、巫魂神仙,并将人的生、老、病、死都一托于神。魏晋南北朝时,湖南居民多以蛮为主,巫风浓厚,南越王曾称:"长沙其半蛮夷。"① "晋永嘉之乱后,北方大量移民迁入,就在此时,道教、佛教相继传入湖南,但一直到中唐,很多地区占统治地位的仍然是民间神灵。"② 如刘禹锡曾被贬朗州(今湖南常德),《旧唐书·刘禹锡传》有如下记载:"禹锡在朗州十年,唯以文章吟咏陶冶性情。蛮俗好巫,每淫词鼓舞,必歌俚辞。禹锡或从事于其间,乃依骚人之作为新辞,以教巫祝。"③ 说明中唐时朗州巫祝仍然盛行,民众趋之若鹜。

关于湖南地区道教较早的记载源于东汉时期,据《南岳总胜集》卷上引《洞真集》记载,早期道教天师道(又名五斗米道)和太平道创始人张道陵于东汉中期"自天目山游南岳,谒青玉、光天二坛,礼祝融君祠"。南岳衡山自古为道教洞天福地,南岳魏夫人魏华存为东晋时人,著名女道士,她出生士大夫家庭,婚后育有二子,丈夫和二子均为仕宦中人。但她从小对道教就颇有慧根,为修成正果,她来到风景秀丽的南岳衡山,潜心修道,不问世事16年,成为道教上清派的创始人,在湖南最早播下了道教的种子。从此以后,道教在湖南地区渐渐传播开来,到唐时达到兴盛。道教创始人张道陵曾到过衡山,说明他在南岳信仰民俗中吸收过大量的营养,湖南的信仰民俗对道教起着资源性的作用,如道教的神谱和

---

① (汉)班固:《汉书·南粤传》,中华书局1965年本,第3852页。
② 周跃云、晨风:《湖湘文化缘起的社会文化背景》,《湖南师范大学社会科学学报》1991年第5期。
③ (后晋)刘昫:《旧唐书·刘禹锡传》,中华书局1975年本。

祭祀仪式,"道士们在斋醮祈禳和其他一些场合所使用的咒语、符、占卜术,都是湖南民间巫术早已广泛使用的东西。"① 湖南的佛教历史悠久,据现有文献记载,268年高僧竺法崇登上风景秀丽的岳麓山,发现山上已有一座祭祀山神的神庙,竺法崇来了以后,山庙的主持者把这座山庙献给了竺法崇并皈依了佛门。从山神庙主持皈依佛教,并把山庙献给佛教高僧来看,当时在岳麓山佛教战胜了信仰民俗。但佛教作为一种外来宗教,为了自身的生存与发展,不可能不受到湖南本土信仰民俗的影响。"如佛教在汉化的过程中,发现民众对佛教博大精深的教义似乎并不太感兴趣,于是入境随俗,迎合湖南地方民众的民间信仰癖好。"② 佛教徒在做法事时玩弄一些巫术,表演一些人们喜闻乐见的民间歌舞等等。甚至佛教寺庙中,也供奉了一些道教和地方神灵。有名的南岳大庙,就是一组集民间祠庙、佛教寺院、道教宫观于一体的建筑群,是佛教与本土信仰民俗及道教共存和互融的典范。

佛教和道教精深而系统的教义教规吸收了越来越多的信徒,威胁到了湖南本土的信仰民俗,信仰民俗的传承者为了自己的生存,不得不向佛教、道教学习,"尤其是到了近现代,民间信仰与佛道之间的关系主要还是信仰民俗的文化传承人到佛教、道教那里去'取经'"③。如信仰民俗的巫师、歌手在主持仪式时,融入佛教宝卷加以改编的内容,再如信仰民俗的文化传承人对道教仪式格局、符咒、神谱等方面的吸收等。

湖南三面环山,一面临水的落后、闭塞的地理位置,造成了受中原传统文化影响不如其他地区。中原文化以儒家思想为主流,因此湖湘地区的儒家思想在唐朝之前都发展得较为缓慢,占主流地位的是各种巫术及民间信仰,同时佛教和道教影响也较大,如南北朝时期衡阳太守何承天与佛教居士宗炳、颜延之的儒、佛大辩论,结局就以宋文帝倾向支持佛教而告终,但这次儒佛大辩论在客观上却促进了儒、释、道三教和信仰民俗在湖南的融合共存。信仰民俗与儒、释、道在彼此反复辩驳之中相互吸纳渗透,到唐宋时期,儒、释、道调和之风尤其兴盛,对湖南思想文化的影响

---

① 张泽洪:《道教斋醮仪式与民俗信仰》,《宗教学研究》1999年第2期。
② 刘红:《湖南民间信仰仪式音乐中的多重宗教文化表现》,《黄钟》2012年第3期。
③ 朱汉民:《湖湘民间信仰的多元建构》,《湖南大学学报》(社会科学版)2013年第6期。

非常大。到了北宋时期，湖南形成了建立在儒学基础上，但又融合佛道两家精华的理学，理学成为近几百年来湖湘文化的灵魂和内核，深深地影响了湖湘地区的各种信仰文化。

总体来说，湖南地区属于经济发展迟缓的地域，开发的耕地面积相对较少，湘西南地域以前是尚未开发的原始森林，向来主要是少数民族居住，生产力水平非常低下；湘江流域及洞庭湖地区虽然是鱼米之乡，但清代中叶以后经常洪水泛滥成灾。深受水灾影响的湖湘民众在艰难的生存环境中，只能幻想有神来帮助他们，于是专门设庙供奉神灵以此减少内心的恐惧，如洞庭湖畔的人们渴望镇压水怪，在湖旁建塔。据地方志记载，晋时僧人沙门妙吉祥建慈寺，目的是"日出之初，影射重湖，镇洞庭水孽"。这说明惧怕水患、渴望神灵镇孽除水患的意识在晋时就已深入市民生活，旧时水边修建宝塔一般都是为了镇压水怪，为民众禳除洪水灾害，还有一些民众因为生病或其他天灾人祸，也将希望寄托于神灵的帮助。南岳历来是佛教和道教的兴盛之地，佛教与道教传入地方后往往被赋予浓厚的地域特色。如龙神是佛教、道教及民间信仰所共有的神灵，湖湘多地的水神崇拜都和龙神相关；而道教因为是中国土生土长的宗教，其神灵崇拜与民众日常生活紧密相关，很多道教神灵和民间神灵已经是你中有我，我中有你，如南岳山神祝融既是道教神灵也是民间神灵，让普通人难以区分。还有很多神灵最开始时是以民俗信仰的身份出现的，但后来被佛道吸收进其神灵谱系，享受广大信众的供奉。祭祀土地神、财神、观音在湖湘地区各种信仰中最为普遍，这与农业社会民众求富心理、多子愿望的追求密切相关。

第二章　湖南地区信仰民俗的起源与发展

　　由于湖南地区有着独特的自然环境、自然灾害、经济文化、移民等状况，生活在湖南地区的民众对神灵的心理期待内容也呈现出独特的风貌。历史上湖南地区的信仰民俗内容丰富多样，文化底蕴浓厚。但世界是永恒运动变化着的，文化存在的方式和永恒状态即与其顺时而变的本质密不可分，文化现象的发展变化是不可阻挡的，湖南地区信仰民俗在历史发展的进程中，也处于不断的发展变化中，并在发展变化中呈现出独特的文化内涵。

第一节　历史上湖南地区多民族信仰民俗概述

一　原始巫术遗俗

　　湖南古为楚地，有所谓"南楚江湘"之称，楚文化有着与众不同的巫风色彩，古老而荒诞，浪漫而神秘。巫术至今还留存在湖南某些地区的原始宗教遗俗中，其中最有代表性的是巫蛊和喊魂。

　　巫蛊在我国古代文献中多有记载，而且往往和宫廷争斗联系在一起。巫蛊是原始宗教的遗物，蛊从字形上分析其实就是一种毒虫，在殷墟甲骨文中就已经有对蛊字和蛊事的记载，巫蛊之术是指人们通过巫师的咒语及其他种种法术来控制蛊虫以达到害人的目的。湘西地区自古以来就盛行巫蛊文化，即使在当今湘西地区，还是有很大一部分苗族人相信有蛊。蛊婆即是会放蛊害人的女性，人们相信蛊婆能放蛊置人于死地。据说蛊婆放蛊的秘诀是："在一个陶制的蛊罐内置入各种恶虫，如蟑螂、蝎子、蛇、蝗虫、螳螂，它们相互撕咬为食，剩下最后一只，即为蛊，被蛊婆养起，置于床下。蛊婆如欲加害于人，便取其涎屎，又称蛊毒，施于被害人身上，使其中蛊。"① 湘西的蛊婆多称为"草婆子""草鬼婆""琵琶鬼",一般为相貌丑陋的妇人,眼睛发红、眼角常年有眼屎迷糊;还有一类是美丽动人却沉静少言的少女,好幻想,眼神呆滞,这类少女往往和"爱蛊"的传说相关:据说有一年在一个赶场天,某杀猪匠家来了一个苗族人,说口渴了,到他家要点水喝。其妻善良貌美,端了一碗水给他喝,此人喝水时见其妻漂亮,还碗时就顺便用小指甲弹了一些"爱蛊"在她身上。过了两天该女子就跑去找那个下药人,如此反复多次。其夫发现了之后将她锁在屋中,不让她出门去约会。女子因中"爱蛊"后不能与下药人幽会,万般难受。有一晚借上茅厕之机,跳入家门前的水井中自杀而亡,其魂灵后来托身为貌美女子,善放爱蛊,让人为情所迷。

爱蛊的传说固然让处于爱情失意或者不幸婚姻状态中的人感到一种心理慰藉,但蛊婆放蛊害人是众所周知、切齿痛恨的事,所以大家认为只要消灭了蛊婆,即会除掉祸害的根子。而某位女性一旦被怀疑为蛊婆,就会为乡人唾弃,受到隔离和疏远,甚至"常有无辜妇女被诬为'草鬼婆'者,而备受凌辱,有的甚至被置于死地"②。

据有关学者研究,其实湘西地区的巫蛊文化和其独特的自然地理、社会历史文化是密切相关的。峰峦重叠、气候湿热的地理环境,易使人受到病毒感染,而湘西自古以来生存条件险恶,医疗卫生条件极差,普通人一旦感染病毒,特别是如果发生传染性疾病,就很难控制,民众对疾病非常恐惧。因为生产力的极端低下使人们在各种疾病和天灾人祸面前束手无策,他们认为主宰人类命运的是鬼神或邪恶势力,于是一些具有神秘变态情绪的非主流女性就被认为是放蛊的蛊婆。"由于人们对放蛊的无知,致使人们对放蛊及其类似的东西厌恨痛绝,并不断地制造出'蛊祸'。一些良民百姓,'关门家中坐,祸从天上来',而一旦被诬,那就会有口难辩,跳进黄河也洗不清,无辜受屈,甚至惨遭杀害。"③ 从这点可以看出,蛊婆已由最初的主动祸害他者,逐渐演变为被他人诬陷的受害者。

由于对巫蛊的恐惧与痛恨,导致人们对会施蛊、放蛊的蛊婆避之不

---

① 陆群、谭必友:《湘西苗族巫蛊信仰生成之剖析》,《怀化师专学报》2001年第3期,第50页。

② (清)蒋琦溥、林书勋、张先达:《乾州厅志干州厅志》(复印本)。

③ 潘文献:《苗人、巫蛊:对于他者的想象和指控》,硕士论文,中央民族大学,2005年。

及，所以他们在为儿女结亲及交友时格外谨慎，生怕结交上会放蛊的家庭，给自己及家人招致无穷的祸患。一个善于放蛊的家庭，无论他家的孩子有多聪明能干，无论人品外貌有多出色，一般都难结到好的亲事，因为村里人都不愿和他们来往，最后只能远嫁或远娶外乡不知情的人，或者嫁（娶）那些身体有缺陷的人。一个人一旦被认定为"蛊婆"，亲戚朋友就有可能为求自保而与其脱离关系，使她们在精神上处于一种孤立无援的境地。

会施巫蛊的被认为绝大部分是壮族、瑶族以及苗族、布依族等南方少数民族。对于蓄蛊地的转移和迁流，学术界有人指出，"这反映了主流文化对非主流文化的地域偏见与歧视，体现了主流文化圈的发展演变过程。当背负这种强加于己的污名，被认定为'蓄蛊'的民众也只能慢慢内部消化吸收，则反映了弱势文化屈从依附于强势文化的复杂心态"①。为什么巫蛊文化与南方少数民族之一的苗族联系紧密？这种情况可能和明清以后苗汉矛盾加剧有关。苗汉之间因为社会结构的不同，且存在着文化实践与观念的显著差异，再加上苗汉都有坚决维持自己鲜明民族边界的意愿，从而加深了两个民族之间的矛盾。汉人对苗人的巫蛊想象，尤其是对苗人妇女施蛊的无限想象，其实对一种异文化的神秘感所导致的，也是一种民族矛盾的体现，这种想象有时借助谣言、疾病等让汉人对苗人感到害怕，其实苗人自己内部也有对特定人群相似的指控与想象。②

而喊魂则是旧时在各地都存在过的一种叫魂仪式。喊魂起源于古代的巫术，"源自最原始的灵魂观念，泰勒以为宗教最基本的思想是'对精神存在的信仰'，而人们对精神存在的信仰来自灵魂观念。"③ 屈原的《招魂》就记载了2000多年前楚地民间的招魂仪式。现在湖南地区很多地方还在盛行喊魂，人们认为自己的健康状况出现问题时灵魂就不附于肉体，特别是孩子的灵魂更容易脱离游走。如果小孩受惊吓而闹病，八成是丢了魂了，就要举行喊魂仪式，魂回来病就好了。喊魂一般在傍晚时分，因为

---

① 于赓哲：《蓄蛊之地：一项文化歧视符号的迁转流移》，《中国社会科学》2006年第2期，第191—204页。

② 潘文：《苗人、巫蛊：对于他者的想象和指控》，硕士学位论文，中央民族大学，2005，第34页。

③ 金泽：《宗教人类学导论》，宗教文化出版社2001年版，第61—62页。

大家认为傍晚时有生命的东西，都会急着寻找回家的路，人的魂也不例外，这时最容易将丢掉的魂喊回来。具体做法是孩子的母亲去孩子白天去过的地方或屋外，边走边喊孩子的名字，沿途撒下一把把玉米粉（或纸钱等其他东西，或什么也不用），同样一句话，要不停地重复喊，直至喊进自家大门。然后，径直来到孩子沉睡的床边，用手指沾一点玉米粉，在他额头上轻揉几下，连说几句："××（小孩名字）回家来了，困一觉就好了……"喊魂要让母亲来喊才最有效，因为"母声应千里"，无论孩子的魂丢在什么地方，母亲轻呼一声，孩子的魂都能听见。喊魂的过程简单也好，复杂也罢，最后母亲的手，总要在孩子的额头和身上，轻抚或轻拍几下。一般来说，小孩受了惊吓只要经过喊魂大多都会好。如果用现代医学解释，其实喊魂主要是通过最亲近、最信赖的人（如母亲）的精神慰藉和情景再现来唤起病人的意志力，有一种心理暗示作用，对有些小病是有帮助的。

二 自然神信仰

属于原始自然崇拜的天地日月山川和风云雨雾等在古代湖湘地区都受到顶礼膜拜。湖湘多山多湖泊河流，所以山神、水神的信仰更是比较普遍的。民众认为每一座山、每一条河流都有主管的神灵，甚至每一个山洞都有洞神，每一块土地都有土地神掌管。此外，火神崇拜在湖南也很普遍。长沙最出名的火宫殿以前就是祭祀火神的火神庙，始建于清乾隆十二年（1747）。民国时期，人们迷信火神，长沙哪家失火，哪怕是烧了一个拖把，都要到火宫殿"谢火神"。富贵人家或殷实商家失火，点盘香，烧架香，杀猪设祭，还要请戏班子唱庙戏。下面主要重点介绍湖湘地区的洞神和土地神信仰。

湘西地区属喀斯特地貌，在长期的历史条件下形成了许多天然溶洞，有的分布在河流山川湖泊之上，有的藏匿在城镇与村落之间，不计其数，据记载单单湘西就有溶洞达3000之多。既然万物有灵，洞穴也必有主宰者"洞神"存在。现在湘西上了年纪的老人都会说山洞不管大小、高低、深浅，里面都住着"洞神"。多的住的一群，少的住的一个，它们有的是动物变的，有的是植物变的，有的是女的，有的是男的，有的丑陋，有的漂亮，有的专门做好事，有的专门做坏事。……如果要到山洞里去玩，要带点香、蜡烛、纸钱，来到洞口点燃后插到地上或堆到地上，要祭、要拜，把他们教的歌句默念一遍，敬了"洞神"，点燃火把才能进洞。进了山洞不能驱赶、追打看到的动物，尽量绕开，走到洞的里面不能说话，用眼睛多看，就是要说话也说些好听的话，不能说坏话，如果触怒了"洞神"，它们会关了洞门，那就出不来了。就算有善良的"洞神"帮忙，歹毒的"洞神"多了，也会把进洞的人生吞活剥，喝了血，吃得连根毛发、连根骨头都不剩。从洞神传说中我们可以得知，湘西洞神的形象以洞神品性及其与人的关系可分为索取神（又称恶神）、奉献神（又称善神）和中立神三大类。于是大家都祈求进洞时最好不要碰到面目丑陋、凶恶、残忍的"洞神"，最好碰到的是漂亮、善良、肯帮人的"洞神"，特别是找不到老婆的人希望有"洞神"相助，遇到自己贤良的新娘，贫困的人希望能得到宝盒，获得密语，摇一下、敲一下、念一下，房子、金银财宝、田土都能变出来。

  湘西的洞神传说可以说是数不胜数，在这部分传说中最让人印象深刻的是"落洞女"的传说。传说洞神喜欢上某个美丽的姑娘，为她化成人形，使姑娘倾心，从而导致姑娘神情恍惚、精神错乱。大家便认为是洞神勾走了她的魂魄，于是就把她送进洞里，在想象中让真实存在的姑娘与虚构的洞神新郎结婚，这个传说后来渐渐演化成了一种与众不同的婚俗——"落洞"。"落洞"在苗语中还有另外两种说法，分别是"抓顶帕略"和"了滚吧"，前者意为"天崩地裂"，既可指从平地陷下去，与周围隔开，亦可指内心世界与外界隔绝，进入另一个空间，从而失去与正常人的交往及交流；后者的"吧"读作"bia"，一般理解为"岩洞"，"滚"为"鬼"，"了"意为"丢掉"，连起来的意思就是魂掉入洞中了。姑娘们一旦进入"落洞"的状态，自然便失去"常态"，会更加看重贞洁，不喜与人相处，甚至可能神情恍惚，自言自语，还有可能会突然又唱又跳。"在这样的情况下，着急担心的家里人便会找到家周围的一个山洞，设坛上香、烧纸，向洞神说明自家孩子只是一个不值得洞神在意的痴拙顽愚的普通世俗人，祈求洞神放回自己的女儿。"① 如果女孩子真的恢复"常态"，则被认为是洞神得知了自己的祈愿，开恩放回"落洞"的女儿，一家人

---

① 陆群：《"落洞"：在美丽背后隐藏了悲惨》，《民族论坛》2006年第5期，第24页。

便开开心心的去还愿，感激洞神的恩德；若是女孩情况恶化，家人无计可施，也只能接受命运，默默看着女孩子渐渐枯萎。女孩子去世以后，父母也只能默默伤心，但仍会以传统方法为女儿准备应有的嫁妆，在女儿"落洞"的洞前烧毁，以作为一场婚礼。但也有人会在洞的附近建造一间屋子，用纸制作一些家具，将女儿的生辰八字写在纸床和纸衣柜上，表示把女儿赠予洞神。年轻貌美的女子若从洞旁路过而被"洞神"相中，便会全身散发出奇异香味而亡，成为洞神的新娘，隐喻着精神有别于常态。一般那些已经结婚生子的女性因为繁忙的劳动（抚育子女、耕织家务）以及娱乐（骨牌）等活动分散部分注意力，而不至于精神失常。而那些情感丰富的未婚少女，就不得不要为自己的早熟或者晚婚付出代价，倘若她们无法承受情绪上的过度压抑，便会转为病态，而被认为是"落洞"了。

"落洞"其实是人对超现实力量渴望的一种体现。落洞女子从进入洞穴的那一刻起，世俗的生命就算结束了，但这恰好是她另一种生命的开始：她成了洞神的妻子，进入到了神世界，成了神的一员，也有了"神"力。在人们的心目中，她并没有死，她是在实现向神的世界的过渡，是换一种生存方式而已。"落洞"在长期流传的过程中还不断融合道教的思想，通过一些有心之人的改造而更加富有了传奇色彩：凡有幸进入洞中并娶了仙女为妻的人，他们出来后大多数人都具有了无穷神力，有的最起码也能得到仙丹，也就是说他们入洞的过程其实就是他们生命蜕变的过程，即他们的生命已由世俗升华为神圣了。在湘西，这种广为流传的洞神传说与当地人们所处的自然地理环境不无关系，同时也体现了道教思想的精髓，即人与自然的和谐相处。湘西人认为，是大山、是森林、是万物给予这里的人们生命，养育了他们，是洞神在保护他们，因此，对于自然万物要怀有崇敬之心、敬畏之心，人们已经把洞神也看成是大自然的一个组成部分加以崇拜，就如同崇拜大自然，所以亵渎洞神是绝对不可以的，因为那就是对大自然的亵渎。

土地神崇拜可以说是湖南民间最为普遍的信仰之一。早期的人们认为万事万物都是有灵性的，特别是土地。在农耕文明社会里，人类的生息繁衍离不开土地，因此他们崇拜土地格外虔诚。在他们看来，有用且亲近的东西愈发神力广大。在湖南乡村，随处都可见大大小小的土地庙，有修建得宏伟壮观、富丽堂皇的土地庙宇，有外观朴素但装饰精致的土地庙，也有用几块土砖随便垒成的简易的土地神龛，但无论在哪类土地庙里，前来上香的人们态度都非常虔诚。湖南地区的土地神崇拜还表现在春节唱土地歌上。以前每到春节，湖南广大的农村地区便响起了锣声歌声，两三位歌师身背一个雕刻精致的土地爷脸子，边唱边敲着小锣，旁边跟着一大堆看热闹的小孩。这些歌师走家串户唱的就是赞土地歌，祝主家五谷丰登、六畜兴旺、富贵双全等等，都是些吉利之词，唱完主人一般要给一定的酬谢。土地歌是赞土地时演唱的歌曲，它是民间土地神信仰的衍生物，中国歌谣集成湖南卷《湘潭县资料本》有如下记载："土地神，是人们的一种庇护神，旧时乡间四处可见到土地庙。"我国古代人们主要依赖土地生存，因此土地神当然就成为主要的自然大神。湖南很多地区，包括汉族和少数民族地区，至今广泛流行一种赞土地的习俗。

赞土地习俗在多处古籍文本中都有形象生动的记载，如苗族人的土地神有土地公公和土地婆婆之分，每年春节由男女两人分别饰演，挨家挨户去唱土地神歌以送吉祥，预卜主人家来年庄稼大获丰收。湘潭还有一种土地灯习俗，被记载于《中国地方志民俗资料汇编》："'土地灯'，饰人为土地神，鸣金鼓以入人家，以议词博主人欢，旋持灯笼唱茶歌，间以鼓乐。"[①] 湘西侗族人民也信仰土地神，他们认为，土地神无处不有，家门、坳头、寨头到处都是。侗族傩戏"咚咚推"是入选国家第一批非物质文化遗产名录的戏曲，"咚咚推"有一出戏名为"跳土地"，是侗族农民在生产生活中开展的一项祭祀活动。表演者都头戴傩面具，扮演农民的演员以"三步舞"的形式，向土地菩萨扮演者祈求风调雨顺，驱除瘟疫，保佑年年五谷丰登、六畜兴旺、老少安康，土地公仔细听完他的陈述之后，慷慨答应了农民的祈求，最后农民向土地公公答谢感恩。整出戏古朴悠远，表现了远古人类在获得丰收时对土地的感恩与崇敬。

三 祖先神信仰

湖南地区自古以来就和多位上古人物传说联系在一起，如炎帝、舜

---

① 丁世良、赵放：《中国地方志民俗资料汇编·中南卷上篇》，北京图书馆出版社1997年版，第490页。

帝、蚩尤、祝融以及盘王、廪君等，下面重点介绍炎帝和蚩尤。

作为中华民族始祖之一的炎帝，据文献记载，其陵寝位于湖南，有晋代皇甫谧所著《帝王世纪》为据："（炎帝神农氏）有圣德，以火承木，位在南方，主夏，故谓之炎帝。……在位一百二十年而崩，葬长沙。"① 而先秦古籍《国语》记载："……炎帝以姜水成，成而异德，故黄帝为姬，炎帝为姜。"② 炎帝出生于姜水（在陕西西部与甘肃天水地区相邻），怎么会葬在万里之遥的湖南呢？但汉代刘安撰的《淮南子·主术训》中就提到炎帝神农氏"其地南至交趾（今岭南一带）"，说明汉代人认为炎帝的势力范围已经到达了南方。有学者论证炎帝之所以和南方联系起来，主要是因为战国以后盛行五行学说和"五德转移"说（战国邹衍发明），根据这些学说，秦代吕不韦主编的《吕氏春秋·十二纪》就已明确把炎帝和南方联系起来："春天'其帝太暤，其神句芒'；夏季则'其帝炎帝，其神祝融'。"对《吕氏春秋》的记载，东汉的高诱是这样解释的："炎帝，少典之子，姓姜氏，以火德王天下，是为炎帝，号曰神农，死托祀于南方，为火德之帝。"可能是因为炎帝在传说中是以火德为天下之王，而南方天气炎热，和火相关，所以人们认为炎帝"死托祀于南方"。

总之，不管怎样，秦以后的典籍上都已明确了炎帝和南方的不解渊源。后来宋罗泌博览诸多古籍之后作《路史》，他也认为炎帝死于湖南长沙："崩葬长沙茶乡之尾，是曰茶陵，所谓天子墓者。"③ 在这之后记载得更为具体的是《舆地纪胜》："炎墓在茶陵县南一百里康乐乡白鹿原。"④ 根据后人的确认，这个地方就是今天湖南株洲市的炎陵县，直到现在，株洲地区保留了诸多关于炎帝的传说及信仰，主要有传说"白鹿原的由来""炎帝和他的三个母亲""龙的传人"等，还有炎陵的"百味亭"和茶陵的"尝药亭"。"帝葬茶陵"中说："帝病，告以当葬南方，视旗所蠹，遇

---

① （晋）皇甫谧：《帝王世纪·世本·逸周书·古本竹书纪年》，齐鲁书社2010年版，第4页。
② 《国语·晋语》，上海古籍出版社1978年版，第116页。
③ （宋）罗泌：《路史》，北京图书馆出版社2003年版。
④ （宋）王象之：《舆地纪胜》，中华书局2003年版。

娇即止，因葬于兹。"① 自然也是以这些传说为依据的。但是白鹿原确实有一个叫娇梁岭的地方，也称桥头岭，就在离陵西南方向大约十里地，这里四面环山，有鸟道羊肠蜿蜒而至，又正当要冲之地，"遇娇即止"说的就是这个地方。山上至今还保留着望云庵、栖云亭等建筑，还有"尝药鼎"，据说就是炎帝所铸，鼎盖的顶端还留有无法识别的文字，称为姗蚌文。若此鼎确为炎帝所铸，那当时的社会就属于青铜时代无疑了，而这个"炎帝"就应该是神农氏的后代。上述推断也与历史上所记载的炎帝后代在夏、商、周势力逼迫下进入湖南的这一史实相吻合。那么此时炎帝陵所葬炎帝，就不该是我们的始祖炎帝了，所以罗平在注解中说："所葬代云衣冠，赤眉时人虑发掘，夷之。"据此也有人认为炎帝陵只是衣冠冢。我们推测也许是神农氏的后人来到湖南后相中这块风水宝地，发现这里不仅森林茂密，环境幽静，还有沫水、云秋两条河流环绕，物产富饶，特别盛产茶叶，于是在这里修筑炎帝的衣冠冢供后人祭祀。还有可能是神农氏的后人在进入湖南后自称是"炎帝"的陵寝。南宋时期的罗泌、罗平父子都曾经去过炎陵，罗泌撰文刻有《炎陵碑》，罗平给他父亲之作《路史》作注，就提到过炎陵还保存妃子及子孙后人的古坟达二百多座，不难看出炎陵当属神农氏后人在迁居茶陵后氏族首领的公墓群了。

据考证，我国早在宋朝就已经形成了公祭炎帝陵的制度，元朝也没有中断过，到了明清时期更是越来越频繁。就"御祭"祭文而言，目前可考的，明代有15次，清代有38次，中华人民共和国成立后的公祭炎帝陵活动，由省一级政府正式举办的始于20世纪90年代，1988年炎帝陵主体工程修复竣工，之后正式对外开放。1993年，湖南省人民政府隆重举行了公祭炎帝陵，同时进行的还有"炎黄杯华人华侨龙舟赛"的"炎黄圣火"取火种仪式。从那时起，湖南省历任省长多次举行公祭炎帝陵活动。时至今日，每逢炎帝神农氏诞生日（湖南民间传说炎帝诞生之日为农历四月二十六日）及农历除夕等一些特殊的日子，人们扶老携幼自发来到炎帝陵前，在行礼亭点燃一对香烛、敬献一只鸡、燃放一挂鞭炮、行一行跪拜之礼，而那些规模比较大的团体组织，则更愿意参照盛大而隆重的公祭形式进行民祭。

---

① （宋）罗泌：《路史》卷十二，北京图书馆出版社2003年版。

蚩尤被认定为苗族的始祖神,其实汉文献中记载的蚩尤是否为苗族始祖,学术界一直存在较大的争议①。虽然汉民族的历史文献中没有明确苗族为蚩尤之后的记载,而苗族这个族称也是直到唐代才见于文人笔记(当时"苗"被称为"猫"),但继宋代学者朱熹认为"苗族"就是古代"三苗"后裔,晚清刘师培、章太炎、梁启超等在此基础上又进一步明确了蚩尤为九黎部落首领,而三苗为九黎之后,于是蚩尤—九黎—三苗—苗族这条线索似乎清晰起来。更为重要的是,蚩尤作为远古时代被黄帝打败的战神,其族群被炎黄部落驱逐迁徙的悲情历史,与苗族被历代统治阶级压迫迁徙的历史记忆有着惊人的相似,于是,不管学者们怎样质疑,苗族人民已经认定了蚩尤是他们民族的精神始祖。"湖南苗族古歌中的《蚩尤与苗族迁徙歌》,歌中反复提到的'格蚩尤老'被认为就是'蚩尤',这首歌也就被认为是一首记载蚩尤带领九黎族南迁历史的歌。"② 苗族至今依然保留着对蚩尤崇拜的传统习俗,苗族的老百姓甚至认为天文、历法、文字、医药、法律都是蚩尤所创,还有其他的一些有关蚩尤的古歌也在苗民中广为流传。如湖南花垣县境内就流传着一种蚩尤戏,是苗戏的一种。有学者指出:"蚩尤戏形成于蚩尤死后不久,大约五千年前,它之所以流传到苗区成为苗戏的一种,是因为苗人在蚩尤死后不断南迁,把这个戏种保留了下来。唱蚩尤戏时,苗人头戴铁三角扮成蚩尤的模样,来祭祀蚩尤,以求驱邪避灾。"③ 这种蚩尤戏最早的记载大致源于《述异志》:"今冀州有乐名'蚩尤'戏,其民两两三三,头戴牛角而相抵,汉造角抵戏,盖遗制也。"④ 此外,苗族的"杀牛祭祖""椎牛习俗""枫木崇拜",以及苗族传统节日"四月八",相传也和蚩尤崇拜相关,吹芦笙,敲战鼓,歌颂蚩尤、夸父的功绩。总之,蚩尤与传统文化习俗的融合,在湖南、贵州等各苗族聚居区已经是一个比较普遍的现象了。

---

① 凌纯生、芮逸夫:《湘西苗族调查报告》,民族出版社 2003 年版,第 2—16 页。
② 刘宗迪:《蚩尤是如何成为苗族祖先的——苗族族源神话的现代建构》(http://www.chinesefolklore.org.cn/blog/? uid-6-action-viewspace-itemid-20168)。
③ 田玉隆:《论苗族民俗文化中的蚩尤形象》,《贵州社会科学》1997 年第 4 期,第 148 页。
④ 《述异志》,清光绪二十九年(1903)南陵徐乃昌据宋本影刊。

四 民间圣贤信仰

湖南地区民间圣贤信仰众多,有先秦流放湖湘沉江汨罗的屈原、追寻夫君舜帝殉身洞庭湖的二妃,汉时被贬长沙任长沙王太傅的贾谊,征讨武陵蛮的名将马援,少数民族竹王三郎,三国时的名将关羽、张飞,唐时贬谪湖南永州的柳宗元,五代时少数民族起义领袖杨再思,宋时民族英雄岳飞、农民起义领袖杨么等等,文臣武将不一而足,现重点介绍屈原与飞山神杨再思信仰。

屈原被湖湘人民立庙祭祀的记载始见于晋代王嘉《拾遗记》卷十:"屈原以忠见斥,隐于沅湘……楚人思慕,谓之水仙。其神游于天河,精灵时降湘浦。楚人为之立祠,汉末犹在。"① 可见,至晚从魏晋开始,湖湘百姓就已将屈原神化,把他当作水神立祠祭祀。由于屈原是在汨罗沉江,所以汨罗建有屈子祠。汨罗的屈子祠位于汨罗玉笥山,旧名屈原庙、汨罗庙、三闾大夫祠,历史上庙址几经变换。郦道元《水经注》载:"罗渊北有屈原庙,庙前有汉南太守程坚碑记。"《一统志》说:"汨罗庙在县北汨罗江上,庙旧在南阳里,即今翁家洲也,后徙建公悦园北,濒江数毁于水。乾隆二十一年(1743)知县陈钟理徙建玉笥山上。"可见,玉笥山上的屈子祠是乾隆二十一年为避水从公悦园北迁来的,起初名三闾大夫祠,同治八年(1869),乡贤集资修缮三闾大夫祠,始定名为屈子祠。笔者根据地方志初步统计,湖南祭祀屈原的祠庙以洞庭湖流域最多。从修建的地点来看,大部分屈原祠庙都修建在江边河边或者湖边,如:巴陵的三闾庙一处在三里湖岸,一处在李新墙河岸;钟祥市三闾大夫庙在汉水滨;湘阴县的汨罗庙修建在汨罗江岸;澧州屈原祠在州东兰江驿;黔阳三闾祠在西门潕水岸;归州屈公祠在屈沱北岸;芷江昭灵庙建在杨溪口。洞庭湖流域水流较多,湘资沅澧四水汇入洞庭湖,汨罗江又汇入湘水,湘江沿途接纳大小支流1300多条。它是洞庭四水中流域面积最大、产水最多的河流。洞庭湖流域的人们的生活和河流有着密切的关系,与外界的交往主要靠水路。屈原因为投水而死,素来爱信奉鬼神的楚地百姓就把他当作水神

---

① (晋)王嘉:《拾遗记十卷》,(南朝梁)萧绮录,齐治平校注,中华书局1981年版,第235页。

来供奉，在水边建立祠庙。

在民间屈原作为水神显灵的传说很多。据史书记载，后梁时候，潭州（潭州就是今天的长沙）刺史马殷祷告屈原，借助屈原的神力战胜了瘟疫，并确保水上平安。为此马殷请求梁太祖封屈原为昭灵候，这件事情当时在荆楚地区影响很大。笔者在汨罗屈子祠内还看到一尊屈原石雕像，高103厘米。据说这是国内今现存最早的屈原石雕像，像座一侧有铭文曰："荆州府归州桐油沱信人曹端福，善同妻朱氏四（子），发心舍造屈原相公一尊，入于白狗峡庙中。永镇四方，保安家犬。明嘉靖十六年（公元1537年）丁酉三月吉旦。同男：田中、执中、秉中、守中立。匠人陈伯伏。"此石雕像原安放在小青滩屈大夫庙内，据当地老人介绍说，铭文中的曹端福是个船主，有一次和妻子及四个儿子驾船下宜昌，木船在白狗峡（今兵书宝剑峡）遇险，后来多亏屈原大夫保佑，他全家才获救，于是捐赠了这尊屈原石像。这个故事表明了在以水上交通方式为主的当地百姓心中，屈原能保佑他们在水上的生命财产安全。清代湘阴人杨际标的《竞渡谣》中就有"罗州人吊水中仙，往古遗风今尚传。踏青斗草俱不事，年年端午竞龙船"之句。

飞山神杨再思是湘黔桂等广大地区人们广泛崇祀的一个神灵，侗族、苗族都把他当成自己的祖先。凌纯声、芮逸夫通过大量调查走访写成的《湘西苗族调查报告》中这样描述苗族飞山神信仰的："每年逢二、八两月的初二日，合寨人在祭过土地之后，必祭此神，以求保佑本寨之人。"[①]而侗族对飞山神信仰的程度比苗族更虔诚，飞山神信仰甚至成为他们进行族群识别的一个重要特征之一。至于飞山公到底是谁，据嘉庆《通道县志》载："威远侯祠，城东，又名飞山庙，祀宋威远侯杨再思，常有功于靖者。"该县志指明了飞山庙祀杨再思，杨再思有功于靖州，强调了飞山庙与靖州之紧密关系。据学者考察，在唐末五代时期，飞山峒蛮酋作乱，楚王马殷派吕师周率军出讨，擒杀了蛮酋，在飞山峒被吕师周荡平之后，杨再思成为继被荡平的蛮酋之后的"十峒"首领，曾驻兵于湖南靖州城外之飞山，后率其民归附了楚王马殷，避免了更大规模的战争和更多的死亡。据有关的历史资料记载，后来杨再思将所管之地分为十峒，让他的几

[①] 凌纯生、芮逸夫：《湘西苗族调查报告》，民族出版社2003年版，第113页。

个儿子分别把守，宋代史籍也记载了"十峒"杨姓首领内附及朝贡的史实。"由于杨再思推动境内各民族的团结和融合，有功于当地人民，民众非常感激他的恩德，后人为了纪念他，尊称他为飞山公或飞山神，在他死后为他立庙进行祭祀。"① 据说各地所立的飞山庙均十分灵验，信众每有祭祀即可避邪消灾。再加上杨再思因率众归顺被宋王朝屡次嘉奖追封，影响扩大。后来在历代中央王朝、地方社会精英、民众的广泛推动下，飞山神成为侗、苗、汉等多个民族都广泛信仰的神灵。

第二节 历史上湖湘文人阶层与湖湘信仰民俗

湖湘信仰民俗在漫长的变迁过程中，多种因素促进了其发展演变，而其中湖湘文人阶层的力量也不可忽略。朱汉民先生在《湖湘民间信仰的多元建构》中提到，"精英文化与民俗文化，本土文化与域外文化的交流、渗透与互动，进而完成民间信仰的多元建构"②。湖湘文坛自唐代始出现星光璀璨的局面，这一时期流寓湖湘的作家众多，同时湖湘本土作家也相继崛起。湖湘大地瑰伟浩渺的山川景物滋养了作家们善感的心灵，湖湘别具一格的风土人情又为他们提供了丰富的创作素材。当湖湘作家们徘徊于三湘四水、吟咏于衡岳之间，其作品已深深地打上了湖湘文化的烙印，湖湘独有的民俗信仰也已浸润于他们的诗作之中。他们自觉地关注并参与湖湘各种民俗信仰，同时又不自觉地对其进行着文化上的渗透与改造。

一 信仰自觉——湖湘文人对信仰民俗的关注、参与与记载

与齐己、胡曾一同被列为唐代湖南三诗人之一的李群玉，在晚唐诗坛有其独特的地位与价值，《唐才子传》中对其有详细的记载。作为一位在湖湘土生土长的本土诗人，李群玉对湖湘文化有一种自觉的继承，其诗作有着浓郁的湖湘文化特色，诗中记载了大量湘楚的民俗信仰。据学者统计，仅就神女信仰，《李群玉诗集》中至少有二十多首提及，其风格哀怨

---

① 吴嵘：《贵州侗族民间信仰调查研究》，人民出版社 2014 年版，第 102 页。
② 朱汉民：《湖湘民间信仰的多元建构》，《湖南大学学报》（社会科学版）2013 年第 6 期，第 18 页。

清丽，手法别出心裁。李群玉十分欣赏《楚辞》中的人神爱恋，曾多次写诗吟咏："君吟高唐赋，路过巫山渚。莫令巫山下，幽梦惹云雨。"①（《送郑京昭之云安》）"自从一别襄王梦，云雨空飞巫峡长。"（《宿巫山庙二首》）"愿托襄王云雨梦，阳台今夜降神仙。"（《醉后赠冯姬》）这些诗作反映了深受楚巫文化影响的李群玉的信仰心态。

李群玉诗作中摹写最多也最为传神的是湘水女神的信仰，最典型的是《黄陵庙二首》，其一云："小姑洲北浦云边，二女容华自俨然。野庙向江春寂寂，古碑无字草芊芊。风回日暮吹芳芷，月落山深哭杜鹃。犹似含颦望巡狩，九疑如黛隔湘川。"黄陵庙是舜之二妃娥皇、女英的祠庙，位于湖南省湘阴县北洞庭湖畔，李群玉从京师辞去校书郎职位回乡经过黄陵庙。诗人睹物伤情，由二妃寻夫不遇自沉湘水想到自己仕途的坎坷，诗歌表达了诗人的凄寂心境和对二妃的同情与叹惋。由于李群玉在多首诗中吟咏湘妃，民间大量流传李群玉遇湘妃显灵的传说。据说李群玉写这首诗时夜宿黄陵二妃庙，梦见湘妃与之相约两年后共赴云雨之游。随后李群玉到了浔阳，还向当时的浔阳太守、以写《酉阳杂俎》一书闻名的段成式详细叙述了这件事。两年以后，李群玉果然患病身亡。民间传说是湘妃显灵，李群玉是赴"云雨之游"去了。此事有段成式诗作为证："曾话黄陵事，今为白日催。老无男女累，谁哭到泉台。"（《哭李群玉》）也有传说是李群玉过洞庭时，经湘妃庙，因题诗亵神，为鬼魅所惑，投于洪井身亡。李群玉和湘妃之间的传说其实有着深厚的湘楚地域文化渊源，"信巫鬼，重淫祀"是楚民族在长期的发展中形成的独特习俗文化，这种巫风盛行的文化氛围影响了李群玉的思维方式，使其主动去参与湖湘民俗信仰。他还有多首描写祭祀活动之诗，如《竞渡时在湖外偶为成章》《送崔使君萧山祷雨甘泽遽降》《凉公从叔春祭广利王庙》等。

像李群玉一样具有湘妃情结的还有迁谪诗人刘长卿，他在湘中曾创作四首《湘妃》题材的诗歌，说明了他对湘妃故事的独有所钟。作为异乡迁客的刘长卿来到湖湘之地在尽享潇湘山水的恩赐之余，更为深切的感受却是湘妃的幽怨，他的《湘妃庙》云："荒祠古木暗，寂寂此江濆。未作

---

① 本文所选李群玉诗歌均选自（唐）李群玉等著的《唐代湘人诗文集》，岳麓书社2013年点校本。

湘南雨，草色带罗裙。莫唱迎仙曲，空山不可闻。"① 这首诗抒发了自己羁旅愁苦、怀古伤今的思绪，诗人不堪听湘妃庙中的迎仙曲，不是因为空山不能听，而是因为这凄凉的乐曲会勾起自己无限的愁绪。

唐时湘妃庙一般建在湖湘临水地区，庙宇名字为湘妃庙、黄陵庙、二妃庙、湘夫人祠等，其中尤以湘水、洞庭湖畔居多。这是唐时被贬谪或因战乱流寓至湖湘及岭南的文人的必经之路，他们借凭吊湘妃抒发凄清悲苦，寄寓无限的惆怅与情思。除李群玉、刘长卿之外，多位流寓至湖湘的诗人也耳濡目染湘妃的传说和信仰，并留下动人的诗篇。如李白在漂泊湖湘之后写下的《远别离》："远别离，古有皇英之二女，乃在洞庭之南，潇湘之浦。……帝子泣兮绿云间，随风波兮去无还。恸哭兮远望，见苍梧之深山。苍梧山崩湘水绝，竹上之泪乃可灭。"诗句极有楚地屈原之遗风，同时又将个人情怀寓于咏古之中。安史之乱中流落至湖湘的杜甫过湘夫人祠，作有《湘夫人祠》和《祠南夕望》二诗专题吟咏湘妃，诗中有"肃肃湘妃庙，空墙碧水春"之句，借咏湘妃抒发自己君臣不遇的千秋感慨。刘禹锡被贬朗州期间也写下两首脍炙人口的《潇湘神》②，其一云："湘水流，湘水流，九疑云物至今愁。君问二妃何处所，零陵香草雨中收。"李颀的《二妃庙送裴侍御使桂阳》："沅上秋草晚，苍苍尧女祠。无人见精魄，万古寒猿悲。"③ 万古寒猿悲鸣，潇湘的流水、愁云、明月，都是湘妃遗恨的见证。许浑《过湘妃庙》："九疑望断几千载，斑竹泪痕今更多。"④ 崔涂《过二妃庙》："不及庙前草，至今江上春。"⑤ 这些诗作既饱含对二妃的同情，又是羁旅游子思乡断肠、愁苦感伤情感的抒发和排遣。"庙竹映湘君"⑥（司空曙《送史泽之长沙》），"斑竹初成二妃庙"⑦（元稹《奉和窦容州》）湘妃传说的"昔人幽恨"，既引发了诗人的怀古愁思，也寄托了今人的无限伤怀。还有李涉"斑竹林边有古祠"（《湘妃

---

① 中华书局编辑部点校：《全唐诗》（增订本），中华书局1999年版，第二册卷148。
② 陶敏等：《刘禹锡全集编年校注》，岳麓书社2000年版，第190页。
③ 中华书局编辑部点校：《全唐诗》（增订本），中华书局1999年版，第一册卷134第1364页。
④ 中华书局编辑部点校：《全唐诗》（增订本），中华书局1999年版，第三册卷538第6188页。
⑤ 中华书局编辑部点校：《全唐诗》（增订本），中华书局1999年版，第三册卷679第7847页。
⑥ 中华书局编辑部点校：《全唐诗》（增订本），中华书局1999年版，第二册卷292第3326页。
⑦ 中华书局编辑部点校：《全唐诗》（增订本），中华书局1999年版，第三册卷413第4589页。

庙》)①，罗隐"刘表荒碑断水滨，庙前幽草闭残春"(《湘妃庙》)②，齐已"庙荒杉朽啼飞狌，笋鞭迸出阶基倾"(《湘妃庙》)③，这些诗句中的湘妃庙以"幽""寂""朽""荒""残""古"的面貌出现，满目疮痍的荒凉景象诉说的是物是人非的无限惆怅，令人感慨万分。众多湖湘诗人对湘妃信仰的歌咏，可见湘水神影响之大。

湖湘文人们还参与并记载了各种神秘而繁琐的民间祭礼，生动地表现了湖湘祭祀娱神又娱人的民俗情景。如元稹诗作写湘楚故地四季都要祭祀赛神，特别是十月丰收前村民们聚集在一起，杀牛祭祀，击鼓欢饮："楚俗不事事，巫风事妖神。事妖结妖社，不问疏与亲。年年十月暮，珠稻欲垂新。家家不敛穑，赛妖无富贫。杀牛贳官酒，椎鼓集顽民。喧阗里闾隘，凶酗日夜频。"④曾寄寓湖南潭州的杜甫，也曾参与湖湘清明换新火的信仰习俗云："家人钻火用青枫"，表达了诗人对生活的美好祝愿；张说《岳州守岁》写诗人被贬岳州，在大年三十晚围炉向火，达旦不眠，喝酒狂欢守岁："除夜清樽满，寒庭燎火多。舞衣连臂拂，醉坐合声歌。"这样写道湖湘除夕守岁要广燃烛火，这是一种祈求来年像火一样兴旺发达的信仰，张说的诗寄托了诗人在除夕夜的殷殷希望。

湖湘本土作家、进士及第时有"破天荒"美誉的刘蜕还曾亲自参加湖湘求雨仪式，并写下《悯祷辞并序》。文中提到除巫师和一般百姓外，参加这种仪式的还有官员："属石燕不飞，商羊不舞，民有焦心，请大夫祈龙波祠以厌。民望役巫，歌伶吹竹，鼓笙呼空者，讫唱屡夕，俄然微洒轻霎，若神来之意，似闵巫之役，是也作辞以吊民云。"《悯祷辞并序》还提到了许多种伴奏乐器，不仅女巫进行表演，参加者还有"歌伶"，诗中这样写道："渊泉沸涌兮如汤而炎。役巫女兮鼉鼓坎坎。风笛摇空兮舞袂衫衫。胥不虔祈兮官资笑谭。胡不戮狡胥兮徇此洁严。"⑤刘蜕是湖湘地区一位非常有正义感的士大夫，他通过这篇古文抨击了那些借求雨无情盘剥劳苦百姓的贪官污吏。

---

① 中华书局编辑部点校：《全唐诗》(增订本)，中华书局1999年版，第三册卷477第5473页。
② 中华书局编辑部点校：《全唐诗》(增订本)，中华书局1999年版，第三册卷665第7675页。
③ 中华书局编辑部点校：《全唐诗》(增订本)，中华书局1999年版，第四册卷847第9651页。
④ 杨军：《元稹集编年笺注》，三秦出版社2002年版，第245页。
⑤ 董诰：《全唐文》卷789，中华书局2009年版，第135页。

二　文化渗透——湖湘文人积极引进封建正统信仰文化

首先我们应该看到，文人是代表精英文化的一群士人，他们一方面在民间社会扮演着重要的角色，参与并关注各种民俗信仰活动；另一方面，由于他们掌握了丰富的文化知识，从而对学术、宗教等等拥有了创造和解释的权利，所以他们通过各种渠道对民俗信仰进行文化渗透，使湖湘民间相对独立的民俗信仰文化不断得到重构。

唐代湖湘作家以其文人的文雅、文采及观念情感去叙写各种民俗信仰活动，有时候甚至是改造民间宗教中的巫歌，从而达到移风易俗的目的。如一代诗豪刘禹锡参加政治革新失败，和柳宗元一起分别被贬湖南永州、朗州任司马，刘禹锡贬朗州司马后，"地居西南夷，土风僻陋，举目殊俗。……蛮俗好巫，每淫祠鼓舞，必歌俚辞。禹锡或从事于其间，乃依骚人之作，为新辞以教巫祝"[①]。这里的"为新辞以教巫祝"，指大量改写和创作沅湘民间巫歌竹枝词。

竹枝词究竟创作于何地，至今众说纷纭，莫衷一是，也有学者认定是在夔州创作的。但刘禹锡吟咏郎州阳山庙的《阳山庙观赛神》中，有这样一句："日落风生庙门外，几人连踏《竹枝》还。"[②] 他在诗的注解中说是在朗州创作的。此外，竹枝词"杨柳青青江水平"所描述的景色，应该是湖湘，而非山高水急的巴东江边。所以新旧《唐书》说刘禹锡在朗州创作竹枝词也不是没有可能性。我们可以推知，竹枝词可能在中唐时就已在楚地民间流行，后来在文人的参与下，特别是得力于刘禹锡的大量填写，使这种新的能体现各地民风习俗的独特民歌形式逐渐形成，且在唐以后广泛流传。

除刘禹锡大量仿湖湘巫歌创作竹枝词之外，元结也创作了数首具有楚地祭歌性质的《欸乃曲》。《欸乃曲》是荆楚地区有名的古老渔歌，类似于屈原的《沧浪歌》，二者有异曲同工之妙，但《欸乃曲》主题取材于娥皇、女英为追寻舜帝而至洞庭湖，最后泪尽而投湘水的神话传说。这一传说到了唐朝时期已经逐步演变成一种水上歌谣，如渔歌、船歌，虽然这种

---

① （后晋）刘昫等：《旧唐书》卷161 列传110，中华书局1975年版，第52页。
② 陶敏等校：《刘禹锡全集编年校注》，岳麓书社2001年版，第25页。

歌谣形式上是自由的，但仍不失其神秘感和严肃性，常常歌咏河流及其两旁的一些景物来抒发一种幽怨的情感。元结曾经在湖南道州做过一段时期的刺史，受到这种歌谣的启发，就依题创作了几首《欸乃曲》，其中一首写得真挚感人："谁能听欸乃，欸乃感人情。不恨湘波深，不怨湘水清。所嗟岂敢道，空羡江月明。昔闻扣断舟，引钓歌此声。始歌悲风起，歌竟愁云生。遗曲今何在，逸为渔父行。""欸乃"的意思是"棹声也"，元结在诗前小序中写道："大历丁未中，漫叟结为道州刺史，以军事诣都使。还州，逢春水，舟行不进，作《欸乃五首》，令舟子唱之，盖以取适于道路云。"湘楚地区多水，船是人们的主要交通工具，行船过程中民众常以歌唱消除疲劳与寂寞，而楚地"信巫鬼，重淫祀"的心理使他们对水中神怪感到恐惧，歌唱不仅可以消除内心的害怕，同时还可以缓解疲劳，放松身心。由元结的《欸乃曲》我们可以看到文人对湖湘民间民俗的叙写与保存，使我们感受到湖湘民间神秘的山水文化气息。

柳宗元被贬永州写下的《渔翁》也提到了《欸乃曲》，诗云："渔翁夜傍西岩宿，晓汲清湘燃楚竹。烟销日出不见人，欸乃一声山水绿。回看天际下中流，岩上无心云相逐。"诗中渔翁的渔歌《欸乃曲》唱绿了青山绿水，营造出一幅渔歌缭绕、山清水秀的如画诗境。《渔翁》不仅记录了湘楚古歌谣的名称，再现了湘楚古歌谣的流畅悠扬，其感伤缠绵的韵味也影响到后代唐诗的创作。湘楚民歌这种随兴而唱、不拘句数的诗歌传统，影响了许多流寓到湖湘的诗人，如王昌龄、杜甫等便创作了数量不少的六句诗。可以说，《楚辞》之后，对湖湘民俗民风进行歌咏的是这些流寓湘楚故地的贬谪诗人，他们或感叹或讴歌湘楚之地的民风民俗，使这些在史籍中籍籍无名的古老文化得以熠熠生辉。

其次，唐朝许多外来的神祇进入湖湘，表现了外来文化对湖湘本土文化的潜移默化。外来文化的倡导者有流寓湖湘的外来文化名人，也有饱读诗书的本土作家。由于他们对湖湘之地有较高的文化影响力，所以他们的文化倡导能得到民众的一致认同，甚至他们本人逝世后也受到湖湘民众的顶礼膜拜。如柳宗元、刘禹锡、李白、杜甫、王昌龄等，他们虽不是湖南人，但均因各种机缘与湖湘结缘，所以湖湘地区先后建立各类建筑纪念他们，湖南永州、常德均先后创建了柳子祠、司马楼、太白楼等。晚年漂泊至湖湘的杜甫更是引起湖湘人民的深切同情，湖南平江的杜甫墓、杜公祠，耒阳的工部祠、思杜亭、杜工部坟，以及长沙的杜甫江阁等都是纪念杜甫的。湖南平江县的杜甫墓最早建于唐代，后来又围绕杜甫墓修建了杜公祠。杜甫墓坐落在一栋土木结构的四合院中，四合院坐北朝南，杜甫雕像设在主殿正中，用檀香木做成，东西还有十几间供祭祀或守墓用的廊房。1956年7月杜甫墓被定为湖南省级重点文物保护单位，1996年，杜公墓被重新维修。历朝历代文人骚客在这里留下许多咏杜的名作，有的诗作吟咏拜谒杜甫的感受，有的诗作吟咏寻找诗圣遗踪，这说明杜甫在湖湘之地的诗作及其遗迹对湖湘文化产生了深远的影响。

湖湘民间文化原本是以苗蛮、楚蛮传统为文化底色的，在官方、儒家士人的倡导、推广下，中原地区的地域文化从各种层面融入到了湖湘民间信仰和民俗文化的多元化建构中。炎帝、祝融、帝尧、帝舜、帝禹，他们都本属于中原地区的祖先神，"还有帝喾的后代辛女、尧帝的女儿、舜帝的两位妃子娥皇、女英等，都是中原地区帝王家的妃子或子女，因种种历史原因曾活动于湖湘一带，成为湖湘地域的民间信仰对象。"① 祝融原本是黄帝的后裔，后来被纳入到朝廷封禅大典的方位神中，掌管南方，封为火神，具有"官祀"的地位，并普及到南岳山神崇拜的民间信仰中。其实南岳的山神崇拜应该有着悠久的历史了，它是由最初的小范围自然神、山神的崇拜不断发展逐渐扩大开来。《左传》《史记》中就有记载，唐以后南岳神列入国家祀典，促进了相关的南岳神的民祀活动，自唐武宗时期开始形成了定期祭祀南岳神的庙会。湘水神最初也只是楚地的土著配偶神，后来在屈原的《九歌》中被反复歌咏，因《九歌》"帝子""参差""九疑"等词，将湘水神和中原的娥皇、女英、舜的传说联系起来。汉以后特别是唐代南贬文人在湘水之滨的哀怨吟唱，使湘妃的祭祀在湖湘大地广为传播，唐天祐二年，二妃得到朝廷的正式封赐，祠为懿节侯，从而确立了湘妃祠被国家认可的祀典地位。

湖湘文人与佛道中人交往并留下诗作，在一定程度上也影响了湖湘的佛道信仰文化。如王昌龄在湖湘地区的诗歌作品中，就有近十首是涉及谈玄说理、访僧问道之作，抒发了对道家隐退江湖、闭关修炼升华自我境界

---

① 朱汉民：《湖湘民间信仰的多元建构》，《湖南大学学报》（社会科学版）2013年第6期，第18页。

的羡慕和神往。他的《武陵龙兴观黄道士房问易因题》一诗，则明确表达了诗人对官场的厌倦和归隐的渴望："斋心问易太阳宫，八卦真形一气中。仙老言馀鹤飞去，玉清坛上雨濛濛。"被贬武陵期间，王昌龄还写下了《香积寺礼拜万回平等二圣僧塔》《素上人影塔》《岳阳别刘处士》《斋心》《静法师东斋》《谒焦炼师》等一系列探讨佛学的诗歌。王昌龄对佛学表现出的兴趣如此浓厚，很大程度上是以此来表达自己对现实的不满，抒发放飞自我超越自我的思想情怀。

刘禹锡被贬朗州之后，也与地方上的诗僧道士们交往颇多。由于当时不少僧人、道士内学、外学兼修，学识渊博，诗文遂成为刘禹锡与他们之间沟通的重要领域。《刘宾客文集》的第二十九卷是《送僧二十四首》，另外还有几篇诗作是叙述送僧人的以及为高僧所写的碑文，其中大部分写于诗人在朗州期间。如他作于朗州时的《赠别君素上人》诗云："穷巷唯秋草，高僧独扣门。相欢如旧识，问法到无言。水为风生浪，珠非尘可昏。去来皆是道，此别不销魂。"与道士的诗文酬答有《寻汪道士不遇》《赠东岳张炼师》《闻道士思归引》《伤桃源薛道士》等。他还有一篇脍炙人口的《陋室铭》，描写他自己的居所，提出"有仙则灵"的道家观点。这一命题道教意蕴深厚，概括了这一类作品总的主题。他还写有很多长篇慕道诗如《武陵抒怀五十韵并序》《游桃源一百韵》《八月十五夜桃源玩月》《桃源行》等等。柳宗元、白居易、张说、元稹、元结等贬谪湖湘的诗人也与佛道多有酬答，作品数量颇为可观。佛道信仰在一定程度上缓解了这些失意文人们内心的失落与痛楚，而与佛道中人士的交往又在一定程度上开拓了他们的视野，使其作品呈现出不同的艺术风格。

但也有湖湘文人对佛道信仰深恶痛绝的，晚唐古文家刘蜕就是反佛的突出代表。众所周知，唐代统治者实行"儒释道"三教并重的政策，但唐代皇帝除个别皇帝外，几乎都佞佛，上行下效，朝廷当权的王公贵族也都痴迷于佛教。民众对佛教的信仰被掌权者所利用，佛教长老权力过大化更是极大地危害了民众利益，他们侵占良田兴建庙宇，搜刮民脂民膏，皇帝和臣子的佞佛常常还会造成极大的铺张浪费。晚唐战乱频繁，民不聊生，但佞佛之风却越发风靡。刘蜕对佛教批判针对的就是以上这些弊端，因此他对唐武宗灭佛的行为是欢呼雀跃的，他说："故蜕谓朝廷之意将有在也。鲁欲用乐正子为政,孟子闻之,喜而不寐。仆不止为执事,且为天下不寐也。丞相致主上复贞观之业自此"。刘蜕衷心地称赞武宗"朝廷治平",以"贞观之业"来盛赞武宗朝短暂的"中兴":"蜕幸未老一二年得见朝廷治平"(《贺友人拜右拾遗书》)。可以说,刘蜕对佛教的批判对后世湖湘佛教信仰也产生了一定的影响。

三 移风易俗:湖湘文人对信仰民俗的改造

一个人从呱呱坠地到成熟懂事,都或多或少地受到周围人文环境的影响和熏陶,并会自觉或不自觉地去模仿。著名人类学家本尼迪克特在她的《文化模式》中曾这样阐述环境对人的重要影响:"个体的生命史首先是适应他的共同体世代相传的方式和标准,从他出生的时候起,他生入其中的风俗习惯就塑造他的经验和行为。到他会讲话时,他已经成为他所属的文化的小小的创造物,到他长大并参加它的活动时,它的习惯就是他的习惯,它的信念就是他的信念。"①湖湘民俗信仰已深深根植于湖湘普通民众的内心深处,"百姓日用而不知,如水之于鱼""祖有功,崇有德"等中华优秀传统文化对民众起到了很好的道德引领和教化作用,湖湘文人往往不自觉地参与其中并在诗文中加以记载。

曾三次为相的张说被贬岳州刺史期间,就曾主持湖湘最有特色的端午划龙舟祭祀仪式,诗中这样写道:"画作飞凫艇,双双竞拂流。低装山色变,急棹水华浮。土尚三闾俗,江传二女游。齐歌迎孟姥,独舞送阳侯……"(《岳州观竞渡》)这是一首现存最早的写岳阳龙舟竞渡的诗,诗句写到了祭祀屈原,怀念二妃,表达了对历史先贤的崇仰。后来刘禹锡被贬朗州也留下诗作《竞渡曲》,叙述在州刺史的主持下,各队龙舟决一胜负。胜者欢欣,败者沮丧。赛后女子在水中嬉戏,与岸边彩旗相映生辉,为节日增添了无限的生趣。刘禹锡被贬朗州达十年之久,浸染了湖湘的各种信仰活动,是对湖湘信仰活动记载最多的作家之一。正如其在《武陵北亭记》等诗作中所说的"俯于逵,惟行旅讴吟是采;畛于野,惟稼墙艰难是知""以俟采诗者"②,刘禹锡的目的是"观民风于吟啸之际",他

---

① [美]露丝·本尼迪克特:《文化模式》,王炜等译,社会科学文献出版社2009年版,第2页。
② 陶敏等校:《刘禹锡全集编年校注》,岳麓书社2001年版,第975页。

重视的是文学的教化作用。如《阳山庙观赛神》写的是荆楚民间赛神活动，诗云："汉家都尉旧征蛮，血食如今配此山，曲盖幽深苍桧下，洞箫愁绝翠屏间。荆巫脉脉传神语，野老婆娑起醉颜。日落风生庙门外，几人连踏竹歌还。"这里的阳山庙赛神供奉的是西汉名将马援。马援一生立下赫赫战功，其功业和品德可谓为后代标榜。诗歌写祭祀赛神时巫师念念有词，乡民婆娑起舞，既有神秘奇异的氛围，也有轻松欢乐的场面。刘禹锡还写到了荆楚民间祭祀的三郎神，诗云："梁国三郎威德尊，女巫箫鼓走乡村。万家长见空山上，雨气苍茫生庙门。"（《梁国祠》）女巫、箫鼓、庙宇，衬托出梁国三郎神的威风凛凛。其《晚岁登武陵城顾望水陆怅然有作》还写到"俚人祀竹节"，《武陵书怀五十韵并引》写到武陵"俗尚东皇祀"等。

但民俗信仰又是具有变异性的，会随着不断变化的社会生活而在内容和形式上发生变化。湖湘文人士大夫的各种文化活动，又在不自觉地对湖湘蛮荒之地民俗信仰进行着改造。

曾两任道州刺史的中唐诗人元结，在湖湘之地十年间，作《九疑山图记》极颂九疑之盛景，称"九峰殊极高大，远望皆可见也，彼如嵩、华之峻峙，衡、岱之方广"，又叹"不知海内之山，如九疑者几焉"。九疑山，又称九嶷山，九疑与九嶷通用。元结独赞九疑，事实上因为舜帝"崩于苍梧之野，葬于江南九疑"，九疑早已是舜的代称，赞九疑就是赞颂舜。任道州期间，元结又立舜祠，上《舜祠表》，立舜庙，进《论舜庙状》，认为立舜庙为"盛德大业，百王师表"，不可"殁於荒裔，陵庙皆无"，而应"表圣人至德及于万代"。所以元结对于九疑山的称颂，归根结底是对尧舜之道的彰显，对儒家正统思想的维护。后来柳宗元在永州也撰写《道州文宣王庙碑》《舜庙祈晴文》《雷塘祷雨文》《祭井文》《崇门文》等祭文，也极力颂扬圣人舜的至德，并希冀舜的这种大德能泽及万代。"朝廷、士大夫在倡导这些'正祀'时亦是将其普及到民间信仰中，事实上，就在这些炎帝、舜帝的陵庙修建后，地方的民众就已经将对这些神灵的祭拜纳入到民间信仰的体系中去了。"[①] 这些文人的宣传在很大程

[①] 朱汉民：《湖湘民间信仰的多元建构》，《湖南大学学报》（社会科学版）2013年第6期，第25页。

度上影响了后世湖湘的舜帝信仰,使湖湘的信仰文化承载了更多的历史文化底蕴和教化功能。

第三节 南岳圣帝信仰考察报告

被称为"五岳独秀"的南岳衡山,位于湖南省中部,风景秀丽,山势巍峨,处处是茂林修竹,奇花异草,自古以来就是人们心醉神往的文化佛法名山。唐韩愈曾云"南方之山,巍然高而大者以百数,独衡山为宗。最远而独为宗,其神必灵",由于南岳的"其神必灵",无数信徒不远万里来顶礼膜拜。南岳信仰民俗种类繁多,但最主要的神灵为南岳圣帝。据典籍记载,南岳圣帝为祝融,那么,南岳圣帝的来历以及信仰产生的历史根源是什么?当代南岳圣帝信仰是如何恢复的?又怎样与当地民众生活、社会秩序、经济发展和社区政治发生关联?信仰的现状以及生存策略又是怎样的呢?正是基于对上述问题的思考,笔者于2011年8月至2018年9月在南岳衡山先后进行了5次田野调查,重点以南岳圣帝祝融信仰为考察对象,兼顾南岳其他信仰民俗,目的在于了解当地南岳信仰民俗在现代化进程中的变迁。

一 南岳圣帝信仰溯源

南岳祭祀的神是南岳神祝融,至晚从隋代开始,南岳就已兴建了专祀祝融神的庙宇,有唐代道士李冲昭《南岳小录》记载为证:"南岳有司天王庙。原在祝融峰顶,隋代移于山下。"那么,祝融究竟是何神?据《春秋左传注疏》载:"祝融,高辛氏之火正,楚之远祖也。"[①] 包山楚简中一条祭祷楚人先祖的卜辞也印证了祝融应是楚人之祖:"举祷楚先老僮、祝融、鬻熊各一胖。"南岳本为故楚之地,先民对祖先祝融的崇拜也就不足为奇了。另据史书记载,祝融还被作为文化英雄而受人祭祀。如《史记·楚世家》:"卷章(老童)生重黎。重黎为帝喾高辛居火正,甚有功,

---

① (唐)孔颖达等:《春秋左传正义》卷十六,《十三经注疏》本,中华书局1980年版,第1821页。

能光融天下，帝喾命曰祝融。"①《史记》认为祝融是帝喾管火的官，因有功，而被称为祝融。罗泌《路史·前纪》卷八也有相似的说法："祝诵氏，一曰祝和，是为祝融氏……以火施化，号赤帝，故后世火官因以为谓。"② 因有功于民而被民众广为崇祀，这也是民间信仰一种深层的心理基础。

南岳衡山地区现在还广泛流传着关于祝融的神话传说："祝融是被皇帝封在南方的王，住在南岳的最高峰上。他常巡视民情，告诉人们用火，教大家吃熟食，并驱赶蚊虫和瘴气，所以百姓们都很尊敬他。后来，祝融在山上活到了一百岁才死去。为了纪念他，人们把他住过的山取名为'祝融峰'，并建祝融殿供奉他，而其墓人称'祝融冢'。"③

以上由文献记载以及民间传说，我们可初步推知南岳祝融神信仰是一位集祖先崇拜与文化英雄崇拜于一体的民间信仰。但综观人类社会发展史上原始先民对山川河流等自然现象的崇祀，南岳作为南方为数不多的大山之一，原始先民对南岳山神的崇祀应在有文字记载之前就已产生了，这种自然崇拜后来与祖先崇拜以及文化英雄崇拜结合起来，形成了后来在历史上影响深远的南岳祝融圣帝信仰。

南岳神祝融在民间一直被广为崇祀，但在隋朝以前，虽然有民间传说和史料记载上古帝王舜帝巡狩就已至南岳，汉武帝也曾祭祀东、南、西、北四岳。但彼"南岳"不一定是此"南岳"，安徽霍山（即天柱山）历史上也有南岳之称。可以肯定的是，汉武帝祭祀的"南岳"是指安徽霍山。隋文帝统一全国之后，才"诏定衡山为南岳，废霍山为名山"④。所以南岳衡山真正被作为国家的祭祀对象，是从隋代开始的。唐玄宗时，国家对南岳神的崇祀达到了前所未有的高度，唐玄宗封南岳祝融神为"南岳司天昭圣帝"，明太祖朱元璋称其为"南岳衡山之神"，清代封为"南岳司天昭圣大帝"。从唐玄宗时起，每年的农历八月初一，南岳庙内都要

---

① （汉）司马迁：《史记》，中华书局2008年版，第257页。
② （宋）罗泌：《路史》，（宋）罗苹注，（明）乔可传校，影印文渊阁《四库全书》本，台湾商务印书馆1986年版，第383册第56页。
③ 罗灿：《南岳圣帝信仰的文化人类学考察》，硕士学位论文，广西师范大学，2007年，第8页。
④ （宋）乐史：《太平寰宇记》，中华书局点校本2008年版。

举行盛大的祭祀活动,并且形成了一整套祭祀仪式。从隋代至清代,南岳神祝融帝作为国家神存在了1300多年。

二 当代南岳圣帝信仰的基本特征

1966—1976年间,祭祀南岳庙的礼仪均被废止,庙会也被看作是封建迷信而不再举行,但每年的8月,民间偷偷到南岳进行祭祀的活动,却一直没有停止过。十一届三中全会以后,宗教信仰自由政策得到贯彻,被打压下去的信仰民俗得到了复兴,1985年南岳首次恢复庙会活动,就有10万人参加,南岳信仰民俗又重新回到了广大民众的日常生活之中。新时期以来,随着社会转型和人们思想观念的转变,城市化带来城乡人口大规模流动,新农村建设经济文化进一步开展,南岳信仰民俗的生存环境发生了巨大变化,开始出现了一些新的变化。2000年春节,仅参加朝圣的人就达20余万,大年三十晚上,曾有人出香资168余万元在大庙内烧头香,就为祈望得到圣帝祝融的特别护佑。总的说来,当代南岳信仰民俗主要呈现以下特征:

1. 信仰对象的复杂化

当代南岳信仰民俗的对象纷繁复杂,既有佛教神灵,也有道教神祇,还有民间神灵,如圣帝祝融、观音菩萨、圣公圣母、财神、文殊菩萨、玄武祖师、紫虚元君、关帝等等,他们中的大多数彼此互不相干,并无隶属关系或互不联系,但岳神祝融却为南岳道佛两教共同供奉的神灵。照理说,岳神祝融为火神,应为道教神灵,但佛教说岳神是佛教天台宗二祖慧思的弟子,在南岳名刹福严寺内辟专殿,铸8000斤岳神铜像进行供奉,从而形成了南岳佛教、道教共存一山,共荣一庙的景象。至今,南岳大庙建筑布局还是西边为佛寺八间,东边为道观八间,分列岳庙两翼,岳庙正殿供奉"南岳圣帝"祝融,和尚、道士在这轮流值殿。石板通道相通各寺庙和道观,八寺八观与岳庙形成了一个整体的巨大建筑群,即所谓的"佛道两教开门相见,香火相通"。

除佛道及民间诸神外,南岳还祭祀众多抗战将士英灵,这就是对忠烈祠的祭祀。忠烈祠是我国规模最大、建筑最早的抗日战争纪念地之一,坐落在南岳香炉峰下,是国民党政府为纪念抗战烈士修造的大型陵园。民国二十九年(1940),经过多方筹措的忠烈祠开始动工修建,至民国三十二年（1943），耗资巨大的工程才告竣工，之后举行了第一次致祭抗战阵亡烈士仪式，从此每年的 7 月 7 日，官民共同祭祀抗战英灵。中华人民共和国成立后，祭祀南岳忠烈祠的活动被长期停止，1966 年后，南岳忠烈祠遭到红卫兵严重破坏，几乎所有的烈士墓都被挖掘殆尽。直到 1983 年起，南岳忠烈祠重新获得有效保护，修复了各主要建筑及部分墓地，并用复制品或后人的新作代替了先前被毁的题刻。1995 年 7 月 7 日（抗战胜利五十周年）忠烈祠首次恢复了祭祀活动。2005 年 7 月 7 日，为纪念抗日战争胜利六十周年，全国政协副主席周铁农率湖南省政府、抗日将领后裔、社会各界人士共三万余人，公祭忠烈祠。目前忠烈祠内供奉着国共两党在抗日战争中牺牲的将士，地方政府于每年 7 月 7 日前来祭祀。

2. 信仰方式的多样化

1949 年前，南岳的信仰民俗活动既有群体性的庙会、游神等形式，也有个体性的祈祷、烧香、占卜、抽签等活动。改革开放以来，南岳信仰民俗原有的封闭性逐步被打开，在延续传统信仰内容的同时，信仰方式出现了一些比较明显的变化，主要体现在信仰民俗活动与其他经济文化活动的交织和结合上，如将信仰民俗活动与文化交流、旅游观光等结合起来，给民间信仰赋予了现代色彩。南岳信仰民俗活动还开始积极服务社会，开展公益慈善事业，在修桥铺路、扶贫济弱等方面开展了积极有益的工作。同时，南岳民众在历史的发展中还创造出了一些新的神，他们相信通过祭神活动就可以向其表达虔诚的愿望。总之，民众的民间信仰活动方式呈现出多样化的趋势。

南岳"抢头香"。每年大年三十夜，海内外游客都齐聚南岳大庙前，等到新年钟声一响庙门打开，便进去争烧新年第一炷香。据说：谁抢到正月初一的头炷香，谁就最能获得南岳菩萨关照、庇佑，早交好运，本年度就会万事顺利，心想事成。南岳本地人受"南岳菩萨照远不照近"的影响，平时很少进庙烧香，但是，正月初一这一天，不论男女老少，第一件事就是去大庙烧香，只有烧香朝圣后，才能到亲戚家中拜年，南岳人谓之"出天行"。如今，"抢头香"已成为南岳春节期间的一大盛事。自从 1994 年起，南岳佛、道两教于新年推出了"幸运香火"，除夕之夜在大殿内为功德人士举行圣帝开光仪式，然后才大开殿门，其他慕名前来烧头香的人才能一拥而入去抢烧新年第一炷香。2013 年正月初一笔者亲历南岳大庙壮观的烧香现场，一大堆熊熊燃烧的香堆，一大群虔诚举着香火牌往香堆里扔香火的香客。据说，从半夜零点开始到中午十二点，香堆已经拉走了5车，烧香人数高达10万人，平均每个人的人均消费超过150元。初一当天，南岳大庙可以创收人民币1500多万元。但2015年春节大年三十晚上，笔者也夹杂在烧香的人群中，发现虽然祭祀民众很多拥挤不堪，抢头香活动却没有举行，后来听说只要是大年三十晚上进庙烧香的都是在"烧头香"，所以香客们也就不需要再花大价钱"抢头香"了。

"赶八月"。传说农历八月初一为圣帝祝融诞辰，每年7—9月，为南岳香期，民间百姓采取特别的方式来南岳朝香，这一时期南岳香火最旺。据有关部门统计，近年来仅在八月初一这一天，进山朝香的香客就有8万—10万人左右，所以有民间俗语称"南岳人不种田，赶个八月吃三年"。近年来，随着南岳旅游产业的发展，南岳衡山"寿文化"和宗教文化品牌在国内外旅游市场越做越大，越打越响。2013年的八月初一这天，为做好圣帝诞辰的旅游组织工作，南岳大庙通宵开放，海内外的游人、香客纷纷齐聚南岳衡山，一起祭拜祝融火神，共庆圣帝诞辰，祈求吉祥平安。巨大的客流量给南岳相关的旅游企业带来了很好的经济效益，南岳景区的餐饮、住宿、香行生意特别兴隆，来自湖南周边地区的香客团队、江西、广州组团和南岳周边的自驾车成了"赶八月"的主力军。

"千里歌舞来朝拜"。每年春天开始，就会有浩浩荡荡的上香大军开赴衡山，为首者手捧香炉，另有人手擎"南岳进香"大旗开路，队伍着装统一，一路载歌载舞，被称为南岳进香一大怪——千里歌舞来朝拜。这些香客来自四面八方，其中以江西、湖北、广东、广西以及湖南省内为最多。笔者2016年8月在南岳田野调查时，看见湖南靖州组织的进香队伍，大约有上千人，统一服装头饰，佩戴"靖州南岳进香"红肚兜、绑腿，有数面"南岳进香"三角旗，一路上载歌载舞，很是引人注目。还有广东从化的香客们在山顶"跳神"，一群人围着一个戴着济公帽的妇女又唱又跳。

"许愿"和"还愿"。南岳庙许愿和还愿有时具有随意性和临时性的特点，大多数人祭祀时没有固定的时间，比较随意，什么时候需要就什么时候祭祀。祭祀时一般还是要"烧香求神"的，因为他们信奉"香到神知",然后就是开始许下心愿了。民众向神灵请求的心愿五花八门,有升官发财的,有求平安健康的,也有求子女升学的,应有尽有。求神的心愿可以在心里默念,也可以说出声来,还可以写在文书或供焚烧的黄裱纸上。求升学的大多是母亲带着孩子一起来,也有母亲单独来为子女求学业顺利的。如果祈求的愿望得以实现,往往就以还愿的形式进行"上供",加以祭祀。

3. 信仰群体的扩大化、松散化

近年来,民众的信仰民俗意识得到解放,信仰群体由普通村民、市民发展到商人,到后来的国家工作人员,对寺庙热衷的人的职业范围越来越宽,面越来越广,可以说现在民间信仰的信仰群体涉及社会的各个层面。民间信仰的信仰人数在不断增加,很多人从远方慕名而来,求子的、看病的、求功名的、旅游观光的等等,人越来越多,还有很多港澳台和海外的游客。

笔者通过调查发现,虽然许多香客拜神时非常虔诚,也有一定的组织性,但是他们并不像其他宗教信仰者那样组织观念强,而是比较随意,信仰人群比较松散。即使有的香客声明自己信佛,但其佛教组织并没有严格的管理条例,对教徒的要求也很不明确。祭祀求拜也没有时间规定,完全根据各人需要而定,很符合散漫的、以家庭为单位的小农经济的生活特点。一般香客对神灵的态度就是需要时近之,而不需要时则远之。

笔者在调查中还发现,随着现代社会的进一步发展,许多游客南岳朝圣还凸显着娱乐性。一些年轻人上香或求签,虽然也有态度虔诚的,但大多数还是抱着一种好玩的态度。年轻人或成双成对或三五成群来到南岳衡山,在登山观赏美景的途中,增进彼此之间的感情。南岳朝香及其仪式丰富了乡村民众的生活,不仅是在"娱神",更是在"娱人"。民众在繁忙的工作之外,来到风景秀丽的南岳衡山,在许下自己心愿的同时,又通过观赏南岳秀丽的风光愉悦了身心,并通过登山等活动锻炼了身体,通过集体登山促进了人际交往,同时也缓解了现实生活中的种种压力。

三 南岳信仰民俗的生存策略

1. "双名制"——依附法定宗教,寻求政府认可

由于信仰民俗对社会的发展与稳定有重要影响,当代官方对信仰民俗

活动复兴风潮较为警惕。当各种信仰民俗不能被传统的官方宗教的分类体系包容时，民众最常见的规避方法之一就是"双名制"，即把地方信仰的杂神在形式上纳入已经被国家承认的宗教如佛教或道教的体系之内。高丙中就曾经通过对河北范庄"龙牌会"的调查，认为"双名""兼顾了一个纵向历史感的自我和一个横向社会联系（不断扩大）的自我"，"有助于我们理解近代以来中国人克服历史与当下的紧张、传统与现代的紧张、小圈子的归属与大社会的归属的紧张的一种方案。"① 借用高丙中先生的术语，笔者认为当代南岳信仰民俗就是采用了"双名制"这样一种生存策略。

从南岳圣帝祝融信仰的起源与发展来看，圣帝祝融开始也只是民间祭祀的地方性神灵，在后来的发展中，因为影响逐渐扩大而被道教和佛教相继吸纳。但在非道教和佛教徒的普通老百姓心中，圣帝祝融信仰仍然是一种民间信仰。它区别于佛教与道教等制度型宗教，是没有教义、教团组织的，属于地方社会共同体的庶民信仰，具有民间信仰所特有的原始性、零散性和地方性特点。在"横扫一切牛鬼蛇神"的政治风暴中，南岳民间信仰所受到的冲击是首当其冲的，道观庙宇被占为办公用房和干部宿舍，佛像、法具荡然无存，南岳许多寺观被破坏，许多经书被烧毁，神像被砸坏，石碑、石刻被当成糟粕被毁，所以即使是十一届三中全会以后恢复了"宗教信仰自由"政策，广大信徒对过去所受的打压还是心有余悸。再加上申请修建、维修民间信仰庙宇批准的重重阻碍，大家觉得只有将南岳民间信仰依附在一种国家允许的法定宗教之上，才能被官方所接受，还能免除后患。就这样，20世纪80年代以后，南岳地区的各种信仰民俗依附在国家允许的法定宗教道教、佛教上，在南岳佛、道共荣一庙的背景下，免除了各种障碍，重新焕发了勃勃生机。

2. 重视宗教文化——大小传统的契合

绵延数千年的南岳宗教文化，博大精深，是南岳名山的命脉，是我国乃至世界的宝贵文化遗产，也是省、区级重点文物保护单位和重点保护文物。近几年南岳紧抓风景资源特色和旅游文化内涵，自2000年10月6日南岳举办首届中国寿文化节暨庙会以来，南岳秀丽的风景、内涵丰厚的寿

---

① 高丙中：《一座博物馆——庙宇建筑的民族志》，《社会学研究》2006年第1期，第167页。

文化及宗教文化已为世人所共知。"寿文化"节以传承寿文化为主线，融宗教文化、福寿文化于一炉，而"南岳生态健康之旅"还加入了现代文化因子，挑战极限的竞技项目使更多的年轻人加入其中。"祈福上南岳，求寿登衡山"吸引了成千上万的海内外游客不远万里来南岳祈祷健康长寿，与此同时，南岳衡山一些寺庙宫观的宗教活动已成为衡阳周边各地以及邻近省份地市百姓生活中不可或缺的内容。

为对南岳宗教文化有一个更加细致全面的了解，笔者对来南岳旅游、进香的游客及当地居民共计200人进行了调查，收回有效问卷196份。调查内容涉及旅游者（或烧香者）的年龄身份、目的、是否有宗教信仰（或民间信仰）、信仰的动机与原因等等，调查采用调查问卷结合个人访谈等方式进行。调查结果显示，有89%的人是属于18岁—50岁这一年龄段，他们来南岳主要是旅游观光和烧香求神。这些烧香求神者有求财运的、求事业顺达的、求家庭平安健康的，还有很大一部分为子女升学或就业而来，他们之中对南岳宗教文化非常了解的占总人数的78%，信奉道教或佛教的宗教信仰者占47%，信仰南岳民间信仰的占87.3%，这说明大部分旅游者都是十分向往南岳的这种宗教文化的，所以南岳旅游有"心愿之旅"之说，这与全国其他旅游景点相比，是绝无仅有的。

3. 乡土权威的介入——重拾延续了几千年的信仰

乡土力量很明显是与传统联系最密切的部分，某种程度上甚至可看作是民间信仰的代表，在经历了重创之后，南岳地区首先有恢复传统民间信仰要求的就是这部分乡土力量，他们率先提出了重建和扩建寺庙道观的要求。而在民众眼中，南岳大庙是世世代代人的精神寄托，当有人提出重建庙宇道观时，正好满足了他们的内心需求，就得到了很多人的支持，每次大家都自愿捐款，一些颇有余财的做生意的人捐得更多，南岳传统民间信仰就这样在"乡土力量"的倡导下得到了恢复。

而能促成庙宇得到成功重建或扩建的一般都是乡土力量中的权威，他们有的是乡村干部，有一定的政治威信；有的是一直从事宗教活动，在信徒中有广泛群众基础的法师或道长；有的是做生意发了财的富人，能在庙宇重建或扩建中一掷千金，立下汗马功劳，所以也有一定的话语权。所有这些人都有一个共同的特点，就是他们一般都从小生活在乡土社会的小传统中，所以自然认同于乡土文化。地域特点和地理空间是影响权力实施的一个重要因素，当与小传统相悖的国家意识形态在进入乡土社会遇到重重障碍时，村干部在长期的工作实践中总结了一套适合自己工作情境的生存策略和地方性知识，在某些政策方面，国家利益不是那么明显时，他们会根据村民的意愿采取制定对上级的对策。南岳民间信仰扎根于地域社会的民间生活，在村落可以说深入民心，与民间的生活密不可分，虽然与国家主导意识形态相去甚远，但是在现实中通常也不会和地方政府形成尖锐的对抗，如果地方管理得当也不会带来大麻烦。所以这些乡村干部们也乐于采取一些在大小传统的碰撞中左右逢源的应对策略，并以此来提高个人威信，搞活经济，方便管理。

至于那些本来就从事宗教活动的法师、道长们更乐意促成庙宇道观重建，更好地弘扬宗教文化。如 1995 年政府为促进南岳佛教文化的发展，将大善寺全部产权移交给佛协管理，由副会长慈荣法师承担此项工作，并礼请怀恒法师担任大善寺监院，经大家的共同努力大善寺得到了初步修复。1998 年，慈荣法师往生后，怀恒法师继续率领两序大众对寺院进行了重建和扩建，历经十年，得到社会各界的支持、赞助，寺院面貌焕然一新。

还有那些在庙宇重建或扩建中一掷千金的富人，一般是做生意发了财的成功商人，他们虽然拥有巨额的财富，但面对急剧的社会变迁，他们更害怕失去所拥有的一切，再加上物质上的富有并没能带来精神上的充实，而民间信仰却能"使人的精神得以完整，使人的感情得到平衡"①。至于那些普通的民众，有些人并不真相信鬼神的存在，但当他们发现现实生活中的许多东西不是人为的力量所能左右，特别是当他们在人生的关键路口彷徨而不知所措时，他们只有"转而寻找人性上和精神上的寄托和力量"②，于是他们寄希望于神灵，祈求"神灵保佑，万事皆安"，老祖宗延续了几千年的传统信仰成为他们的精神依托。就这样，在以乡村干部、宗教人士、富人为代表的乡土权威的顺应民心的倡导之下，融神圣性、世俗性为一体的南岳民间信仰，逐渐又重新焕发出生机，充实着城镇和乡村居民的日常生活，慰藉着每个个体的心灵。

---

① 郭于华：《生命的续存与过渡》，见王铭铭、潘忠党主编《象征与社会——中国民间文化的探讨》，天津人民出版社 1997 年版，第 175 页。

② 庄孔韶：《银翅——中国的地方社会与文化变迁》，生活·读书·新知三联书店 2000 年版，第 372 页。

第三章 湖南地区信仰民俗文化生态典型区域案例分析

第一节 朝圣之地——湘南衡山地区

中国社会改革开放30多年来，人民的物质生活得到了极大的改善，精神生活也日趋多样化，宗教信仰[①]人口的增长成为新时期以来引人关注的现象之一。正如杨庆堃阐释"制度宗教"与"扩散宗教"[②]这一对概念时说的那样，中国人的信仰不同于西方国家的制度宗教，而是一种随意的、不受制度组织约束的、松散的"扩散宗教"。在这种"扩散宗教"的信教人群中，民间社会的女人们似乎成了参与的主体，"这既与女性的社会地位有关，也与女性的性格、感情、心理特点等紧密相连"[③]。女性在宗教信仰中的重要影响，早就引发了学术界的广泛关注和重视。30多年来，关于女性与宗教信仰的内在关系、女性宗教信仰确立的原因、女性宗教信仰者的心理机制以及农村女性宗教信仰对新农村建设的影响、城市女性宗教信仰特点等问题，学界进行了多角度、多学科的研究[④]，涉及宗教

---

① 本文所指宗教信仰范畴除各种制度化宗教之外，还包括民间的各种信仰。
② 杨庆堃：《中国社会中的宗教》，上海人民出版社2007年版，第144页。
③ 罗伟虹：《对上海女性基督教信仰者的分析》，《浙江学刊》2001年第3期，第128页。
④ 目前学术界关于女性与宗教研究有影响的专著有：D. L. 卡莫迪的《妇女与世界宗教》，詹石窗的《道教与女性》，徐霄鹰的《歌唱与敬神：村镇视野中的客家妇女生活》，陶飞亚主编《性别与历史：近代中国妇女与基督教》，杨利慧的《女娲的神话与信仰》，蔡鸿生的《尼姑谭》等。相关论文有30余篇，其中较有影响的有：赵世瑜的《明清以来妇女的宗教活动、闲暇生活与女性亚文化》，刁统菊的《女性与龙牌：汉族父系社会文化在民俗宗教上的一种实践》，张进的《泰山娘娘与女性宗教信仰》，王均霞的《作为行动者的泰山进香女性》，罗伟虹的《宗教与妇女的心理需求》等。

学、民俗学、历史学、社会学、人类学以及心理学等多门学科，取得了令人瞩目的成绩。总体上来看，这些关于女性宗教信仰的研究大都从研究者视角出发，也有的研究关注到了被研究者主体自身的经验及其自主性，记录和描述了女性宗教信仰者真实的日常生活。

作为人类一种特殊的精神活动和特有的精神现象，宗教关注的是人生的根本意义。鲁道夫·奥托（Rudolf Otto）在《神圣者的观念》一书中，把宗教感情和宗教体验视之为宗教的核心和基础①。针对以往研究成果对女性信仰者的宗教感情与宗教体验设置问卷和访谈的成果不是太多，特别是关于南岳女性香客的研究成果更是少见，本文从文化主位与客位相结合的角度出发，注重田野调查，主要围绕南岳女性香客群体的宗教感情和宗教体验设置问卷和访谈提纲，并根据问卷调查和访谈结果作相应的理论分析。

本研究的调查地点南岳大庙位于湖南衡山，距省会长沙市约180公里，是一个以"佛道儒共存共荣"这一宗教特色闻名中外的宗教旅游景点。祝融神作为南岳主神，千百年来受到湖南地区广大民众的虔诚礼拜，影响还扩大到广东、江西、湖北和广西等地，很多人不远万里慕名而来进行朝拜。

农历的八月初一传说是南岳圣帝祝融的生日，所以八月初一是南岳全年香火最旺的一天，连带整个八月香火都特别鼎盛，有民谣称："南岳人不种田，赶个八月吃三年"。春节期间南岳香火也很旺，衡山地区的家家户户一定要去大庙烧香，给圣帝祝融拜年。只有给神拜年之后，人们相互之间才能打招呼、走亲戚，所以有"衡山人拜年真奇怪，先拜圣帝再互拜"的说法。南岳是整个湖南地区香火最为旺盛的地方，据南岳旅游部门统计，早在20世纪90年代，南岳年接待游客达200万人次，一年的香火钱就达到2亿元，相当于当时国家社科基金的总额。近年来，南岳朝香的游客数量更有上升趋势，2011年，年接待中外游客已超过503万人次。本文通过问卷调查统计和深度访谈对南岳女性香客的宗教情感和宗教体验作了一系列的调查与分析，力图以此为证来分析当代女性宗教信仰的特点，并为在现代化建设背景中更好地发挥女性作用提供实证分析。

---

① ［德］鲁道夫·奥托：《神圣者的观念》，丁建波译，中国社会科学出版社2009年版，第12—13页。

一　日常生活的失衡与平衡：南岳女性香客的宗教感情

"信仰者对神性物的信仰，既可在信仰者的心中表现为一定的观念形式和概念形式，也可以在情绪上引起种种反应，激发起信仰者所谓的'宗教感情'。"① 女性与生俱来的宗教虔诚及社会对道德改善的渴望，使她们在各种因素的冲击下与宗教紧密结合，在获得心灵的安定和归属感的同时，也激发了其对宗教的感情。岳永逸将中国人向神灵求助的事项简括为"空间的失衡、身体的失衡和生命机会的失衡"三类，这三种失衡都可称之为"日常生活的失衡"。② 根据访谈和问卷调查结果，我们发现，大多数南岳女性香客正是在日常生活失衡的困境下来南岳朝香，她们通过朝香这种方式获得了心理或生活上的平衡，而这种心理或生活上的平衡也最大限度地激发了她们对神灵的宗教感情。

在田野调查过程中，为使调查工作顺利开展，我们找到了南岳大庙的相关工作人员，在他们的帮助与协调下，我们向南岳朝香的女性香客发放问卷，并选取重点对象进行深度访谈。2013年八月初一我们向16岁以上的女性香客随机发出问卷300份，收回有效问卷共297份；2014年大年三十，发出问卷300份，收回有效问卷295份。根据问卷回答内容，对其中20位女性香客进行了重点访谈，访谈主要包括以下六个方面的内容：(1) 首次来南岳进香的原因和时间；(2) 南岳进香对个人生活的影响和改变；(3) 参与南岳进香的仪式；(4) 信仰团体活动的状况；(5) 是否皈依宗教组织；(6) 灵验情况。本文主要从其信仰动机及对神祇灵验程度的认同两方面考察南岳女性香客的宗教感情。

（一）信仰动机

"群体烧香念佛对于妇女来说具有世俗生活与宗教安抚的双重意义，进香和赶庙会成为女性生活的重要内容，她们参与热情往往如痴如狂。"③ 虽然社会进步使女性从家庭的狭小空间中解放出来，但女性在现代社会中

---

① 吕大吉：《宗教学通论新编》，中国社会科学出版社1998年版，第259页。
② 岳永逸：《灵验、磕头、传说——民间信仰的阴面与阳面》，生活·读书·新知三联书店2010年版，第203页。
③ 李媛：《16到18世纪中国社会下层女性宗教活动探析》，《求是学刊》2006年第2期，第133页。

还是处于相对弱势的地位。由于生理方面原因及传统观念的影响，现代女性在择业、就业时面临的社会竞争往往比男性更为残酷，中年女性更是要兼顾家庭与工作，而信仰一方面能在一定程度上缓解她们的精神压力，另一方面能为她们提供一种情感宣泄的突破口，使她们从中寻求到心灵的安慰与平衡，保持积极向上的生活态度。但女性在不同的年龄阶段，人生观与价值观有很大差别，其信仰选择的动机也有所不同。

67 岁的刘老太太退休十几年了，她是这样讲述自己朝香的原因的：

> 刚刚退休那阵子，整天待在家里没事可做，做什么事也都打不起精神来，也没什么交往的圈子了，感觉特别没意思，身体也渐渐不好起来。后来一位老姐妹来看我，说生病了可以去南岳求求菩萨，说不定病就好了呢。抱着试试看的心情，我和几位很久没有见面的老姐妹一起来南岳朝香拜神。说来奇怪，从那以后，我的身体真的就好了起来，人也特别精神了。所以后来我们这一群退休了的老姐妹每年都要约着来南岳朝香，大家在一起特别开心。①

45 岁的鲁大姐是一位公司职员，平时工作较为繁忙，女儿 21 岁，即将大学毕业。她是这样给我们讲述她们母女俩来南岳朝香的原因的：

> 我主要是为女儿的工作和婚姻来朝香的，当然也希望南岳的菩萨保佑我们一家人身体健康，无病无灾。现在的女大学生就业压力很大，很多单位都明确表示不招女性，这让我很是为女儿找工作感到担忧。再就是女儿已到了谈对象的年龄，俗话说"干得好不如嫁得好"，我也求菩萨保佑女儿能找到一个如意的对象，让女儿幸福地过一辈子，也让我们后半辈子有个依靠。②

根据深度访谈，发现南岳女性香客朝香的原因很多，有寻求心灵寄

---

① 访谈人：李琳。访谈对象：刘春梅。访谈时间：2013 年 9 月 19 日。访谈地点：南岳大庙。
② 访谈人：李琳。访谈对象：鲁礼元。访谈时间：2013 年 9 月 19 日。访谈地点：南岳大庙。

托、健康问题、工作升学压力等等。我们对两次问卷调查的结果进行了统计，发现"寻求心灵寄托"（64.2%）所占比例最大，其他依次是"健康原因"（52.8%）、"求平安"（51.6%）、"教义本身的说服力"（48.8%）、"家庭矛盾"（42.8%）、"学习或工作压力"（33.3%）、"子女升学就业"（29.7%）、"求来世"（29.7%）、"个人情感原因"（19.3%）。老年妇女信仰的动机主要是求健康、求来世，因为老年妇女一般退休在家，相比在职女性而言，她们交往圈子大大缩小，容易出现心理落差，再加上随着年龄的增长，身体状况也大不如以前，对疾病、死亡的恐惧使她们更容易信仰神灵，信仰所宣扬的让人死后去"西方极乐世界"也让她们感到欣慰。她们还通过信仰活动，扩大了自己的交际圈子，和年龄、经历相似的信仰者在一起交流，她们重新找回了自信和生活的乐趣，得到了认同和满足。对于那些36—60岁的中年女性来说，她们除"信仰之后能得到归属感"和"教义本身的说服力"之外，更渴望解决一些世俗的问题，如家人平安、身体健康，解决子女升学就业、工作压力、家庭矛盾等等。而16—35岁的年轻人信仰的动机主要是"信仰之后得到归属感"和"教义本身的说服力"，信仰的目的在于寻求心灵寄托。

调查数据还表明，书籍、网络、影视等现代传媒对于南岳女性香客的影响日益重要，同时，家庭成员、亲属及朋友朝夕相处、交往亲密，对于她们的信仰无疑具有极强的示范作用。但这种示范作用，存在着受教育程度等方面的显著差异。从受教育程度来看，高中及其以下文化程度的信仰者更容易受身边人的影响，如家庭成员、亲戚朋友的介绍成为她们信仰神灵的主要途径；而受教育程度较高的大学及以上文化程度的信仰者，她们接受信息的来源更为广泛，网络、书籍、各种现代传媒以及影视的影响，成为她们信仰的主要途径。

（二）对神的灵验程度的认同

"宗教不仅是一个仪轨的体系，还是一个观念的体系，其目的是解释世界。"① 考察信仰者宗教感情的重要方面是能否感受神的存在，是否认可神的灵验。

---

① ［法］涂尔干：《宗教生活的基本形式》，渠东、汲喆译，上海人民出版社2006年版，第11页。

在我的调查访谈中,有几位接受访谈的女性香客讲述了南岳菩萨的灵验:

> 我第一次来南岳是听同村的人说南岳的菩萨很灵验,再加上那段时间总感觉做什么事都不顺,夫妻关系也不好,就想求南岳菩萨保佑我。果然,来南岳朝香之后,很多事情顺利多了,夫妻感情也渐渐好了起来,所以南岳的菩萨真是蛮灵的。所以后来我每年都来,有时是愿望满足了来还愿,有时是来许愿。①(廖某,58岁,小学文化,湖北公安人)

> 我第一次来南岳朝香是为儿子考大学来的,当年儿子就考上了一所很满意的学校,后来我就来还愿。现在只要有时间,每年我都会邀上一两个要好的姐妹来南岳,拜拜南岳的菩萨会让我们感觉生活更有信心。②(余某,44岁,大学文化,广东人)

> 我第一次来南岳是旅游的,当时工作压力大,思想很迷茫,想出来散散心,来了南岳之后感觉很好,就和其他游客一起也买了香去拜菩萨。我对南岳的风景和宗教文化很感兴趣,后来就和家人或朋友一起来,感觉每次来南岳都能让人精神放松。③(王某,30岁,研究生学历,湖南岳阳人)

问卷调查结果显示,绝大多数南岳女性香客认为神灵的精神能够安定自己,而觉得神灵的精神能够偶尔保佑自己的也较多,没有感觉的则占极小的比例,对于神灵毫无感觉的也占到了一定的比例。文化程度的不同影响到她们的感受差异,文化程度越高,认为神灵很灵验的比例越低;文化程度越低,认为神灵很灵验的比例越高。研究生及以上文化者对待宗教的精神作用比较理性,所以此类感觉偏低,但她们中34.9%的信徒认为信

---

① 访谈人:李琳。访谈对象:廖桃香。访谈时间:2013年9月19日。访谈地点:南岳大庙。
② 访谈人:李琳。访谈对象:余仁群。访谈时间:2013年9月19日。访谈地点:南岳大庙。
③ 访谈人:李琳。访谈对象:王婷婷。访谈时间:2013年9月19日。访谈地点:南岳大庙。

仰能给自己带来信心，是一种精神上的鼓励。高中以下文化层次的，一般都觉得神灵很灵验，正是因为神灵的保佑，自己的各种目标才能达到。高中及以上的信仰者则已趋向理性，认为信仰主要能给自己带来精神上的慰藉与鼓励。

二 信仰成为"私人"的精神需要：南岳朝香女性的宗教体验

精神分析学派认为，信仰就是一种体验，信徒参加集体宗教活动，能得到群体认同，获得归属感，从而内心感到愉悦。"女性和男性相比，相对较易服从且消极，较易焦虑且依赖性强。宗教信仰包含强烈的情绪因素与抚慰因素，所以大多数的女性会相对更具有宗教性。"[1] 现代女性个人精神领域渐渐独立，"中国社会变迁表现在个人精神生活领域的特征之一，就是信仰的私人化倾向已越来越明显。"[2] 南岳女性香客通过参加朝香等信仰活动，平衡内心，对自己进行精神抚慰，信仰已成为她们私人的一种精神需要。此处主要对女性香客朝香频次和修行方式的选择设置问卷和访谈提纲，对南岳朝香女性的宗教体验进行考察分析。

（一）朝香频次

南岳女性香客信仰的主要神祇是南岳圣帝祝融，而南岳各寺庙中的佛教、道教及民间的各种神灵也是她们信仰的对象。任何宗教都要求信徒对其虔诚，朝香频次能考查朝香者的虔诚度，年龄不同对朝香频次影响较为明显。

年近七十的刘老太太没上过学，家就住在衡山脚下，说起南岳朝香，她显得很健谈：

> 我从小就跟着我娘去大庙烧香，这几十年都没间断过，"文革"时也偷偷去。现在每个月都去，邀上几个周围的老姐妹，大家在一起说说笑笑，一起去大庙烧烧香，说说知心话，一天的时间很容易就打发了。前几年我们还爬上半山腰的南天门，爬上山顶的祝融峰，现在

---

[1] Miehael Argyle、Benjamin Beit-Hallahmi：《宗教社会心理学》，李季桦、陆洛译，台北巨流图书公司1996年版，第101页。

[2] 李向平：《信仰但不归属的佛教信仰形式》，《世界宗教研究》2004年第1期，第59页。

年纪大了，爬不了那么高了，就只在山脚的大庙里烧烧香。我家里还专门供了菩萨，每天都在家上香祭拜。①

45岁的方女士大学文化，湖南常德人，某大型公立医院医生，平时工作较忙，但她来南岳也不是第一次了：

前几年工作压力大，就和朋友们来南岳散心，烧了香，感觉南岳风景很好，让人心情很舒畅。所以后来又来了几次，一般是有空闲时间的时候来，有时有重要事情的时候也特意来。②

问卷调查结果也表明，朝香在南岳女性香客的日常生活中占据了重要地位，在接受调查的592名女性香客中，131名香客选择每年朝香一次，63名选择每月朝香一次，16名选择每天祷告，再加上每天在家祷告的25名，四项之和占总数的39.7%，只朝香一次的香客只有54名，占9.1%。这表明大多数香客信仰十分虔诚。年轻女性参与朝香活动的频率虽然比老年女性要低，主要是因为她们没有多余的空闲时间。再就是信仰的功利性因素，使很多人习惯于有需要时才来朝香（40.7%）。受教育程度较高的，朝香次数较少；受教育程度较低的，朝香次数相对较多，有的家中还设有神龛可供随时参拜。中等文化程度的香客有时间就拜的比例较高，大多数朝香女性趋向于有一个可以在日常生活中能时刻提供保佑的信仰对象。

（二）个人修行方式的选择

南岳是佛教禅宗影响很大的一个地方。禅宗认为，生活重于教义，生活处处显露着禅机，在日常生活中做应该做的事，尊重伦理道德，便会领悟到禅的境界。受禅宗修行方式潜移默化的影响，南岳女性香客的个人修行方式，也体现出种种差异。文化程度对朝香者个人修行方式存在较大的影响。

林女士，30岁，益阳人，研究生学历，她来南岳朝香是因为对南岳

---

① 访谈人：郑黎明。访谈对象：刘满珍。访谈时间：2015年2月18日。访谈地点：南岳大庙。

② 访谈人：郑黎明。访谈对象：方伶俐。访谈时间：2015年2月18日。访谈地点：南岳大庙。

的佛教文化很感兴趣：

> 我平时喜欢看一些佛教文化的书籍，这次来南岳，是因为景仰南岳的佛教文化。中国佛教学会会长赵朴初曾这样评价南岳的佛教文化："谈中国的佛教离不开禅宗，谈禅宗离不开南禅，谈南禅离不开南岳。"我不会因此选择皈依佛教，也不会选择每天吃斋念佛这种修行方式，但我喜欢南岳佛教文化的博大精深，所以下次如果有机会我还会来南岳。①

常女士，41岁，中专文化，广州某私企老总，老家湖南，结婚多年未生育。她手上戴有一串精致的佛珠，据说是在泰国的寺庙中求来的：

> 我信佛，但没有加入任何教派，平时生活没什么清规戒律。这次来南岳主要是因为家人说南岳的送子观音很灵验，我这几年因为忙事业，耽误了生孩子，现在想生孩子，很多医院都跑过了，但都没什么效果，来南岳也是试试看的心情。②

董女士，52岁，初中文化，湖南某地私企老总，几个月前为一地方道观的兴建捐款好几百万，她信奉各种民间的神灵，但她也没有加入任何教派：

> 我平时有时间也烧香拜佛，但不是固定的。对修建道观这种造福大众的事，我还是很支持的，寺庙道观是一个可供老百姓休闲和寄托心愿的场所，对繁荣地方宗教文化也是一件好事。③

---

① 访谈人：郑黎明。访谈对象：林岳。访谈时间：2015年2月18日。访谈地点：南岳大庙。
② 访谈人：郑黎明。访谈对象：常思雨。访谈时间：2015年2月18日。访谈地点：南岳大庙。
③ 访谈人：郑黎明。访谈对象：董晓玲。访谈时间：2015年2月18日。访谈地点：南岳大庙。

加入教派，是真正皈依教门的有形证明，也是信徒被宗教组织予以认同的合法性表征。但根据访谈，我们发现真正加入教派的女性香客不多，而问卷调查的数据也显示，真正已加入教派的香客只占14.9%，而没加入教派的香客却占到了85.1%。职业层面上，农民、工人以及全职家庭主妇等加入教派的意愿稍高，而事业单位、政府部门工作人员以及学生加入教派的意愿很低，她们大多根据各自的实际情况而自行决定个人修行方式。这表明了随着社会的发展，女性文化程度的提高，人们对修行方式的选择也逐步理性化。人们在选择修行方式时，大多考虑个人生活的方便，信仰活动也较为随意。文化程度越高的信徒，个人随意性越大，而文化程度较低的，信仰活动则趋向固定化、程式化。这说明随着文化程度的提高，人们更注重信仰的个性化、私人化，对形式化的东西不太感兴趣。

三 信仰的分层：湖南女性信仰民俗群体信仰特点

日本学者渡边欣雄对中国的信仰民俗深有研究，他在其专著《汉族的民俗宗教——社会人类学的研究》中指出，汉族的民俗宗教"大体上可以从人们的神灵观和礼仪程序这两方面去把握"①，本调查问卷及访谈所涉及的尽管只是南岳女性香客神灵观和礼仪程序的一些个案，但我们通过以上田野调研，再结合学术界相关领域已有的文献资料，可以得出以下普遍性问题与现象研究的结论。

社会发展变迁落实在社会生活层面的一个深刻痕迹，就是人们对于个人终极意义的追求，信仰逐渐成为"私人"的精神需要。"一旦宗教被定义为'私人事务'，个人就有可能从'终极'意义的聚集中挑选他认为合适的东西——只听从由他的社会经历所决定的偏好的引导。"② 私人精神空间的出现，使南岳女性香客的信仰偏好深受各自社会经历、教育程度以及生活际遇等等因素的影响，再加上现代化程度的加强，使南岳女性香客信仰分层越来越明显。

（一）一部分孤独的老年女性在朝香等集体信仰活动中，寻求到了精

---

① ［日］渡边欣雄：《汉族的民俗宗教——社会人类学的研究》，周星译，天津人民出版社1998年版，第14页。
② ［美］托马斯·雅诺斯基：《公民与文明社会》，柯雄译，辽宁教育出版社2000年版，第19页。

神慰藉。

在南岳朝香女性中，老年女性表现最为虔诚。随着年龄的增长，子女们的忙碌与无暇顾及使老年女性更加感觉孤独，人与人之间关系的冷漠也让她们更渴望温情。因此，她们乐于加入团体，烧香拜佛，进行集体信仰活动。"人类铸造自己的文明，归根到底是为灵魂寻找安乐之乡。"① 她们通过朝香等信仰活动，走出狭小的个人空间，寻求友情、遣怀散闷，找到了自己的精神归宿。同时，南岳大庙作为集体宗教活动的场所，还为这些朝香的女性群体提供了交流的场所和机会。"一些民俗宗教故事传说，一些民俗宗教礼仪，一些民俗宗教禁忌和符号就成为她们津津乐道，并相互交流和比试的一个重要媒介或者工具。"② 在南岳大庙，我们经常可以看到一些老年女性，她们往往三五成群，朝香时都非常虔诚肃穆，在庙外又在一起说说笑笑，亲密无间。正是朝香这种集体活动，使这些有共同心理与情感的老年女性走出了孤独与冷漠，变得开朗乐观起来。因为老年女性更需要有人倾听她们的隐秘与悲苦，更需要温情的慰藉，"信仰不是别的，而是温暖、生命、热情，是整个精神生活的迸发"③。

（二）精神文化生活的匮乏使部分中年妇女信仰神灵，但她们在行为上没有过多的宗教约束。

从问卷数据和个人访谈中可以看出，年龄在35—65岁之间的中年妇女仍然是南岳朝香的主体。尽管这些中年女性信仰的最初动机各有不同，但女性因为比男性更为敏感，她们对于一些事情，如家庭纠纷、社会矛盾及不幸遭遇，往往感受比男性更为强烈。虽然她们也会通过世俗的方式解决问题，但更喜欢寻求菩萨的帮助，有时可能是一些偶然性的接触，就为女人们参与神庙的活动提供了机会和空间。再加上这个年龄的女性，孩子已渐渐长大上学，她们开始有了闲暇时间，社区精神文化生活的匮乏，文化娱乐活动的单调，女性交往圈子的狭小，使她们逐渐把精神寄托在神灵上。她们一般不只信仰某一神灵，而是很容易受周围人的影响信仰多个神

---

① 徐葆耕：《西方文学：心灵的历史》，转引自李琳《生存的忧患与诗化的审美》，《武陵学刊》2015年第4期，第128页。

② 罗伟虹：《宗教与妇女的心理需求》，《妇女研究论丛》1997年第2期。

③ ［法］爱弥尔·涂尔干：《宗教生活的基本形式》，渠东、汲喆译，上海人民出版社2006年版，第42页。

灵。比如，她们信仰圣帝祝融的同时，又信仰观音，在观音生日等重要日子会烧香祭祀。她们也祭祀祖先，同时又崇信道教佛教。她们遇到难题时，往往会采取多种措施，为的是能尽快解决问题。和老年女性相比，这些女性群体对世俗生活的向往还是高于信仰追求，这从她们对个人修行方式的选择和朝香的次数上可以看出。她们中的绝大多数没有正式加入某个教派，没有领取皈依证，朝香次数也不是特别多，行为上也没有过多的宗教约束，"选择和委身信仰，却不一定要皈依该信仰群体所构成的制度宗教"①。可以说，这是一种完全以世俗生活为中心的信仰模式。

（三）社会价值多元化使一些年轻女性、知识女性加入朝香队伍，她们在个人修行方式的选择上，随意性较为明显。

对于一批年轻女性来说，她们在信仰上有自己的主导思想，不相信"神灵世界"的存在，她们当中很多是在校学生，教育的普及使她们在信仰选择上更有自己的思想。虽然她们也会去寺庙上香求签，但求签时大多数却是抱着一种"玩玩"的态度。她们来南岳，主要的目的是旅游，她们三个一群、五个一伙来南岳游山玩水，使身心得到放松。

值得注意的是，从问卷数据和个人访谈中还可以看出，越来越多的知识女性加入了朝香队伍，她们所受教育程度也愈来愈高，这说明了许多处于精神迷茫期的知识女性也渴望走进庙堂寻求精神寄托。这些受教育程度较高的女性朝香者，她们在信仰动机的选择上，更倾向于寻找信仰之后得到归属感。但当面临强烈的市场竞争，当她们不能兼顾工作与宗教信仰活动时，她们会暂时放弃信仰生活，所以她们在朝香的次数频率上，明显低于其他朝香女性群体，但这并不影响她们在信仰中所获得的精神满足。正如宗教学者所说："集体宗教仪式参与程度的降低，并不影响个体的虔信强度；一个具有强烈宗教意识与信仰的人，并不一定要参与集体仪式来建构宗教身份和生活。"② 这些参与朝香的知识女性认为，信仰原本是为解放人而不是禁锢人的，有了信仰应该使生命越来越轻松而不是愈加沉重。因此她们在个人修行方式的选择上，随意性较为明显。书籍、网络等现代

---

① 李向平：《信仰、革命与权力秩序——中国宗教社会学研究》，上海人民出版社2006年版，第301页。

② 汲喆：《如何超越经典世俗化理论》，《社会学研究》2008年第4期，第63页。

传媒对她们影响较大,她们的选择也更为理性。

总之,虽然社会变迁与转型加速推进,但信仰民俗还是"深深地植根于中华本土文化的沃壤之中,广泛地影响或支配着民众日常生活的方方面面,占据着异常突出的位置"①。而且,"当前信仰民俗的纷繁复杂对执政党的思想建设构成了严峻挑战"②,在这种传统与现代的社会交替中,女性宗教信仰出现了一些新的特征,女性个人精神领域渐渐独立,宗教信仰的私人化倾向已逐步呈现。一部分现代女性选择了信仰神灵,却不完全受宗教教义和礼仪的约束,不完全皈依神灵。"把宗教研究从政治学、社会学领域转向或扩大到整个文化学范围,深入剖析宗教与文化的各种关系,抓住宗教文化的特色,乃是宗教研究者的新课题和新任务。"③ 在社会多元价值建构的今天,女性宗教信仰的私人化将为广大宗教研究者留下更多值得探讨的问题。

第二节　水神汇聚之地——洞庭湖地区

"形成民俗的直接原因有二:其一是个人和群体的生存利益;其二是人类生而固有的饥饿、性欲、恐惧和虚荣四种本能欲望"④,这是著名民俗学家萨姆纳在《民俗论》一书中的观点。按照这个标准来寻找洞庭湖水神信仰的发生环境,那么悲情与忧患无疑是由这四种本能欲望衍生而来,却又深刻影响洞庭湖民众的一种真实的集体意识,是一种原始意象。洞庭湖连年泛滥成灾,湖区人民强烈的忧患意识即缘于此。乌兰穆诺说过:"如果我们没有经历或多或少的苦难,我们又如何知道我们的存在?除了受难以外,我们又如何能转向自身而获得深思的意识呢?"⑤ 苦难是人类价值的体现,悲情,是苦难的姊妹,洞庭湖先民的苦难经历,洞庭

---

① 乌丙安:《中国民间信仰》,上海人民出版社1998年版,第3页。
② 吴丽萍:《推进马克思主义大众化要重视民间信仰问题》,《武陵学刊》2013年第4期,第48页。
③ 卓新平:《宗教与文化关系刍议》,《世界宗教文化》1995年第1期,第11—12页。
④ 周晓虹:《西方社会学历史与体系》(第一卷:经典贡献),上海人民出版社2002年版,第196页。
⑤ [西班牙]乌兰穆诺:《生命的悲剧意识》,花城出版社2007年版,第47页。

先民的悲情意识，是洞庭湖水神信仰产生和发展的心理源流。洞庭湖的苦难，造就了洞庭湖的悲情意识，造就了洞庭湖异彩纷呈的水神信仰。

洞庭湖地处长江中下游，河网密集、湖泊棋布。水是洞庭湖文化的重要内容，更是形成洞庭湖水神信仰的直接动因。但洞庭湖水神信仰更是一种社会现象，除了自然环境的因素之外，我们也不能忽略各种历史因素和社会因素。可以说，洞庭湖水神信仰与洞庭湖区长期的政治、经济、文化等诸因素的共同作用密不可分。

一　历代文献记载与民间传说中的洞庭湖水神

洞庭湖的吞吐状盛之貌与横无际涯之势，历代文章歌咏都有描述。如关于洞庭风浪，韩愈在《洞庭湖阻风赠张十一署》中赋予其以发怒的情感："雾雨晦争泄，波涛怒相投。"元稹在《鹿角镇》中更有这样的描写："去年湖水满，此地覆行舟。万怪吹高浪，千人死乱流。谁能问帝子，何事宠阳侯。渐恐鲸鲵大，波涛及九州。"可见洞庭湖的高风黑浪曾葬送千百人的性命，深受水患的洞庭湖民众于是创造了形形色色的水神加以顶礼膜拜，洞庭湖水神作为一种超自然的力量在远古时代就应运而生了。

1. 先秦的洞庭湖水神传说

自然神崇拜是人类发展史上最为普遍的共同信仰形式，大凡自然界的无生物和生物体的所有物种，都会因其特有的自然属性引起崇拜。在先民看来，一切自然物都是有生命的，如对日月星辰、山河湖海的自然崇拜等等。洞庭湖水神的最早雏形见于《山海经·中山经》："又东南一百二十里曰洞庭之山，……帝之二女居之……是多怪神，状如人而载蛇，左右手操蛇，多怪鸟。"①《山海经》给我们描绘了许多人兽同体互生的形象，这是原始初民在观念形态中满足内心一种极为强烈的欲望及渴望的表现。而后人多认为此处"帝之二女"指舜二妃娥皇、女英，系神话在发展过程中与历史人物的附会。据有学者考证"舜帝'年二十以孝闻，年三十尧举之'，娶二妃时大约应是三十多岁。其时二妃至少也应该有十五六岁。那么当舜帝崩于苍梧之野时，二妃已是八十岁的老婆婆了，怎么可能从北

---

① （汉）郭璞：《山海经》，中华书局1991年版，第80页。

方追寻至洞庭湖一带来呢?"① 另外，从文献记载来看，二妃也未到洞庭。《礼记·檀弓》云："舜葬于苍梧之野，盖三妃未之从也。"三妃即指娥皇、女英与癸北氏。文献上记载二妃各有葬地，《竹书纪年》载："帝舜三十年，葬后育于渭。"该书自注："后育即娥皇"。晋皇甫谧《帝王世纪》云："女英葬于商州。"所以说《山海经》中出入洞庭的"帝之二女"不可能是娥皇、女英。笔者比较认同东晋的文学家、训诂学家郭璞的观点，他以《山海经·中山经》为据，指出"湘夫人"为"天帝二女"，他说："帝之二女，而处江为神，即《列仙传》江妃二女也，《离骚》《九歌》所谓《湘夫人》，称帝子者是也"。他认为，《山海经》并没有明确表明"帝之二女"便是娥皇、女英，这里的"帝"可以理解为"天帝"。可见最初的洞庭湖水神"帝之二女"，和天神、日神、月神、山神一样，是洞庭湖先民自然崇拜的一种反映。由于洞庭湖和湘、资、沅、澧四水是楚国专属的河流，在当地居民的日常生活中发挥着极其重要的作用，受"万物有灵"原始思维的影响，洞庭湖先民的想象中就有水神，能令"令沅湘兮无波，使江水兮安流"，于是最初的水神出现了，她受到了当地居民的顶礼膜拜和虔诚祭祀。

图 7　湘妃祠内"娥皇女英图"

屈原《九歌》中有辞藻辉煌、恋情热切的《湘君》《湘夫人》二章，

---

① 李翼：《舜帝与二妃——兼论湘妃神话之变异》，《民族论坛》1999 年第 1 期，第 43 页。

图 8　湘妃祠内"尧以二女妻舜图"

屈原笔下的湘君、湘夫人已脱离了《山海经》中"帝之二女"的原始面貌，"二女"由"状如人而载蛇"变成了深情绵邈的对偶神，既有神的神秘，又有了人的性情。此二章为歌咏湘水神的诗篇已得到学界公认。王逸《楚辞章句·九歌序》已说明《九歌》的祀神乐歌性质，汪瑗在《楚辞集解》认为"湘君"可以认为是主管湘水之神，"湘夫人"是神之配偶。屈原之《九歌》是根据沅湘民间祭神乐歌，将古代之《九歌》加以改造、加工而成的。《九歌》是远古时歌曲之名，当时舜与二妃的传说还未产生，湘君、湘夫人不可能与舜、二妃发生关联。依据原始初民"万物有灵"的思维，"湘君""湘夫人"为湘水配偶神的说法应当是早期神话的产物，但应该要晚于更为古朴的《山海经》"帝之二女"传说，早于成为历史人物的舜与二妃的传说。和《山海经》相比，屈原《九歌》不再单独以女性为湘水之神，而是增添了一个男性湘君为湘水之神。因为神话传说不是一成不变的，它会随着时代的发展而变化。在人类普遍群居而没有实行"对偶婚"的时代，人们不会想到他们的水神会有配偶；只有当大家都过上男婚女嫁的家庭生活时，水神的婚姻大事才会被提上日程，《九歌》中的湘君、湘夫人这对湘水配偶神就这样产生了。《九歌》中湘君、湘夫人那约会不遇、互相怨慕的情绪，表现了这一对有情水神深深相爱却无缘相会的哀怨与伤感。所以说,"二湘"名为祭歌,实是感情浓郁的恋歌作品。

2. 秦汉时的洞庭湖水神传说

刘城淮先生《中国上古神话》云:"关于湘君、湘夫人的爱情神话,自秦汉起,演变成了舜与娥皇、女英二妃的爱情传说。"① 由此可知,湘君、湘夫人产生之初实为本地土著水神,但随着"舜崩苍梧""二妃沉于湘水"传说的广为人知,湖湘之间便将历史人物"舜""二妃"与本地土著自然神湘水配偶神联系起来,这多与对屈原《九歌》中相关辞章的臆解有关。《湘君》云:"望夫君兮未来,吹参差兮谁思!"由于民间传说舜"作箫,其形参差",所以众多学者以此来认定这是《湘君》写舜的一条重要证据。还有《湘夫人》中的"九疑缤兮并迎"及"帝子降兮北渚"等句,更被大多数学者认为是舜与湘君、二妃与湘夫人相关联的铁证。"九疑"为舜所葬之地,"帝子"是指二妃贵为帝尧之女,王逸、洪兴祖等遂以此认定湘君、湘夫人就是舜与二妃。

关于舜帝和二妃的故事流传甚广,历代典籍都有记载。《尚书·尧典》载:尧在位七十年准备选贤禅让,众人推荐舜,"帝曰:'我其试哉。'女于舜,观厥刑于二女,降二女为妫汭,嫔于虞。"尧帝说:"我试试吧!把我的两个女儿嫁给舜,从两个女儿那里观察舜的德行。"于是命令两个女儿下到妫水湾,嫁给虞舜。而《孟子·万章上》记载了"舜不告而娶"的事:"万章曰:'舜不告而娶,则吾既得闻命矣,帝之妻舜而不告,何也?'""帝之妻舜",正是指尧将二女嫁与舜的事。

司马迁在《史记·五帝本纪》说:

> 舜耕历山,渔雷泽,陶河滨,作什器于寿丘。……尧乃以二女妻舜以观其内。……践帝位三十九年,南巡狩,崩于苍梧之野。葬于江南九疑,是为零陵。

这里提到了舜在尧禅让后做天子,最后又南巡死葬苍梧之野,未提及二女为湘水神之事,但他在《秦始皇本纪》中却借博士的话提到了:

---

① 刘城淮:《中国上古神话》,上海文艺出版社 1988 年版,第 658 页。

〔二十八年〕始皇还。……乃西南渡淮水，之衡山、南郡。浮江，至湘山祠。逢大风，几不得渡。上问博士曰："湘君何神？"博士对曰："闻之，尧女，舜之妻，而葬此。"于是始皇大怒，使刑徒三千人皆伐湘山树，赭其山。①

这里已明确提到了湘君为舜二妃娥皇、女英。

刘向在《列女传》说："舜陟方，死于苍梧，号曰重华。二妃死于江湘之间，俗谓之湘君"②。刘向的解释本之于太史公《秦始皇本纪》中博士那段话，后人亦从其说，以二妃为湘君湘水神。《楚辞·九歌·湘夫人》〔汉〕王逸注云："尧二女娥皇、女英，随舜不反，没于湘水之渚，因为湘夫人"③。除此之外，舜二妃神话还流传有斑竹神话。

梁代任昉《述异记》对此有详细记载：

昔舜南巡，而葬于苍梧之野。尧之二女娥皇、女英追之不及，相与恸哭，泪下沾竹，竹上文为之斑斑然。④

之前晋张华《博物志》中也有提及：

尧之二女，舜之二妃，曰湘夫人。舜崩，二妃啼，以涕挥竹，竹尽斑。⑤

可见，汉晋时人已多认为湘夫人是尧之二女，舜之二妃娥皇、女英。即以二妃为湘夫人，为湘水神。湘夫人与娥皇、女英联系到了一起，完成了由自然神向人神的转变。

地处南方的楚国河网密布，除了洞庭湖之外，境内有许多大的河流，有江水、湘水、资水、沅水、澧水等等，那么，它们是各有自己的水神，

---

① （汉）司马迁：《史记》，中华书局1959年版，第248页。
② （汉）刘向：《古列女传》卷1，中华书局1985年版，第2页。
③ （宋）洪兴祖：《楚辞补注》，中华书局1983年版，第64页，第60页。
④ （梁）任昉：《述异记卷上百子全书》（七），浙江人民出版社1984年，第189页。
⑤ （晋）张华：《博物志百子全书》（七），浙江人民出版社1984年，第167页。

图 9　常德的沅江江景　　（拍摄人：刘非）

图 10　湘江风韵　　（拍摄人：刘非）

还是拥有一个共同的水神？王逸在《湘君》"君不行兮夷犹"下的注解给了我们提示："言湘君所在，左沅、湘，右大江，苞洞庭之波，方数百里"。可以看出，王逸认为，湘君管辖的并不是单湘江一条河流，而是以洞庭为中心的各条河流，所以，湘君是楚境多条河流所拥有的一个共同的水神。

3. 唐以后复杂多元的洞庭湖水神体系

唐至宋代是中国民间信仰的整合期，唐统治者信佛、崇道对民间造神起到推波助澜的作用，再加上唐末五代长期的兵焚战乱使民众产生了宗教信仰上的需求。特别是宋代以来的民族忧患导致长期战乱不止，民众生活非常艰难。在这样的条件下，他们只能求助于能够为他们带来福音的神灵，以求得心灵上的安慰。此外，洞庭湖的日益扩大以及社会经济的发展为湖区造神运动提供了客观而必要的背景条件。除原有水神湘妃外，洞庭王爷柳毅、杨泗将军、屈原、龙母等水神也相继出现，而且许多地方神祇也具备保佑舟楫航行平安的灵力，如资江流域的魏公、澧水流域的姜女娘娘也成为当地百姓的保护神。

唐代以来，关于湘君、湘夫人又有了新的说法。韩愈的《黄陵庙碑》有云："湘君、湘夫人……，尧之长女娥皇为舜正妃，故曰君；其二女女英自宜降曰夫人也，故《九歌》辞谓娥皇为君，谓女英帝子，各以其盛者推言之者。"韩愈进一步明确了湘君、湘夫人与娥皇、女英二妃的对应关系，并无形之中将封建君王的后宫等级制度附会于远古时代的君王，这一看法得到后世的普遍认同。可见，唐代时洞庭湖一带的水神信仰已呈多样化趋势，《山海经》中的"帝之二女"，屈原《九歌》中的土著水神湘君、湘夫人以及后来的舜与二妃，他们都被视为湘水神。

柳毅（洞庭王爷）作为洞庭湖水神主要源自唐代传奇《柳毅传》，人们把柳毅塑造成为司职江南巨浸洞庭湖的水神形象，广为立庙祭祀，以佑航行平安和风调雨顺。至今，在君山上还有一口相传为柳毅去龙宫传书的入水口的古井，名柳毅井。君山秋月岭山麓还有洞庭王爷庙，整个庙宇占地5000平方米，气象宏大。庙为二进庭院式，青瓦红墙，雕龙画凤，前有九龙引柱。一进正殿挂"洞庭庙"匾，内坐黑脸大王——洞庭王爷武像：一手加额，一手托明珠，目光前视，仿佛正在调节阴阳，抑止洞庭风浪。据传柳毅传书后，洞庭龙君为了报答柳毅救女之恩，要将三公主嫁给柳毅，柳毅认为救人于危难之中乃做人之本分，不可因此为己谋利，便婉言谢绝了。柳毅出宫后，倾慕柳毅的龙女扮成渔家姑娘，与柳毅结为夫妻，婚后才道破实情，与柳毅重返洞庭水府，柳毅被封为洞庭王爷。龙君担心柳毅这白面书生镇不住水妖陆怪，便命钱塘君做了个怪面具，让柳毅

图 11　君山洞庭庙中的柳毅像　　（拍摄人：李琳）

白天戴着巡查湖岸，晚上脱下面具再回家。一次，柳毅巡湖一直忙到深夜，回家时忘记取下怪面具，一踏进家门便再也取不下来了。于是柳毅便由白面书生变成了黑脸大王。柳毅在洞庭湖畔做了很多好事，人们为了纪念他，便在君山修建洞庭庙。凡过往洞庭湖的人都要进庙烧香，祈求平安。至今，洞庭湖一带船家中仍流传着"大难不离洞庭（王爷），小难不离杨泗（将军）"的俗语。

而关于杨泗将军，历来说法很多，有人认为是杨家将中的杨四郎，有民间传说他是一位专斩孽龙的大神，而在湖南洞庭湖流域，杨泗将军却被认为与农民起义领袖杨幺相关。据说有人在某处杨泗庙中发现一块石碑，碑文说杨泗将军就是南宋时席卷洞庭湖流域七个州所属十九个县的农民起义英雄杨幺。杨幺因深受当地百姓的敬仰，得以立庙奉祀。但为避免朝廷的查禁，当地百姓按照杨幺在首领中排行第四，加上他因叛徒出卖投湖而未死遂视为水神，其祠庙故名"杨泗庙"。"杨泗庙"遍及洞庭湖滨各县，并上溯至湘江流域，许多临水的地方，都修有杨泗庙，湘潭涟水边的杨泗庙，还由庙而形成了一个集镇。在洞庭湖流域，和杨幺相关的遗迹还有杨幺庙、杨幺墓地、子母城、太子庙等。

益阳资江流域的民众信奉本地水神魏公。相传魏公是明朝末年一位木

图 12　益阳的魏公庙　　（拍摄人：李琳）

排客商，在资江上游抢救一武冈遇险的吊船，不幸卷入激流里淹死。船、排行业的人有感于魏公舍身抢险的精神，尊称为魏公真人，奉为神灵，建庙或行江（指航行于水上）祭祀。益阳魏公庙始建于明末清初，建成后香火旺盛，香客中数船民、排工居多，在城中颇有名气，为益阳九宫十八庙之一。现在恢复修建后的魏公庙香火较旺，特别是农历九月二十九日魏公生日的这一天，进香者特别多。

此外，在洞庭湖流域担当水神的还有龙母、屈原。据道光《永州府志》载，永明县在唐代便已经建有龙母庙了。明代以来，楚大夫屈原因投水殉国之故，也在一些地方担负着水神的职责。万历四十三年（1616），"遣司礼李恩捧旒袍封大帝水府庙为屈平大夫，各处祀之"。尤其是在湘江下游至入湖河段，以屈原为祭祀对象的水府庙较多见。

二　洞庭湖水神的信仰主体与祭祀仪式

水神信仰作为洞庭湖区的一种民俗文化现象，经过世世代代的传承与变迁，至今仍保存在洞庭湖民众的日常生活之中，并已成了洞庭湖民众生活本身的一部分。本节内容主要是探究洞庭湖水神信仰的主体（即水神信仰的信仰者和传承者）、信仰的观念与信仰的仪式。

1. 洞庭湖水神的信仰主体

在大多数洞庭湖民众心中，信仰已成为他们日常生活的一种必须，所以我们可以说，洞庭湖民众就是洞庭湖水神信仰的主体。但是，不同群体的人的水神信仰既有共通性，也有一定的差异性，他们信仰的目的各有不同，其信仰的广度和深度也各自不一。现将其中几类有代表性的信仰主体介绍如下：

（1）农民和渔民

图 13　资江上的渔民　　（拍摄人：李琳）

由于洞庭湖区自古以来就以农业和渔业生产为主，农业和渔业生产都离不开水。对于农民来说，首先稻田灌溉需要大量的水，雨水的充足与否直接影响到他们的收成好坏。其次，水患泛滥除了让他们颗粒无收之外，还影响到他们的生命财产安全。再次，在旧社会医疗条件极差的情况下，水还能祛病。对于渔民来说，渔民长年累月在风浪里穿行，"托身鱼虾族，寄命波涛间"，渔获物的丰歉又有很多偶然性。因此，农民和渔民信仰水神都十分虔诚，他们在特定时期都要举行祭神仪式。但有时候，农民和渔民的信仰是出于一种娱乐和精神的需求，如水神庙会和水神节庆能让大家得到情感的宣泄和心理的满足，他们通过这些活动来加强邻里、族里关系，所以水神信仰成为一种维系社会关系的纽带。

（2）商人和乡绅

洞庭湖水路运输的发达，孕育了一代又一代富有冒险精神的商人，由于水上贸易的风险性，商人对水神信仰十分虔诚，这种态度贯穿于航程始终。加上商人的经济实力比渔民强，因此，商人祭祀水神的仪式也比渔民隆重。在出海前，商人要举行隆重的祭祀仪式。明清时期，商人一般要到庙里祭祀，有的商人要请道士做"安船科仪"。他们坚信，如果出海前没有祭祀神灵就有可能遭遇不幸，所以，大部分的商人都是水神信仰的虔诚信徒。商人对于水神信仰的传播也有着不可忽视的作用，商人来往于各地之间，以前的交通又主要以水运为主，商人们的水神信仰也不知不觉顺着水流传播到其他地区。此外，商人还通过捐款等形式去赞助一些大规模的水神信仰活动，这在一定程度上也推动了水神信仰的发展。据宋李昉等编著的《太平广记》记载，明清以后洞庭湖区修建的祠庙以城内商业集中区域为多，有的还兼具商业会馆职能。如湘潭县的江神祠建在临江府公所驻地①。

乡绅是乡村中有名望或拥有一定财力的人，他们一般与官府有着一定联系，所以有一定的话语权。他们往往能影响甚至主宰普通民众的信仰生活，顺理成章地成为水神信仰活动的组织者。"地方绅士普遍要求政府给本地祠庙、祠神以赐额、封号，民众也普遍认为官方的承认会影响神的威灵。因此，赐额和封号的问题就成为地方势力借着为地方神争取地位以扩大自己力量的手段，地方官为维持地方秩序，也不得不依赖地方势力的支持，从而对地方神表示认同"②。民众与官府之间的沟通与交流就倚仗乡绅的上下奔走，他们也得到了民众的接受和尊敬，成为民众信仰的代表。

（3）地方官员

宋代以后，由于洞庭湖影响愈来愈大，地方官员信仰洞庭湖水神也越

---

① （宋）李昉等：《太平广记》卷498"李群玉"，中华书局1979年版，第4088页。
② 赵世瑜：《狂欢与日常——明清以来的庙会与民间社会》，生活·读书·新知三联书店2002年版，第32页。

来越虔诚，经常举行隆重的祭祀仪式。一方面，地方官员通过上奏朝廷，地方神灵才能被正式纳入国家正祀系统。如对湘水神的敕封在唐以前就已很多，而从文献记载来看，中央王朝最早对洞庭湖进行封祀是在唐代后期。唐昭宗天佑二年，朝廷敕封洞庭湖神为"利涉侯"，敕封青草湖神为"安流侯"，敕封二妃为"懿节侯"①。另一方面，地方官员通过新建、重修水神庙宇和祠堂等来扩大神灵的影响。如东汉荆州牧刘表特意为湘阴黄陵二妃庙竖碑立文，使黄陵二妃庙声名显赫。后张之洞出任湖广总督，他为巡阅水师来到了洞庭湖，游览了君山，整修了湘妃祠，并写了洋洋洒洒四百字的祠联，给湘妃祠增加了天下第一长联的色彩，把人物、故事、风景、名诗词融为一体，堪称联中一绝，这些在一定程度上也推动了湘妃信仰的传播。可以说，如果没有地方官员的支持和默许，那些大规模的水神信仰活动，是很难开展下去的。就这样，地方官员通过直接参与洞庭湖民间的水神信仰活动，将信仰群众也一并纳入到其管辖系统之中，从而为他们的社会治理服务。

2. 洞庭湖水神的祭祀仪式

关于"仪式"的研究，一直是人类学关注的焦点。涂尔干认为仪式与信仰一起构成了宗教现象本质的两个基本范畴，涂尔干还这样积极评价宗教信仰中仪式活动的作用：

> 仪式对我们道德生活的良性运行是必需的，就像维持我们物质生活的食物一样；只有通过仪式，群体才能得到巩固并维持下去，而且我们知道，对个体来说，仪式也是必要的。②

正因为仪式具有特殊的功能，所以洞庭湖普通民众在日常生活中对于水神祭祀仪式非常看重，他们在遇到困难或人生中的大事时，往往会举行水神祭祀仪式，祈求水神的帮助。洞庭湖民众祭祀水神的目的异彩纷呈，已不限于求雨、祛除水患和利航祭祀，祈福、保平安以及祛病祭祀也非常

---

① （后晋）刘昫等：《旧唐书》卷20下，中华书局1975年版，第835页。
② ［法］爱弥尔·涂尔干：《宗教生活的基本形式》，渠东、汲喆译，上海人民出版社2005年版，第336页。

盛行。

我们可以拿在洞庭湖区有着广泛影响的渔民祭祀活动为例来看水神的祭祀仪式。渔民长期在风口浪尖上讨生计，因此特别希望水神能够保佑他们的人身安全，洞庭湖渔民对水神的信仰反映了渔民在湖上渔业过程中信仰心理的需求。在渔民眼里，湖中的鱼虾都是水神的兵将，捕捉鱼兵虾将会触怒水神，水神会兴风作浪来惩罚他们，威胁他们的生命安全。另外，渔民在捕鱼的过程中，捕鱼的多少具有很大的偶然性。所以，渔民希望通过供奉水神来祈求水神谅解，以保佑他们平安捕鱼、多捕鱼、捕好鱼。渔民信仰与崇拜水神的活动，贯穿于洞庭湖渔民生产、生活的整个过程当中，渔民十分重视有关水神的祭祀活动，并且形成了固定的祭祀仪式，他们周期性地、甚至有组织地进行一些祭祀活动，以下是其中较有影响的几种：

开湖时祭祀洞庭王爷。由于渔业生产具有季节性，洞庭湖上捕鱼受渔汛支配，何时出湖捕鱼，直接关系到捕鱼丰歉。因此，出湖日子的选择，是每一个渔民都尤为重视的，渔民特别看重每年第一个渔汛期的首航日，他们认为由洞庭王爷确定渔汛期的首航日是比较妥善的。所以，大多数渔民要到洞庭龙王庙举行隆重的仪式，祭拜龙王并占卜确定首汛日。旧俗在每年中秋之夜，以月亮的明暗，预测当年捕鱼的多寡，俗称"中秋卜鱼"。夏汛水面宽阔难结网，为捕鱼淡季，有"神仙难捕六月鱼"之说。冬至前后，湖水涸浅，是捕鱼的黄金季节。渔民根据规定的日期，统一下湖捕鱼，称为开湖。中华人民共和国成立前，湖泊为湖主私有，开湖时，各帮渔船聚在一起，头船停泊湖中，桅杆上挂红、黄两面旗帜，用三牲（鸡、鱼、猪）、水酒祭祀洞庭王爷。湖主一手抓雄鸡，一手持利刀，将鸡头砍入湖中，鸡血洒于网上，接着，将米饭沿船舷撒到水里，称为杂腥敬神。随后，火铳连响，鞭炮齐鸣，渔船争相入湖捕捞。中华人民共和国成立后，开湖改由水产部门组织，宣布开湖纪律，指挥船上鸣放鞭炮后，成百上千只渔船一齐出动，各自开始作业。

各种庙会和节日中的祭祀以及渔业生产时进行礼祀活动。渔业生产充满危险，旧时渔民往往要将香火请入渔船中供奉，在渔船上设置神龛，其祭祀多在神龛前举行，这样可以方便处于流动状态的渔船在渔业生产时从事祭祀活动。有的渔民长期生活在船上，在神灵诞辰等特殊日子，同样也要像在岸上一样举行隆重的祭祀仪式。所以一般沿湖渔船上都设有神龛，备有香烛、纸钱，以供船行途中祭祀使用。湖上渔船的神龛亦即圣堂，舱内香烟缭绕，火烟不断，就是为了让船行途中香火不绝，他们认为只有这样，水神才能保佑大家航行与捕鱼安全。有的渔民则在下网前祭祀水神，是希冀水神送来更多的鱼。他们在捕鱼时，心里往往要默念着：

> 肥的来，瘦的走，
> 鲶、鲤、鲫、鳜样样有。
> 大鱼小鱼快上手。
> 嫩的来，老的走，
> 鲽、鲮、鳅、鲇样样有。
> 肥鱼嫩鱼快上手。
> 冰块化，鱼儿游，
> 鲤、鲭、鳙、鲢齐出头。
> 大鱼小鱼出洞口。①

这种默念祝词或咒语的打渔风习，实质上是古老祭歌原始遗风的残存。渔民们往往把捕上的第一网鲜鱼首先上供船上水神，或从第一网中挑选最大的鱼献给水神，这样不仅是表达渔民的"酬神"敬意，更重要的是以此祈求水神为他们送来更多的鱼群，更大的鱼。

由以上我们可以得知，洞庭湖区水神信仰有着一整套祭祀礼仪程序，而且祭祀仪式普遍已比较固定。一般来说，临时性的祭拜在求雨祭祀、水患祭祀中较为常见，如水患灾害即将发生时，附近的水神庙往往是民众自发祭拜的场所。除此之外，求雨、祛病、求子等也以临时性的祭拜为主。这种祭拜和前面介绍过的首汛日祭拜洞庭龙王仪式相比，相对来说比较随意，而且程序简单，所以成为大多数普通民众的选择，直到现在这种信仰方式还存活在众多民众的日常生活中。

---

① 高碧云：《洞庭湖风情史话》，方志出版社2005年版，第233页。

图 14　岳阳君山柳毅井　　（拍摄人：刘非）

三　洞庭湖水神信仰的发展演变

世界是永恒运动变化着的，文化存在的方式和永恒状态即与其顺时而变的本质密不可分。"世界上任何民族、群体、地区的任何形式的文化，自其诞生之日起就在不断地运动变化着，或者顺时代而沉淀发展，或者逆时代而被替代沉沦。虽然一切人类社会与文明阶段总的趋于稳定，但发展变化仍是不可阻挡的文化现象，洞庭湖水神信仰在历史发展的进程中，也处于不断的发展变化中。"①

1. 神灵地域性特色的凸显与性别意识的淡化

春秋战国时期，神灵的地域性特征就已经非常明显，"祭不越望"即指不属于某地的神灵便不能被当地人祭祀，显示了神灵具有浓厚的地域性特色。如河伯是黄河的河神，其所管辖区域只限于黄河流域，所以战国时期的"河伯娶妇"习俗也只在魏地较为风行。《左传》甚至还记载楚王规定楚人有自己的河神，可以不祭祀河伯。他的理由是河伯不会怪罪这些不

---

① 李琳：《洞庭湖水神信仰的历史变迁》，《民俗研究》2010 年第 4 期，第 154 页。

属于其权力管辖范围之内的人。《左传·哀公六年》载:"楚昭王云'三代命祀,祭不越望。江、汉、雎、漳,楚之望也。祸福之至,不是过也。不谷虽不德,河非所获罪也。'遂弗祭。"①

洞庭湖水神信仰在先秦时就表现出浓郁的地域性特色。从"洞庭之山,……出入必有飘风暴雨"的"帝之二女"到"妃死,为湘水神"中的湘妃,洞庭湖水神从一产生便和楚地的地方风物紧密联系在一起。"楚之山川,又奇杰伟丽,足以发抒人之性情"(洪亮吉《春秋时楚国人文最盛论》),洞庭湖的茫远无际和波涛汹涌,激发了湖区人们无限的想象力和创造力,再加上洞庭湖区属故楚之地,自古以来就巫风兴盛,充满想象与激情的巫术礼仪浸染了其文学创作,所以他们就想象有这样两位多情、忠于情并以身殉情的湘水神。从此,潇湘与娥皇、女英二妃便有着密不可分的联系,并且具有了一种浪漫的悲剧色彩。《水经注·湘水篇》云:"二妃出入湘之蒲,潇者,水清深也。"从刘禹锡的《潇湘神》,到郭沔的《潇湘水云》,其中让人触景而恸、潸然泪下的除了那句"斑竹枝,斑竹枝,泪痕点点寄相思"的个人伤感之外,更有一腔爱家爱国的激情及忧国忧民的情愫。

潇湘因二妃而名,二妃因潇湘而彰显。"潇湘妃""湘妃竹""潇湘馆"这些美丽而忧伤的字眼不断地呈现在我们的文学作品之中,"湘妃""斑竹"这些带有浓厚地域特色的字眼也成为文学上千古不衰的意象。刘长卿和陈羽写湘妃斑竹的诗句"楚客欲听瑶瑟怨,潇湘深夜月明时""二妃怨处云沉沉……萧索风生斑竹林"寄托了文人那颗善感的心;李群玉的"犹似含颦望巡狩,九嶷如黛隔湘川"之句更是充满了悲剧氛围,是李群玉借咏湘妃身世而浇自己胸中块垒的悲哀吟唱。我们可以说,湖湘独特的地域环境催生了具有浓厚悲情色彩的湘妃神话,从而形成了独具湖湘特色的洞庭湖水神信仰文化。

唐朝时洞庭湖新产生的水神为洞庭王爷柳毅,其地域特色更为凸显。《柳毅传》作者陇西李朝威,大约中唐时人,生平已不可考。《柳毅传》在唐朝时流传十分普遍,明人胡应麟说:"唐代传奇小说,如《柳毅》……撰述浓至,有范晔、李延寿之所不及。"这篇传奇具有浓厚的民间色彩,是

---

① 李学勤主编:《十三经注疏毛诗正义》,北京大学出版社1999年版,第1636—1637页。

一篇神话故事，充满了美丽的幻想，富有浪漫主义情调，从一开始就与洞庭湖结下了不解之缘。与李朝威同时代的沈亚之，还撰有《湘中怨解》。《湘中怨解》与《柳毅传》也有不少相似点：相近的年代（唐代垂拱年间与凤仪年间），相同的舞台背景（洞庭湖），相类的人物（书生与龙女），还有相似的故事。《湘中怨解》的创作是作者"元和十三年，余闻之于朋中"。我们可以这样推断：在柳毅故事与《湘中怨解》之前，另有一个民间故事，它在洞庭湖区广泛流传，并进一步演化形成柳毅故事，经李朝威之手，最后形成《柳毅传》。但两部传奇的余波何以都发生在洞庭湖中呢？李朝威在《柳毅传》中穿插三首楚歌，点缀洞庭湖畔的风光，正是向读者暗示了传奇创作的故事来源及其奇异的人文地域特色。《湘中怨解》中的骚体诗似乎也是屈原在沅湘吟唱的余响。所以我们可以说，正是因为唐时洞庭湖的"烟涛微茫信难求"，正是因为洞庭湖的楚文化情结，才有了洞庭湖畔的柳毅故事，才有了洞庭王爷柳毅。

此外，水神杨泗将军信仰与洞庭畔杨么崇拜相结合，成为洞庭湖独具地域特色的杨泗将军信仰。而屈原因"信而见疑，忠而被谤"流放于沅湘，最后自赴汨罗江，因而被湖湘人民视为水神而祭拜，成为湖湘古文化的重要组成部分，台湾著名诗人余光中先生《汨罗江神》就是为祭屈原而作。

洞庭湖水神的最初性别应该是女性，这一点我们从《山海经》中的"帝之二女"、屈原的《湘夫人》与舜二妃故事可以看出。古代以女性为水神的居多，如汉水女神江妃、洛水女神宓妃、湘水神湘妃、江神奇相等。宋代张唐英《蜀梼杌》说奇相是震蒙氏之女，因为偷了黄帝的玄珠，沉江而死，化为江神。为何远古时候水神以女性居多呢？这固然与女性有和水相通的特点有关，但笔者还认为古代"以女妻河"习俗及"人殉制度"也是形成女性水神的诱因。我们考察诸多水神的来历，多是"溺水而亡"而为水神。女性水神汉水女神、洛水女神、湘水神、江神奇相是如此，男性水神黄河水神冯夷也是如此，屈原被民众奉为水神也与他"水死"相关，斩孽龙的杨泗将军更是如此。除此之外，精卫填海也是一则帝女溺水而亡的神话，这不由得引起我们的深思：为何中国古代有那样多的"水死"的"帝女"？为何她们贵为帝女，却接连"溺水而亡"？这究竟是自然的因素居多还是人为的因素居多呢？这还要从古时世界各地祭祀水神的习俗开始谈起。

古人祭祀河神,以牛、马或玉器为牺牲,殷商《卜辞》有记载,但《卜辞》也提到以女子为河神妻的例子。后世《史记·六国年表》云:"初以君主妻河。"《索隐》言:"谓初以年取他女为君主,君主犹公主也,妻河,谓嫁之河伯。故魏俗犹为河伯取妇,盖其遗风。"① 弗雷泽在他的人类学名著《金枝》中提到世界各地以女子为河神妻的巫术习俗,古代的许多民族都相信如果不按期献女子给河中的水神,水神就会发动水灾毁灭居民,或让水源干涸,断绝人类的饮水②。中国古代以"君主(即公主、帝女)妻河",战国时魏国的"河伯娶妇",都是这方面典型的例子,这种习俗一直到唐代还有遗留。《古今图书集成》卷四七就记载郭子仪镇河中的时候,"河甚为患,子仪祈祷河神说:'水患止,当以女奉妻',已而河复故道,其女一日无疾而卒,子仪以其骨塑之于庙。"可见,唐代名将郭子仪的女儿也充当了河神的祭祀品。

"二妃"本为"尧女舜妻"的双重身份,其地位的显要不言而喻。《水经注·湘水》等载为"(二妃)溺于湘江","溺"字本身就带有被动入水的状态,《群芳谱》中的"斑竹即吴地称妃竹者,其斑如泪痕,世传二妃将沉湘水,望苍梧而泣,洒泪成斑",世传二妃为殉情自杀,又何以泪洒涟涟,连竹子也改变了容貌呢?《山海经·海内东经》:"湘水出于舜葬东南陬,西环之。汉水出鲋鱼之山,帝颛顼葬于阳,九嫔葬于阴,四蛇围之。"帝颛顼有九嫔随葬,而帝舜死后二妃殉葬在情理之中。其实,在万物有灵,灵魂不灭的原始信仰下,人殉很早就开始了,但作为传说流传下来的,却极少极少,娥皇女英的故事只是零星地透露了这一信息。这是为什么呢?"这是因为我国文化发展深受儒学影响,为儒家思想所左右,尤其是神话传说被历史化,人为地讹改,使许多传说改变了它本来的面目。娥皇女英的人殉被历史化,转而盛赞她们的忠贞感情,极力为封建伦理道德服务,即为一特例。"③

---

① (汉)司马迁:《史记·六国年表》,(南朝宋)裴骃集解,(唐)司马贞索隐,(唐)张守节正义,中华书局1959年版,第705页。
② [英]弗雷泽:《金枝》,徐育新等译,中国民间文艺出版社1987年版,第133—138页。
③ 霍福:《论娥皇女英为舜殉情实为人殉》,《青海师范大学民族师范学院学报》2005年第1期,第43页。

随着时代的发展，洞庭湖水神信仰到唐宋时期，性别意识逐渐淡化，出现了许多男性水神，但女性水神也继续受到民众的祭祀。男性水神有柳毅、杨泗将军、屈原、魏公菩萨等，女性水神有湘妃、龙母、姜女娘娘等。据资料记载和实地考察结果，明清时期，湖南地区湘江流域水神祠庙共计133座。其中见于记载的江神祠、湘妃庙、二妃庙、潇湘庙等以湘水神湘妃为祭祀对象的祠庙共21座；另外，洞庭湖神柳毅的信仰在湘江流域亦十分普遍，以洞庭湖神柳毅为祭祀对象的祠庙见于记载的有28座。具体来看，湘水神祠庙主要集中在湘江干流地区，并形成了以湘江上游的永州和下游入湖口处的长沙、岳州为中心的两大祭祀圈；洞庭湖神祠庙则主要分布在沿湖的岳州、长沙二府，湘江中上游的永州、郴州等地也有零星分布；至于一般水神祠庙几乎遍布于各府县乡里。

2. 信仰对象神圣性特征的减弱与世俗化特征的加强

从原始时期起，水与人的生活息息相关，由此发展为对水的神圣崇拜和信仰。考古所见的原始聚落遗址多在水滨。从出土古陶器上的花纹，我们可以看出人们对水的这种原始的感情。考古出土的新石器时代的半山类型四大圆圈连续彩陶壶，上面绘有波浪纹，另外增江河还出土了刻有水波纹的釉陶罐。原始古民使用的陶器上所用的装饰花纹都是与他们生活相联系的。人们把水波纹和波浪纹刻在了陶器上，反映了人们的崇水意识，是一种原始的自然崇拜。先秦文献的记载也可看出这一点。《尔雅·释天》记载"甘雨时降，万民以嘉，谓之醴泉"①，《管子·水地篇》记载"故水者何也？万物之本源，诸生之宗室也……万物莫不以生"②。从国家到地方，水神崇拜和信仰成为古代中国民众生活中的重要内容。洞庭湖流域自古是以农为主的地区，水一直是至关重要的问题，或者是干旱，或者是涝灾。所以，治水、祈雨是洞庭湖流域历史上的永恒主题，历朝都把祭祀各种司水神灵列为重要的政事活动。唐天佑二年黄陵二妃被朝廷封"懿节侯"，同时洞庭龙君也被封为"利涉侯"③。后晋高祖天福二年（937），

---

① 李学勤主编：《十三经注疏毛诗正义》，北京大学出版社1999年版，第167页。
② 《管子》，《诸子集成》收戴望《管子校正》本，中华书局1954年版，第237页。
③ （后晋）刘昫等：《旧唐书》卷20下，中华书局1975年版，第835页。

洞庭湖神被晋封为"灵济公",黄陵二妃庙改封"昭烈庙"[①]。元代致和元年(1328),朝廷又封洞庭湖神为"忠惠顺利灵济昭佑王"[②]。仅有清一代,文献中对洞庭湖神封祀的记载达五次之多。而且,随着中央王朝对洞庭湖神的崇祀,这一时期又兴建、修建了数座祭祀洞庭湖神的祠庙,并规定地方官定期致祀。这些都说明了洞庭湖水神崇拜在官方很是盛行。官方的水神崇拜隆重而肃穆,并形成了一整套规范的祭祀礼制,体现出封建等级制度的威严。相对而言,民间的水神崇拜形式活泼而又贴近生活,同时又不失虔诚,水神家族也庞大而杂乱,反映了民俗观念中水神人格化的倾向。水神崇拜作为古代社会一种全民信仰,官方与民间的祭祀必然产生互动,体现为民间俗信对上层祭祀礼制产生影响,而官方祭祀典制的形成反过来又推动和强化了民间俗信的普及与盛行。

但随着时代的推移和文明的进步,洞庭湖水神信仰最初的严肃、神圣性质有所削弱。一方面,水神虽然可能依然被确信,但其中的世俗成分日益加重,超自然的神灵被人格化,具有人的性格、情感、欲望,甚至成为凡人。他们与"人"关系更密切,更多地参与了"人"的日常生活,其神性减弱,人性加强,在神格中流露出世俗的倾向。在洞庭湖先民的最初观念里,水神是至高无上的,最初的女性水神"帝之二女"并没有从仪态容貌饰物上来进行描述,而是从原始宗教的角度,夸大她的神奇力量,其形多为怪神。然而,随着社会的发展,"帝之二女"逐渐嬗变为舜的两个妃子娥皇、女英,已经被赋予了人格化及社会属性,开始从虚无缥缈的神话世界或人们的意念中变成具象化的女性形象,奉立于神坛上。再后来,柳毅、杨么等平民出身的水神的加入,更是使高高在上的洞庭湖水神不再高居缥缈的神殿,而是慢慢贴近了人类的生活,逐渐步入了凡间烟火袅袅的寻常百姓家中,成为人们可以随时祈拜的对象,蒙上了浓重的世俗化色彩。另一方面,民众对水神笃信程度也日渐减弱,人们不再相信神话中描写的人物和事件是曾经有过曾经发生过的,或者,将它视为并非超自然存在,而是存在于宇宙万物之中的现实的副产品。因此世俗的成分越来

---

① (清)秦蕙田:《五礼通考》卷47"右唐祀山川",文津阁四库全书,商务印书馆2005年版,第377页。

② (明)宋濂等:《元史》卷30本纪·泰定帝二,中华书局1975年版,第683页。

越多，水神也与凡人一样，有生老病死、七情六欲，被赋予了各种的性格和感情，富有人性，趋向于对常人世俗生活的写实，神与人的界限因此而日趋模糊。

洞庭湖水神信仰的日趋功利化也是其由神圣向世俗转变的重要表现之一。不同时代的水神虽然具有原始宗教、宗教以及民间迷信的色彩，但也折射出不同时代的洞庭湖民众渴望开发利用江河湖水、征服江河湖水的殷殷期盼。人们创造了形形色色的水神加以顶礼膜拜，并不是为了远离水域，而是希冀借助所信奉的水神的超自然神力来亲近水，亲近江河，来驾驭利用江河。洞庭湖人民生活在凶险无比的江河湖泊上，面对的是反复无常的异己力量，因此他们企盼借助于神灵来保护自己的生命和财产安全，所以水神信仰在洞庭湖人民的信仰中占有最重要的位置。笔者在益阳市大通湖区采访当地渔民，询问其信仰水神的动机时，他们多数表示希望神灵能保佑自己平安捕鱼、多捕鱼、捕好鱼，这就体现了洞庭湖地区水神信仰的功利性特征。而旧社会水神庙求雨更能显其功利化的一面，"灵验"是所有阶层求雨的一致目的。诚然，这一动机下可能掩盖了不同阶层的真实目的，如对于普通民众来说，求雨行为是出于生计考虑的无可奈何的虔诚，而对于地方官来说，求雨既可能是"为民请命者"在灾难到来之际，与民同甘共苦的一种政治姿态，也可能是"沽名钓誉者"为维护一己之私的假仁假义。但这些都将归于一个中心，那就是"灵验"。由此可以看出，"求雨"并不仅仅涉及普通农民，而是一项涉及众多阶层的行为。此外，见神就拜、多神信仰也体现了洞庭湖水神信仰的功利性。湘君、湘夫人是洞庭湖民众信仰的水神，但同时他们还崇拜洞庭湖神柳毅、杨泗菩萨、屈原、龙母等多种水神。而这些水神对老百姓来说，可以说是有求必灵、神通广大，祈福、求雨甚至求子、保佑平安、求财，都在他们庇护之列。只要对谋生有利，能达到庇佑目的，他们就信仰供奉。这就生动地反映了在洞庭湖民众的崇神意识结构中，水神信仰已逐渐由神圣向世俗转变。

3. 民众娱神成分的减少与娱人成分的增多

古代洞庭湖水神信仰是一种植根于传统农业社会的自然崇拜，是中国民间信仰的重要内容之一，远古的人们崇拜、祭祀自然神灵，无非是要取悦于神灵，寻求神灵的保护，其最终目的是渴望通过娱神等手段来控制自然。娱神这种自然崇拜的方式是可以理解的，费尔巴哈指出"即使是诸神也是可以驾驭的。一个凡人可以用焚香、卑辞许愿、奠酒、供香料等手段来左右诸神"①。人类学的材料和现存的文化典籍也有大量例证。在初民原始思维中，认为人类的繁衍与动、植物的繁衍都是同一回事，这种思维发展的结果就是人们在宗教的或巫术的礼仪上，用情爱或性爱来诱降或娱乐神灵。如在巴比伦、埃及、雅典等等一些地方，神都有来自人间的配偶。在古希腊的一个城市埃莱夫西斯每年九月举行的盛大神秘礼仪中，由两个祭司分别扮演宙斯和女神，"神秘仪式开始后，所有的火炬都熄灭，这一对夫妻降临到一幽暗处所，膜拜的人群在周围焦切地等待着人神会合的结果，他们相信自己的得救都取决于此。"②洞庭湖各水系的浪急风险关系到居民的生命安全，天气的晴阴雨雪更是和洞庭湖初民的生产、生活关系巨大，因此，《九歌》《湘君》《湘夫人》显著的功能便是通过娱神来祈求航渡平安和风调雨顺。通过屈原《九歌》我们也可以得到确证，《九歌》所描绘的古代祭祀水神的祀典盛大而热烈，末篇《礼魂》送神曲所谓"成礼兮会鼓，传芭兮代舞"云云，完全显示出祭场的狂欢场面。我们的祖先还认为，"天地在暴风雨中交媾。""云雨"直到今天仍然是性交的标准文言表达，这就把阴晴雨旱的大自然种种和人间的男欢女爱完全等同起来。于是，祭祀水神时就必须通过写男女相思、人神恋爱来娱神。

洞庭湖水神信仰在后来的发展过程中，娱神的元素逐渐减少，自娱自乐的成分逐渐增多。古代《九歌》通过讲述人神恋爱来娱神，其中充满着具体生动的人格化形象和一定的神奇故事情节（如相思、别离、久候不遇的怨怼、水中居室等）。这些内容，即使在祭祀水神娱神而被讲述的场合中，也能满足人们一定的历史感和审美感，也多少能带给人们一些愉悦之感，只不过这种功能不占主要的地位罢了。洞庭湖水神信仰发展到现代社会，相当一部分人的信仰观念里已失去了信仰的色彩，娱神的功能逐渐被娱人的功能取代。人们在满足对民族或整个人类历史知识热望的同时，也由故事中人物形象的崇高、结局的凄婉、故事情节的神奇有趣等，得到一定的审美快感，精神上由此得到放松和愉悦。当代洞庭湖水神信仰

---

① ［德］费尔巴哈：《宗教的本质》，王太庆译，人民出版社1953年版，第69页。
② ［英］弗雷泽：《金枝》，徐育新等译，中国民间文艺出版社1987年版，第212—218页。

多是群众自发的，一般没有严密的组织和固定的财源，传统的祭祀仪式由祀神为主到祀神娱人，使得如今的民间信仰表现出浓厚的娱乐氛围。如笔者在洞庭湖滨津市田野调查时发现，当地每年六月初六仍有盛大的孟姜女庙会活动，庙会以传统的祭祀活动为核心，以"孟姜女"为文化场景的主要依托，并发展出一系列的衍生活动。有传统的倾家出动上嘉山贞烈祠给孟姜女娘娘敬香、朝拜、磕头、诉求等祭祀活动，还有傩祭仪式，唱傩戏《姜女下池》等等。同时，还发展了傩祭仪式，迎龙、送灯也是其中的活动。在古镇街巷，乡村田塍上，鼓乐鞭炮震天，灯火通明，热闹非凡。孟姜女庙会往往就是一场文化娱乐盛会，整个场面气氛热烈，充满了生命活力。庙会上有各种民间艺术展演，笙歌乐舞，观众欢声笑语，其乐融融。还有各种传统风味小吃如结糖娃娃糕，油炸砣，焦盐散子，糖麻花等等，各种生活用品如篾器、铁器、木器也在庙会上叫卖。孟姜女庙会，已成当地百姓丰美的精神和物质大餐。

  随着时代和社会的发展，洞庭湖水神信仰在传统和现实的基础上必然会衍生出新的形态。如洞庭湖龙舟竞渡习俗古时就是祭祀洞庭湖神屈原的，千百年来，荆楚一带赛龙舟的风俗传承不衰，唐时谪居洞庭湖滨十年之久的刘禹锡观赛龙舟的盛况之后写过一首《竞渡曲》，并写了一个较长的序，交代竞渡与招屈的微妙关系，他是从竞渡时唱的龙船歌及其和声来揭示的，他写道："竞渡始于武陵，至今举楫而相和之，其音咸呼云：'何在？'斯招屈之义，事见《图经》。"至今洞庭湖畔，还盛行龙舟竞赛活动，因屈原在汨罗沉江的缘故，汨罗江畔的赛龙舟比其他地方更为隆重。汨罗百姓历来都有"宁荒一年田，不输端午船"的说法，每逢端午节，在汨罗江畔都要举行竞渡仪式，万人空巷，争相观看。岳阳国际龙舟节也被国家旅游局定为向世界推荐的常年节庆活动。2009 年 9 月，包括"汨罗江畔端午习俗"在内的"中国端午节"被联合国教科文组织保护非物质文化遗产政府委员会列入"世界人类非物质文化遗产名录"，其中就包括端午龙舟竞渡习俗。但据有些学者考证，赛龙舟最早当是古越族人祭水神的一种仪式，融祭祀、宗教、娱乐、竞技于一炉。先民龙舟竞渡是通过娱神祈求神灵保佑人畜平安，农作丰收，这是典型的稻作农耕社会人们试图构建和谐的人神关系的一种诉求。后来龙舟竞渡与爱国情怀结合之后，衍生了对先贤人物的崇拜，联系乡情亲情族情，最终向纪念庆典、喜庆娱乐转型，逐渐由娱神转变为娱人。龙舟活动由娱神向娱人，再由娱人并娱神（指更高的精神追求），这一发展轨迹，并不是龙舟活动层面转换简单的过渡，而是在更高层面上的发展与升级。它体现了民众从内心深处关注本民族的历史与现实的文化心理，是民间信仰、习俗在特定历史时期的一种自然转变，其深层的价值就在于它的历史意义和教育功能。

美国著名社会学家托马斯·奥戴这样解释人类需要宗教信仰的主要原因："人生活在变幻不定的环境中，无法预知那些对人的安全和幸福至关重要的事件；人控制和驾驭社会生活环境的能力也有其局限性"[①]。信仰的作用在于能帮助人们调适人类与严酷的自然环境与社会环境的冲突，信仰产生并发展变化的重要原因是人类适应自然与社会环境的结果。

在这个理论下，洞庭湖水神信仰的起源与发展也是人与自然环境、社会环境冲突的结果。洞庭湖水神信仰源于远古时代的洞庭湖民众对水患的悲情记忆，是一种对水的忧患的集体无意识显现。洞庭湖水神信仰从"帝之二女居之，出入必以飘风暴雨"的神话观念中诞生，经屈原《九歌》中《湘君》《湘夫人》的改写与歌咏，在汉代以后又与舜二妃故事相杂糅，流传影响甚广。唐以后由于统治者信佛、崇道对民间造神起到推波助澜的作用，再加上长期的兵燹战乱使民众产生了宗教信仰上的追求，战乱不休，民众深受其害，于是创造出更多神灵为他们消灾解厄。另外，洞庭湖日益扩大的自然地理和社会经济因素为造神运动提供了客观而必要的背景条件。洞庭湖地处南方，以种植水稻为主，水成为洞庭湖农业经济的命脉所在。百姓除了向龙王等传统雨神祈雨外，也赋予其他神灵以呼风唤雨的职能，祈求风调雨顺、物阜年丰。除原有水神湘妃外，洞庭王爷柳毅、杨泗将军、屈原、龙母等水神也相继出现，而且许多地方神祇也具备保佑舟楫航行平安的灵力，如资江流域的魏公、澧水流域的姜女娘娘也成为当地百姓的保护神。

当人类遭遇挑战或面临压力时，信仰能够带来心灵的安慰，人类能在信仰的作用下克服自身的软弱，永葆前进的动力。洞庭湖水神信仰之所以能历经世代传承与变迁，仍然在现代社会中发挥其重要作用，主要是因为

---

① ［美］奥戴、阿维德等：《宗教社会学》，刘润忠等译，中国社会科学出版社1990年版，第7页。

其信仰本身已融入普通民众的日常生活之中，成为他们的精神源泉。农民、渔民、商人、乡绅以及地方官员是洞庭湖水神信仰中占主导地位的信仰主体。洞庭湖水神信仰有着一整套严格的祭祀礼仪程序，但求雨祭祀、水患祭祀和祛病祭祀等其他的水神祭祀大多都局限在一个有限的范围内，以临时性的祭拜为多，有些祭拜一般以个人和家庭为主。大多数普通老百姓祭拜时间和程序不是太固定，随意性较强。

随着时代和社会的发展，洞庭湖水神信仰也处于不断的发展变化中，总的说来表现在以下三个方面：一是水神地域性特色凸显，性别意识淡化；二是信仰对象神圣性特征减弱，世俗化特征的加强；三是民众娱神成分减少，娱人成分增多。特别是洞庭湖水神信仰在先秦时就表现出浓郁的地域性特色，在产生之初便和楚地的地方风物紧密联系在一起，唐朝时洞庭湖新产生的水神为洞庭王爷柳毅，其地域特色更为凸显。水神杨泗将军信仰与洞庭湖畔杨幺崇拜相结合，成为洞庭湖独具地域特色的杨泗将军信仰。屈原因流放于沅湘，最后自赴汨罗江，因而被湖湘人民视为水神而祭拜，成为湖湘古文化的重要组成部分。

总之，为了迎合社会生活发展的需要，民俗信仰也不断顺应历史、完善自己、改变自己，即迷信成分越来越少，神秘色彩淡化，健康成分不断掺入，而且经常增加新的内容。当人们以科学手段探明洞庭湖水神信仰的来源时，人们虽然不再相信洞庭湖是"帝之二女"居住的地方，"湘君""湘夫人"等水神更是子虚乌有，但信仰的暗示作用使人们在提到他们时仍然有崇敬之感。洞庭湖水神信仰是一种古老的信仰，至今还存在着，它是人类在特定的历史阶段中，为了满足生存与发展的需要，特别是心理需求而创造出来和不断传承的一种文化现象，在历史上甚至当今社会都产生了深远的影响。

第三节 多元信仰文化共存的村落——
新晃侗族自治县贡溪乡

侗族是我国南方著名的稻作民族，在湖南新晃侗族漫长的文化发展史上，形成了许多祭祀性和农事性节日，在祭祀和欢庆中，家家户户酬神灵、拜祖先、庆丰收，青年男女唱歌对歌，各村寨之间举行各种社交活动、联络感情，还有赛芦笙、偷月亮菜、演傩戏等习俗，蕴含着极高的文化价值和精神价值，对本族人民具有不可估量的凝聚力。

为了调查了解侗族人民真实的民间信仰，本调查组于2013年5月至2017年12月先后对新晃侗族地区进行了3次田野作业，调查方式有问卷调查、重点访谈、参与观察等方法，收集了大量的田野资料。在此，感谢周婧、姚进两位同学，还有贡溪乡党委书记何云茂及文化站站长杨世英的无私帮助。本调查报告就是在以上田野调查基础上，查阅大量县志、市志等地方文献和论文专著之后的成果。本调查报告实现了田野调查与文献的相互印证，探讨了侗族民间信仰发生的文化生态、历史形态、发展变迁等，明确了侗族人民真实的信仰现状，以期为有关施政部门提供有益的借鉴。

一　村落概况

新晃侗族自治县成立于1956年，位于湖南省西部，东边与湖南省芷江侗族自治县接壤，西、南、北三面都与贵州相邻。民族学上，新晃属北侗地区，受汉文化影响比南侗地区要大。据方志记载[①]，新晃又名晃州、晃县，因境内有晃山而得名。古时属夜郎故地，唐代和宋代时，政府曾两次在此设夜郎县。清朝嘉庆二十二年（1817）之前，属沅州府卢阳县，嘉庆二十二年（1817），建立晃州直隶厅，1913年废，改为晃县。

本课题选取的村落调查点新晃贡溪乡四路村是"全国少数民族特色村寨"，位于新晃侗族自治县南部边陲，沅水支流㵲水中游，是一个侗族人口聚居村落。这里依山傍水，风景秀丽，地势主要以山地为主，㵲水为最大河流，一年四季均可通航，省道晃天公路穿境而过。亚热带气候使这里四季分明，春夏多雨，秋冬少雨，当地有民谚曰："春无三日晴，秋无三日雨"。贡溪乡近几年经济发展较快，重晶石矿、铅锌矿、贡溪辣椒、贡溪鸡享誉湘黔边界。这里村民织绘的"侗锦"极具民族风情和地方特色，还有"中国戏剧的活化石"——侗族傩文化"咚咚推"。

天井寨和钟溪寨（又叫大江寨）是四路村两个很有名的村寨，天井寨位于四路村东南部的山上，海拔约700米高，这里的村民主要是龙姓和

---

① 《新晃侗族自治县概况》修订本编写组：《新晃侗族自治县概况》，民族出版社2008年版，第12页。

姚姓，还有杨姓。不远处山下平地上的寨子是钟溪寨，寨子居住的都是天井寨姚姓的族人。据钟溪寨姚氏族谱记载，清顺治五年（1648），天井寨姚姓的一支从天井寨搬下来定居繁衍，形成了现在的钟溪寨。天井寨现有村民46户、251人，钟溪寨现有村民46户、186人[①]。两个寨子不同姓氏的人家一直都有相互通婚的传统，关系非常密切。关于天井寨名称的由来，还有一个美丽的传说。据说元代至顺二年，贵州榕江一家龙姓人龙地盛，为避战乱，携家带口，背井离乡，来到湖南的靖州。他们几十年间居无定所、漂泊不定，直到明朝永乐年间，龙地盛家人养了一头白牛。一日，几个小孩童放牛来到金库山，白牛见山上有一口水池，便直奔水池，再也不肯从水池中出来。任放牛孩童怎样吆喝都无济于事，后来龙地盛的两个儿子赶来，也无能为力。龙地盛的两个儿子见这里有山有水，风景优美，是块居住的风水宝地，于是决定在此定居下来。因这水池的原因，他们将水池取名为"天井"，寨子也因之名为天井寨。由于这里可避战乱，一家人可以丰衣足食，日子也过得顺顺当当。后来姚、杨两家又相继迁来，大家相处非常和睦，于是不再迁徙，在此世代繁衍至今。

　　天井寨和钟溪寨两个村寨的房舍都是侗族风味的吊脚楼，全部木质结构，光洁的石板路使两个村寨之间畅通无阻。这里气候温和，降水量丰富，盛产稻谷、玉米等粮食作物，当地居民过着自给自足的农耕生活。改革开放以来，很多年轻人走出大山，外出打工，现在村子里多数是一些老年人务农。老年人都能说一口纯正的侗语，但也有部分中老年人与外地人交流时说汉语。年轻人都熟练地掌握了汉语，但他们平时和本村的人交流还是说侗语。

二 原始农耕信仰的现代展演

　　侗族传统的农耕生产是在恶劣的自然环境条件下进行的，所以侗族先民在从事生产劳动时，既要顺应自然又要有所作为。人们可以掌握自然规律，但风霜雨雪、旱涝寒热却又是千变万化不遵循人的意志行事的，于是人们在努力劳作之外还要预卜、祈祷。新晃侗族保留至今的一系列繁复有

---

① 此处统计数据来源于红网新晃站，2010年8月18日（http://www.hnxhnews.com/Info.aspx? ModelId=1&Id=5265）。

序和神秘有趣的习俗，如傩戏咚咚推、偷瓜送子、偷月亮菜、斗牛、祭祀土地神等，正是侗族先民原始农耕信仰的现代展演，其中最为人所知的是国家非物质文化遗产——傩戏"咚咚推"。

1. 侗族傩戏"咚咚推"

"咚咚推"由天井寨的姚姓、龙姓和钟溪寨的姚姓一起跳，他们主要通过这种仪式祈求一年的平安与丰收。以前农历六月初一和春节、元宵时，村民集体表演"咚咚推"，如果遇到灾疫来临也要跳"咚咚推"祛灾。"咚咚推"傩戏表演以前在龙姓和姚姓所共有的约半亩菜地上举行，现在修建了侗族鼓楼"天傩台"，作为专门的表演场地。"天傩台"亭子里供奉着各种各样的傩戏面具，烟火缭绕，让人倍感神秘。据天井寨村民们介绍，由于天井寨的地理位置在风景优美的半山腰，虽然风景好，但却经常缺少雨水，农耕经济在插秧季节特别需要雨水浇灌，所以跳"咚咚推"求雨成了天井寨村民习以为常的事，"咚咚推"《关云长养伤》是求雨必演的剧目。关羽作为这出戏里的主角，本和求雨毫无关系，但因为关羽在老百姓心中的神圣地位，村民们觉得他神通广大到可以满足大家的任何愿望包括求雨，所以扮演关羽的演员在演《关云长养伤》之前，一般都要在全寨人的祈祷下舞刀作法求雨。

"咚咚推"结合天井寨中盘古庙和飞山庙的祭祀活动进行，傩面具是"咚咚推"存在的物质保障。1949年以前，天井寨每年都演出"咚咚推"，后来解放军进驻村子，百姓不明真相四处逃散，盘古庙里的傩面具也散落到各地。没有了面具，"咚咚推"的演出也遇到了很多困难，1956年，虽然学者从各个领域渴望对"咚咚推"进行研究，但由于没有见过真正的演出，也只有不了了之。改革开放后，文化馆吴声来到天井寨深入地调查，走访老人和相关知情者，他写的《新晃侗族傩戏源流及艺术特点初探》，使"咚咚推"这项侗族民族文化的瑰宝才被人们所初识。1992年，在文化馆及天井寨村民的合力协作下，新的傩戏面具制作出来了，天井寨"咚咚推"现存面具36具："三国人物12具；神鬼面具8具；动物面具3具；其他人物13具。"① 由于政府部门和村民的共同努力，"咚咚推"终于在观众面前得以展现。除傩戏面具比较独特之外，"咚咚推"还

---

① 杨世英：《侗族傩戏现状令人忧》，《中国文化报》2011年04月27日。

图15　傩戏面具　　（拍摄人：杨世英）

有其独具特色的头饰。头饰为黑色的丝帕，约8尺来长，帕两端拖在地上，表演时，头帕搭在双肩，能协助演员进行一些象征性的表演动作，如骑马、牵牛、摸胡子等。

"咚咚推"念唱全用侗语，综合了舞蹈、对白、演唱等艺术，整场表演都在跳跃中进行，风格原始、粗犷、神秘。"咚咚推"现有剧目中，《跳土地》《刘高斩瓜精》《老汉推车》《癫子偷牛》《土保走亲》等反映了侗族先民与农业生产的密切关系。

《跳土地》是开场节目，也是"咚咚推"最主要的剧目。《跳土地》之前一般要举行祭祀仪式，祭祀完毕，人们才能拿起演出的面具和道具，锣鼓声响，演出开始。《跳土地》讲述一个叫龙渊的侗族青年农民遇到土地公公，求他保佑能庄稼丰收、六畜兴旺、驱瘟逐疫、家宅平安。土地神在锣鼓声中边念念有词边跳边舞："我是土地，天上土地、地上土地、桥头土地、桥尾土地，……十二土地都是我。"龙渊发现是土地公公来到之后，对他提出自己的各种请求："你老人家要保佑我们哩，现在稻秧开始有虫，苞谷起死芯了，你老人家要攒劲保佑我哩。"土地公公对龙渊的请求表现得很爽快，很轻松地就答应下来了："哦，哦，这个好说好说，我

图 16 村民观看傩戏"咚咚推"《跳土地》　　（拍摄人：杨世英）

给你们将这些瘟疫都收去了就是。"① 于是土地公公施展法术,"东方收去五百里,西方收去五百里。"之后龙渊又希望土地公公能保佑家里的牛、猪、鸡,保佑人身体健康,保佑年成好,对这些要求,土地神也逐一答应并施展法术了满足他的要求。

《跳土地》剧情情节简单,古朴率真,是质朴的天井人期望与神对话的一种最直接的方式,描绘了他们对生活的期望:"天地养人天地愁,土地老者在哪里。给我们收虫又保佑,茄瓜豆角像串珠。谷好苕好样都好,这回有吃我们不愁。"在以农耕为主要生活来源的社会里,农民感觉土地神是最亲切的,就好像自己的家人一样,所以不管是地头田头,路边山里,到处都有或简陋或稍显齐整的用石板砌就的土地坛。在天井寨《跳土地》这出敬奉土地神的傩戏中,农民请求土地公公给予各种保佑,土地公公很爽快地一一允诺,这让虔诚信仰土地神的人心里得到莫大的安慰。土地神庙在天井寨也随处可见,和别处高大宏伟的土地庙不同的是,天井寨的土地庙要简陋得多,大多用泥砖堆成,四四方方的,但从里面满满的烧尽了的香灰可以得知,当地人的供奉是很虔诚的,他们还认为任何

---

① 这里 3 处念白都是笔者在天井寨调研时,根据村民现场表演剧目的《跳土地》剧情采录。

在土地庙旁的不雅行为都会亵渎神灵，都会影响土地神保佑他们风调雨顺、丰收兴旺。《跳土地》作为傩戏"咚咚推"的第一出戏，足见天井人对土地神的尊崇，这出戏将农耕文化的内涵融入戏剧表演艺术之中，也表现了"咚咚推"与原始农耕信仰的密切关系。

天井寨人对傩戏、对土地的虔诚的程度在"咚咚推"国家级代表性传承人龙子明（1912—2011年）和龙开春（1930年—）身上表现得很充分。天井寨傩戏"咚咚推"从元代一直延续至今，原汁原味地保存下来，有许多人是值得铭记的，特别是已过世的国家级传承人龙子明。他从几岁的时候便开始学习"咚咚推"，长达90多年的"咚咚推"演出经验使他的表演出神入化，"文革"时期禁演傩戏，他也悄悄练习，在当时还没有图像和文字记载的年代里，龙子明通过记忆完整地保存了21出傩戏剧目，使"咚咚推"这种民族艺术得以在今天大放异彩。另一个国家级代表传承人龙开春是龙子明的亲侄子，他对采访者是这样描述自己对土地神的真实内心感受的："演（'咚咚推'）之前主要摆点肉，烧香点蜡烛，恭恭敬敬的搞，一心一意的。里面求丰收的，就是感谢土地神消灾，拜土地就是求丰收。古老的时候就是这么说，收完稻谷以后就唱庆丰收，感谢天地了。那时候又没有什么工可打，就靠这个田地生活为主，也困难哩！不管是过去，还是现在，过节也好，我同样地买点肉，买点酒，烧点香，我还到那里去敬一下子咧！我还要敬神的，我去拜土地。大门那两个土地是我搞的，原来我去贵州买的土地像，开始我去端的时候蛮重的，搬都搬不起，等我付钱以后，就变的轻了，好背了，两个240元，我自己出的钱，我包好了背回来的。都是我们自己回来砌的庙，没要群众一分钱，我们古老传说的是，我们侗寨跳土地是土地没得，就没得意思，没得证据。"①傩戏在远古产生之初本来就是一种驱鬼逐疫的宗教艺术，人们在生产力不够发达时对各种自然现象不够了解，对神的敬仰之情使他们希望通过傩戏这种形式与神发生对话，发生联系，获得神的庇护。祖祖辈辈以农耕为生的天井寨人离不开故土，离不开田地，他们居住的地区为典型的农耕型文

---

① 访谈对象：龙开春。访谈时间：2012年6月26日。地点：龙开春家中。访谈人：穆昭阳。转引自穆昭阳、杨长沛《傩戏"咚咚推"与天井侗族的文化记忆》，《戏剧文学》2012年第11期，第112页。

化区，他通过演傩戏"咚咚推"表达了对丰收的渴望和对幸福生活的追求。

而"咚咚推"剧目《老汉推车》《驱虎》表现的是农耕社会里侗族人民淳朴的自主爱情观。《老汉推车》通过老汉对郎情妹意的后生与姑娘的撮合，以及《驱虎》中王员外对四郎的嫌弃到最终应允，都是反映侗族人民追求婚姻自主、婚姻自由的伦理价值选择。

2. "偷月亮菜"和"偷瓜送子"习俗

除傩戏咚咚推之外，侗族"偷月亮菜"和"偷瓜送子"习俗也和农耕礼仪之间存在着非常密切的关联，祈年与乞子的不可分割性使侗族先民产生了"偷月亮菜"和"偷瓜送子"的习俗。

"偷月亮菜"的活动一般是在白天热闹欢庆的芦笙比赛之后的中秋晚上，侗族民间一直有月神崇拜的传统，所以青年男女每到中秋月圆之夜，喜欢到意中人的园子里去偷蔬菜瓜果。中秋时节，满园子沉甸甸的柑桔、饱满的豆荚、又大又圆的南瓜、裂地的红薯等遍地都是，在中秋之夜来临之前，有菜园、果园的人家早早做好了准备，有的在已成熟的瓜果旁插着草标，这个草标是为了使"小偷"偷菜时，不至于因紧张而手忙脚乱，"偷"到没成熟好的菜；有的家中准备好了丰盛的食品，等着大伙过来享用。

一切准备就绪，就等着"小偷"晚上光顾了。夜晚凉风习习，月明如镜，皎洁的月光静静地洒在农家菜园、果园里。"偷菜啦，有人偷菜啦……"只听几声喊叫划破夜空的寂静，但除了几声汪汪的犬吠，山村别无回响，被偷的人家竟然也默不作声。过了一会儿，"小偷"走出园门时，竟然还回头高喊道："你的菜被我偷走了，你等会儿来我家吃油茶去！"

原来，新晃侗族中秋之夜的"偷月亮菜"实则是男女约会的习俗。姑娘们有时还结伴去偷，边偷边嬉笑打闹，以引出自己的意中人。"偷月亮菜"时，姑娘们渴望摘到成双成对生长的豆角或并蒂的瓜果，因为她们相信，这是能收获爱情的预兆。她们还喜欢摘葱和蒜，至今当地还有这样的俗语："偷着葱，嫁好夫；偷着蒜，嫁好婿；偷把山菌得好运。"小伙子们和姑娘们一样，也希望得到月宫仙女的恩赐，所以他们中秋节晚上也"偷月亮菜"。

经过一整天的芦笙比赛，大家已基本熟识，这时候如果客寨姑娘看中了主寨的小伙子，就会到处打听主寨小伙子的菜园子的位置；或者是主寨小伙子看中了客寨的姑娘，也会拐弯抹角地告诉所爱慕的姑娘，他家菜园的位置在哪。晚上，在主寨男青年的菜园子里，三三两两出现了前来偷菜的姑娘。姑娘们偷的菜里必须有韭菜和葱，因为在侗族习俗里，韭葱共园，是结为秦晋之好的意思。有首侗歌这样唱道："葱和韭菜共园子，你和我共家园。"

据说，姑娘们是不能去小伙子家唱歌的，只有小伙子到姑娘家唱歌。于是去心仪的小伙子家偷月亮菜，成为姑娘向心上人表达爱意的一种方式。在姑娘们去主寨男青年家偷过菜之后，主寨男青年便顺理成章地踏着月光，吹着侗笛，来到客寨姑娘们落脚的家里，吃她们偷来的月亮菜，和心仪的姑娘对歌，谈心，直至深夜。

白天的狂欢之后，不光青年男女在中秋之夜可以偷月亮菜，大人、小孩们都可乘中秋月夜偷摘瓜菜。他们把偷来的冬瓜、南瓜，用红布包好，送到还没有子嗣的夫妇床上。其中一人假装婴儿哭泣，表示给夫妇送来了婴儿，有的送瓜人还讲四言八句话以示祝贺。不光没有生育的夫妇流行此俗，有的新婚夫妇床上也常藏有中秋之夜偷来的瓜果，预示他们早得贵子。

也有已婚无子的妇女在中秋之夜亲自去偷瓜菜的，谓之"摸秋"，以预兆自己生子。还有已有子女的妇人，也于中秋之夜偷瓜菜，如果她们能偷到较为新鲜肥大的蔬菜瓜果，就代表她们的孩子会健康茁壮成长。但她们也不能把偷来的蔬菜瓜果如黄豆、向日葵、南瓜、柚子、柑橘等带回家，只能放在主人家的门口，或者在野外煮食、烤食。孩们将偷来的瓜果、毛豆等在田坎边用稻草点火烧着吃，新婚夫妇多在这天晚上红着脸去向这些孩子们讨来吃，以讨来吉祥，而孩子们会毫不犹豫地分一些给他们吃，以此象征新娘受孕生子。

中秋之夜，被偷走瓜菜的主人家一般是不生气的。因为他们相信，中秋夜被"偷"菜是件很吉利的事情，偷得越多，说明来年丰收的程度越好。而"小偷""偷"了以后一定要得到主人家的大骂，骂得越凶，表示越吉利，人们越高兴。所以有的"小偷"摘走主人家的瓜果，还怕主人没有发现，不能挨到骂，于是在门口将瓜菜狠狠地摔烂，或故意弄出声响让主人家听见，惹来主人在房内高声大骂。偷瓜人挨了骂之后并不生气，反而笑嘻嘻地向主人道谢，而主人也殷勤地招呼"客人"。

侗族中秋之夜"偷瓜送子"的习俗中，月亮与瓜果都有生育魔力，"静沐月光，不久定能得孕"之说法，说明月亮的庇护象征一种生殖魔力。而瓜本是多瓤多籽的，籽与子谐音，所以瓜就代表能多子多福。有的地区瓜被画成小孩的脸，还有的地区要求求子的妇女与瓜一起睡觉，并在之后吃掉瓜，才能感染瓜的魔力。其实这都是弗雷泽的《金枝》中所说的巫术的"接触律"原理，凡是与瓜和月亮这种有生育魔力的事物亲密接触过的人，就会感染魔力，达成想生子的愿望。

"偷瓜送子"习俗中还有一套仪式化的行为和方法，诸如，将长形南瓜偷来钻孔，将瓜瓤掏出，再将水灌入瓜中，再用被子覆盖，水流出泻在榻上，就意味着难于生育的夫妇已有子了。这种仪式其实是模仿了孩子的睡觉和撒尿，可以说是一种求子巫术，在这里南瓜也具有了一种魔力，寄托了人们祈求多子多福的美好心愿。

3. 侗族斗牛习俗

天井寨人除了对土地充满感恩之外，牛作为侗民日常生产的主力，他们也对牛充满了感激和尊敬。牛是当地农民最珍贵的宝贝，他们对牛甚至达到了崇拜的地步。相传，"咚咚推"的基本舞步跳三角，就是缘于牛的身体。天井寨人认为，牛头和牛的两只前腿形成一个三角形，牛尾和两条后腿又形成一个三角形。因此，他们的祖先根据牛的这个特点创造了"跳三角"的基本舞步。我们可以推测，天井寨祖先每天和牛朝夕相处，亲如家人，他们从牛身上找到灵感，受到启发，创造了这种和牛密切联系的舞步，并将各种崇尚牛的传说和习俗延续至今。

侗族对牛的推崇可以追溯到远古时期。侗族先民在祭祀神灵时，就把牛作为最好的吉祥之物奉献给神灵。祭祀开始之后，大家在一起载歌载舞，举行各种狂欢活动。为了娱神，他们有的头顶牛角模仿牛进行角斗，引来阵阵喝彩。新晃侗族斗牛习俗也与农耕信仰密切相关，据说古时候侗族人民种水稻，只会把稻种撒在田里，秧苗虽然长得密密麻麻，但谷穗短小，收成微薄。有一次侗族老汉卜老耶旺偶然看见两头牛在稻田里打架，把一丘陵整整齐齐的秧田打得稀烂，最后只剩下一些稀稀拉拉的秧苗。卜老耶旺看到秧苗被踩烂，很是生气，于是把牛杀掉吃了。谁知被牛踩烂的这块田，剩下的秧苗比其他田块长势好得多，收成也多得多。第二年他有意把牛放到秧田里去打架，然后根据秧的疏密进行补栽，结果也得到好收成。从此大家悟出了秧苗移栽后可获丰收的规律，学会了育秧移栽技术。为了纪念这个经历，预卜丰收，侗族每年开展斗牛活动，逐渐形成了节日。

关于斗牛节的来历，还有一个传说。据说有一位侗族老汉非常爱牛，有一次他好不容易花大价钱到外地买了一头保家牛，走到半路上，保家牛突然挣脱绳子与一头犀牛打起来了，打得难解难分。侗族老汉后来在大伙儿的帮助下，杀了凶猛的犀牛，将保家牛救了出来。说来也奇怪，自从这件事情之后，寨子当年便获得了好收成，以后每年也是五谷丰登。为了预祝丰收，庆祝丰收，人们从此便每年举行斗牛节。

天井寨人爱牛的真挚情感在"咚咚推"的剧目中也有所描述，如《癞子偷牛》中的癞子整天游手好闲，偷了秀才的牛还不肯承认，最后被告上衙门受到惩罚。《刘高斩瓜精》中老瓜精也因为偷盗牛而被刘高斩首。

三 移民搬迁与祖先英雄崇拜

"在人们日益摆脱生存危机的时候，以歌功颂德为外在表象的祖先英雄祭祀也就出现了，甚至有的可以取代率先兴盛的农耕祭祀，但其根基却仍在那不可磨灭的农耕文明。"[①] 天井寨居民的祖先英雄崇拜以盘古和杨再思最为典型。和其他侗族人一样，天井寨居民有着很强的家族观念，他们尊盘古和飞山公杨再思为傩神。之前天井寨还有一座盘古庙和一座飞山庙，旧时天井人对盘古、杨再思二神的供奉十分虔诚，庙内香火不断。盘古是祖先神崇拜，而飞山大王杨再思则是侗族的英雄人物。每年的农历六月初六（生辰）、十月二十六（忌日），是侗族人祭祀飞山公杨再思的日子，"飞山之神，自有靖州以来，已著灵迹，元丰元年，赐庙显灵，三十年封威远侯。正庙在飞山绝顶，一州之民，凡有祷祀，皆登险高峰，其上旧有行祠，建于刀弩营前"[②]。在首领潘金盛被马楚政权击败后，杨再

---

① 刘雨亭：《从农耕信仰到祖先崇拜——〈诗经〉周人祭歌中文化流变的探源性阐释》，《齐鲁学刊》1999年第2期，第22页。

② （清）魏德畹等修：《道光靖州直隶州志·艺文志》卷12上补续，刻印本，第42—43页。

第三章 湖南地区信仰民俗文化生态典型区域案例分析

思率领侗民归附马楚,并团结各民族励精图治,使"飞山蛮"进入兴盛时期,飞山庙在侗族的兴盛程度达到了"五步一庵、百步一寺"。

据贡溪乡文化站站长杨世英介绍①,侗族在中华人民共和国成立之前,是相对封闭的地方,大多数侗民就在本村生活,日出而作,日落而息,亲人们朝夕相处。四路村天井寨里住有龙、姚、杨三姓村民,由于侗族只有语言没有文字,很多文化事象只能口耳相传。老人们都说,"在村子里的水井旁,原有一块乾隆四十六年三月修缮的石碑(此石碑已于破四旧时被毁掉了),写着龙姓、姚姓和杨姓祖先的姓名。"② 这说明至少在乾隆年间,三姓就已定居在天井寨了。最早搬迁来此的是龙姓,根据《龙氏族谱》记载,龙姓第45代子孙龙地盛和龙地文两兄弟于1334年离开贵州榕江县,先是在湖南靖州暂时安顿下来,一年之后又迁徙到新晃平溪龙寨,直到1419年才在天井寨定居下来。③ 也就是说龙姓在元代就已从贵州搬迁至湖南新晃,明代开始举族定居在天井寨。

龙姓祖先移民到达天井寨后,选择尚未开垦的土地辟荆而居,就近创建家园,后来人口繁衍,支派蔓延,在这种情况下需要凝聚人心,加强管理,再加上姚姓杨姓也移民过来,形成资源竞争,祠堂在这种情况下应运而生。天井寨移民较早,区域相对边缘和封闭,最先搬迁的龙姓和姚姓聚族建立祠堂,修缮家谱,举行祭祀活动,"祠堂即是宗族祭祀的中心,也是宗族议事、执法和宗族管理的中心"④,共同的祭祀与信仰增强了家族凝聚力。

关于傩戏"咚咚推"的历史渊源,一些研究者认为,天井寨"咚咚推"应该是1334年从贵州传入的。元代末年,战乱使龙家族人离开家乡贵州,往东边迁徙,先是到达湖南靖州飞山,最后在新晃天井定居下来。龙姓从贵州到湖南的迁徙使"咚咚推"带有贵州地戏的痕迹。"咚咚推"和贵州地戏都以武戏为主,都叫"跳戏",二者在表演形式上也有很多相

---

① 调查人:李琳。讲述人:杨世英,男,48岁,贡溪乡文化站站长。
② 章程:《侗族傩舞"咚咚推"的象征符号解读》,硕士学位论文,中央民族大学,2011年,第20页。
③ 依据为调研时村民提供的《龙氏族谱》。
④ 吴雪梅:《多中心乡村社会秩序的建构——以明清时期两湖地区为考察对象》,《华中师范大学学报》(人文社会科学版)2012年第11期,第135页。

似的地方，如面具中有动物面具，而其他傩戏中只有人脸面具等等。但这并不等于"咚咚推"就是远古傩戏驱除疫鬼、冲傩还愿的原始傩戏，它比原始傩戏更为成熟，受后代文明社会的影响更深。此外，由于贵州在三国时期属蜀国的领土管辖范围内，贵州地戏和"咚咚推"都多演三国戏，至今流传的"咚咚推"中还保存着较为完整的七出三国戏。"天井人把自己的情感倾注到'咚咚推'中——他们敬重华佗，鄙视巫师，就在傩戏中让华佗大显身手，让巫师颜面丢尽；他们崇拜关老爷，就让他在戏台上出尽风头。"①《造反》是每次"咚咚推"演出时的压轴剧目，由戴着关公、蔡阳面具的艺人各领一队人马，跳场穿花，最后傩戏就在这样浩浩荡荡的队伍中热闹而有气势地终场了。而《天府掳瘟》讲的是神医华佗用神药为村民们驱除瘟疫的故事，歌颂了华佗精湛的医术和高尚的医德。

图 17　演傩戏前的祭祀　　（拍摄人：杨世英）

龙氏家族为天井寨第一大家族，也为"咚咚推"的第一传承家族，以前天井寨只有龙姓和姚姓演出"咚咚推"，后来杨姓也加入演出的队伍。龙氏家族现存的族谱对戏场的位置还进行了特别的规定："一处天井，雾云戏场，园圃一屯，系我秀环公后裔公共之地。"②此处所提"雾

---

① 章程：《侗族傩舞"咚咚推"的象征符号解读》，硕士学位论文，中央民族大学，2011年，第21页。

② 摘自新晃侗族天井寨《龙氏族谱》。

云戏场的公共之地"为初始时期龙氏专门进行傩戏"咚咚推"表演的场所。戏场在当地人们的心目中是圣洁之地，不可侵犯。本寨村民节庆玩龙灯，必先在戏场里烧香纸祭拜，方能出寨。而正月里，就算是外寨的村民舞龙灯路过此地，也必须得进入戏场焚香烧纸祭拜，表示对戏场对该地神灵的敬重和借过之意。

演唱"咚咚推"之前，全寨人聚集在一起，摆上八仙桌，小心翼翼地从箱子里请出傩戏面具——靠墙摆放，对"天傩台"内供奉的盘古大仙、飞山太公和侗胞先祖们进行祭拜，然后再呈上猪头、雄鸡、家鸭、糯米粑、豆腐、肉坨、米酒、水果等供品，烧纸上香，一字排开，对香案作揖，礼毕，主祭人独自上前一步，闭目默念一段唱白，向神灵禀明本次演出的目的，请神灵到场观看，祈求庇佑。这是开傩场子的第一道程式，一个不可缺少的过程。

除了在表演"咚咚推"时对傩神盘古大王和杨再思举行各种请、迎、会、送的舞祭仪式外，天井人的祖先英雄崇拜还体现在《盘古会》《背盘古喊冤》等剧目及《关公捉貂蝉》《华佗救民》等三国戏中。《盘古会》中，盘古就是人类及万物的主宰，他可以决定人类和动物寿命的长短，决定他们工作的分配，但他善于倾听大家的意见，表现了侗族氏族社会的民主遗风。盘古本来安排人类只有 20 年寿命，不愁吃穿，后来牛、马、鸡嫌自己寿命又长又太辛苦，而人嫌自己寿命太短，所以盘古决定把牛、马、鸡不想要的 45 年寿命全部分给了人类，但人类只有 20 年不愁吃穿，其他加的寿命都是很辛苦的，《盘古会》表现了天井人对生命的淳朴理解。《背盘古喊冤》中，龙根的一片棕树被人割了不少棕，疑是本寨的姚艮偷割。老实巴交的农民姚艮被龙根诬陷，百口莫辩，只好请求保董出面讲理，但保董见姚艮太穷，觉得自己没有利益可图，便再三推诿。姚艮又想请求龙根放过他，但龙根只催他快快赔棕钱。姚艮悲愤交加，无处申冤，觉得只有庙中的盘古才是他唯一可以申诉的对象，于是他毅然背起盘古神像，一路喊冤，逢庙必拜，遇神烧香，求神主持公道，还他清白。姚艮从早喊到天黑，直至声嘶力竭，最后盘古神显灵，无端诬陷他的龙根受到神灵惩治疼痛而死。《背盘古喊冤》表现了底层百姓在遭遇不公平待遇时无法申诉只好求助于神灵，这出戏也教育大家不要无端诬陷好人，否则是会受到神灵惩罚的。

其实盘古作为一个创世神，不管是在汉民族文化系统记录中，还是在苗、瑶、侗等少数民族历史记忆或民间文化实践中，其形象都大体相似，都是宇宙天地的开辟者，是人类共同的始祖。盘古歌的流传面较广，在苗、瑶、畲、侗、汉族都有发现，这在一定程度上说明了少数民族文化与汉族文化在历史上有着交融和共通的关系，它们都是中华民族多元一体文化中"多元"文化的组成部分之一。侗族民间普遍存在着盘古崇拜，在侗族民间祭祀中，盘古往往是作为开天辟地神和人类始祖神形象出现，不同的是，侗族《盘古歌》说的是盘古儿子坐九州。九州之说，以往只和禹的政绩相连，而《盘古歌》却把九州和盘古追溯在一起，使"九州"一词赋上更加原始的色彩。

傩戏"咚咚推"是天井人的集体活动，不为私家演唱。但它也是一种包容性极强的侗族傩戏，其剧目既有反映本民族生活的祭祀剧《跳土地》《跳小鬼》等，也有《癞子偷牛》《老汉推车》等生活剧，还有反映汉族文化的三国戏《关公捉貂蝉》《华佗救民》等。"咚咚推"和其他传承历史悠久、只能男性参加演出的传统民间戏剧不同是，女性也能学习和参与演出"咚咚推"，如三国戏中刘备的两位夫人糜夫人和甘夫人，还有用美人计离间董卓和吕布的貂蝉，都是由女性村民来扮演。"咚咚推"的表演紧密联系现实生活，每一个天井人从少年时代一直到去世都要参与"咚咚推"的演出，所以使得这种古老的戏剧得以保持顽强的生命力。即使是在清代咸丰、同治年间侗民起义，天井人惨遭官府屠杀至十室九空，"咚咚推"这种戏剧形式也没有消亡。

除崇祀盘古及飞山公杨再思之外，天井寨居民还崇拜杨法祖。传说杨法祖是法师的祖师爷，是一个被神化的历史人物，在当地人心目中是十分重要的保护神。"杨法祖，本名杨光召。在怀化市会同县高椅的《杨氏族谱》中，有关于他的记载：光召公，号常山，太学生，生乾隆己亥（乾隆四十四年，1778年）十一月十七，殁道光丁亥（道光七年，1827年）正月初六日。"[①] 作为太学生的杨光召，是有一定文化和身份的侗族人，最后却放弃科举仕途，转而学习巫术，很大可能是由于他仕途受挫。后来

---

① 李怀荪：《五溪地域巫文化的变迁和傩神东山圣公、南山圣母》，台北《民俗曲艺》1997年第106期。

他师从著名瑶族巫师蓝法隆,并将巫医之术发扬光大,在侗寨代代传承,关于他用巫术治病的手抄本,在"文革"前都有人亲眼看见。杨法祖由于巫术高超,会用医术救人而远近闻名,所以在他死后,侗族人将他作为神崇拜。侗族人在重大仪式前要先祭拜杨法祖,杨法祖崇拜体现了侗族民众在生产力水平极为低下时对巫傩及巫师的依赖与崇祀。

总之,侗族的信仰习俗表现了当人们日益摆脱温饱等生存危机的时候,"以歌功颂德为外在表象的祖先英雄祭祀也就出现了,甚至有的可以取代率先兴盛的农耕祭祀,但其根基却仍在那不可磨灭的农耕文明。"①

四 民俗文化旅游背景下的传统文化回归

每个民族的文化,都会随着社会的发展而发生与之相应的变化。新晃虽说地处大山之中,交通不便,但相对其他侗族边远地区来说,长期以来与汉族交往也较多,很多固有的生活方式深受汉族文化的影响,传统习俗大部分也已汉化。

在贡溪乡四路村,很少看到各种文献记载的青年男女情歌对唱,昔日温情脉脉的各种民俗活动已慢慢消失了。而此前,侗族人的择偶方式主要是通过行歌坐月、自由恋爱达成婚姻。赶场天、节日盛会时路边山头随处可见青年男女对唱情歌的场景,处处歌声嘹亮,清脆悦耳。据清人《百苗图》记载:"(侗族)未婚者,于平旷之所为月场。男弦而女歌,其清音不绝,与诸苗不同。相悦者,自行配合,亦名'跳月'。虽父母在旁观之,亦不为意也"。另据《黔记》中记载,"(侗族)未婚男子称曰'罗汉',女子曰'老信'。春日晴和,携酒食于高冈,男歌女和。相悦者以牛角盛酒欢饮,奔而苟合。"② 文中"月场"是指侗族青年男女的恋爱活动,后来又被称为"行歌坐月"。在侗族村寨中都有供青年男女社交用的"月堂"或"月场"。青年男女们"行歌坐月"的时候是以歌代言,并以芦笙、月琴、琵琶、木叶等伴奏。其实,中华人民共和国成立后直到改革开放前,贡溪乡四路村大体上沿袭了以前的恋爱婚姻习俗。青年男女基本

---

① 刘雨亭:《从农耕信仰到祖先崇拜——〈诗经〉周人祭歌中文化流变的探源性阐释》,《齐鲁学刊》1999年第2期,第22页。

② (明)郭子章:《黔记》,贵州省图书馆1966年油印本,贵阳市人民政府地名办公室1989年原刻蜡纸复制。

上通过玩山、坐夜来结识异性,他们利用芦笙会、斗牛节、赶场天、赶歌场等机会,中秋之夜"偷月亮菜",喝众茶,"以歌为媒"建立恋爱关系,然后再请媒人上门提亲来共结良缘。在举行婚庆的三天里,对歌依然是婚庆中最为吸引人和最具特色的习俗。

然而从20世纪80年代以后,男女对歌这种恋爱形式就逐渐淡化了。一方面由于义务教育的普及,男女青年从小就结识,用不着通过集体行歌坐月的方式去认识新的对象,而是可以单独行动找同学或校友谈情说爱;另一方面由于大多数孩子在学校念书,"少年学歌,老年教歌"的传统已渐渐消失,大多数孩子从小没有足够的时间跟着家中老人学唱歌,对山歌的掌握程度不高,有的唱情歌时唱歌和对白相结合,有的干脆就只说白话。虽然也有读小学六年级或读初中的学生早早地就谈恋爱的,如有女孩子在12岁就开始坐堂①,也有男孩子四处乱窜,到本村寨或邻近村寨找坐堂的小女孩们对歌谈情说爱的。但由于学校对早恋危害的宣传,所以大多数孩子还是不会过早参加这些活动。他们初中毕业之后,有的离开乡村去更高学历的学校深造,而大多数孩子为了生计,只能选择离开这个偏僻的村庄,外出打工赚钱。

据村里人介绍,近年到东南沿海打工的年轻人越来越多,四路村大多数村庄只剩下老人和小孩。每一个村寨外出打工的人都占大多数,村子也因青年人都出去南下打工而变得寂静而清冷。调查组所调查的这家,两个女儿,一个儿子,都出去打工了,只有两个老人和媳妇在家。媳妇也很想出去打工,但孩子太小,又不放心离开,准备等孩子稍大了再出去。而据已出去打工的人讲,他们在广东打工不仅可以赚到钱,而且还觉得外面有很多好看好玩的东西。他们感觉外面的世界确实比这里好多了,但同时又充满了压力和忧虑,没有家乡安全、自由自在,也没有在家时的温馨,他们只有拼命地干活,多劳多得,才能获得心理上的踏实。

据贡溪乡文化站工作人员介绍,现代生活方式如电视、电脑网络、手机网络的影响,新的娱乐方式的普及,使得现在的青年男女对跳"咚咚推"、玩山歌已经提不起多大的兴趣。过去通过跳"咚咚推"祭祀祖先、祈求农业丰收的朴实信仰,还有通过玩山来相互了解、培养感情的恋爱方

---

① 坐堂是指侗族几家女孩子夜里聚到一家做伴,等待男孩子们来夜访对歌。

式，都已经被现代文明冲刷得一干二净。交通的便捷，人与人之间往来的频繁，扩大了青年男女的活动范围。大家通过在校学习、外出打工等相互认识了解，双双出入影院、歌舞厅，取代了传统的恋爱习俗。流行歌曲、电视节目和手机上网等现代娱乐，以及集体娱乐方式如玩麻将、打拖拉机，进歌厅、舞厅、茶楼等对年轻人更具有吸引力。

可见，当前经济一体化的浪潮波及全球，面对强势而汹涌的西方文化、汉族文化，少数民族文化明显处于弱势。他们无力应对，只有通过改变自我来适应社会。但这样做的后果是，属于自己的具有民族特色的东西渐渐消失了。现在新晃侗族同胞受汉族文化同化的程度很深，他们中大多数人只穿汉族服装，不穿侗族服装，也更不会自己制作侗族服装。侗族山歌和傩戏等只留在中老年人的记忆里，年轻人大部分不愿意唱，所以也不会唱。新晃侗族种种具有民族特色的习俗正在慢慢消失，这一点在年轻一代身上表现更为明显，只有部分老年人在节日习俗、生活禁忌及婚丧礼俗等方面还保留着一定的传统。侗族"偷月亮菜"、喝众茶、斗牛等种种习俗大多本来就是属于年轻人的，但现在年轻人都出去了，传统的中秋习俗也渐渐走向消亡。当代侗族青年有的对侗族传统节会和传统习俗有的不太了解，不熟悉；有的侗族青年对本民族节日淡忘或不屑一顾，而把外国人的一些洋节日作为时尚来追逐，他们过异族节日的积极性超越了过本民族节日，时兴过西方的圣诞节、情人节、愚人节等。……侗族节日中很多具有民族性的、地域特色很浓厚的内容被现代文化所替代，内容变味、节日淡化、形式简化，现代化使侗族传统民族节日迷失了自己的方向。

诸多事实证明，各民族在应对外来文化侵入方面，要能保持自己独特的文化传统，才能独立于世界民族之林。有时候传统文化受到强烈的外在冲击，但在有了一定的经济基础后，民族聚居地区往往会出现传统文化反弹。清乾隆、嘉庆年间，侗族文化由于受到汉文化的冲击，年轻人盲目追求，造成自身文化和价值体系面临崩溃，社会秩序混乱，生产受到影响，传统文化的丢失带来巨大的负面影响。后来大家协商制定出保护本民族文化的法规，民族经济文化终于重新走向兴旺。20世纪90年代以来，随着经济全球化进程的不断深入，世界各国都面临着全球化带来的各方面的影响。大家深深地意识到，全球文化同一化背后潜藏着深刻的危险，各国各民族要避免文化的单一化趋势，特别是弱势民族要保持本土文化的本土性和民族性，因此，各国竞相兴起保护本土文化的运动。在中国，少数民族文化保护得到进一步的重视，各地相应制定了一系列的民族文化保护条例和措施，为保护少数民族文化建立了防范机制。

21世纪初，全球旅游业蓬勃发展，新晃侗族人也意识到了侗族民俗文化是发展民族经济不可多得的特色资源，新晃地方政府提出了"旅游兴县——打造夜郎文化"战略，大力发展民俗文化旅游，在这种战略思想的指引下，经过几年来的精心打造，以"夜郎文化"为品牌的古夜郎神秘之旅崭露头角，深受广大消费者青睐的旅游线路有新晃"生态风光游"、新晃"侗家休闲游"以及新晃"民俗风情游"等。盛大的篝火晚会每周六晚在新晃夜郎文体广场举行；在百里侗文化长廊，可以观看到具有侗族风情的文艺演出；在贡溪傩文化基地、侗民族风俗文化村，以及贡溪溶洞、夜郎谷漂流，游客在欣赏奇妙风景的同时，又领略了别具一格的侗族文化。

据贡溪乡四路村村主任龙知新[①]介绍，在贡溪乡四路村，侗家青年男女情歌对唱、观赏斗牛等节日活动也重新焕发出生机。游客节假日到新晃游玩，可参与侗家青年男女情歌对唱、观赏斗牛。还可到夜郎古乐城、夜郎寨、侗俗文化村、贡溪四路村天井寨，观看神奇的"咚咚推"傩文化表演，傩技师们会给游客带来许多惊奇。在夜郎寨、夜郎迎宾馆、新晃宾馆，游客可吃到侗家的"合拢宴"，参加篝火晚会。还可以一起参与侗家"耶罗耶"歌舞演唱，以及接新娘、背新娘等活动。平日里来到新晃的游客，可到贡溪天井寨文化村、中寨镇、扶罗镇、凉伞镇村民家中吃农家饭，一边饮酒吃饭，一边欣赏地地道道的酒歌演唱。还可以到神秘的地方请仙师"唱桃园洞""唱七姐"，驱邪避凶、祈神求福，等等，侗家山歌、"夜郎黄牛"、斗牛、侗族闹年锣等文化艺术节的传统也重新焕发了生机。侗族一直对牛很是推崇，远古时期，侗族祖先在祭祀神灵时，就把牛作为最好的吉祥之物奉献给神灵。祭祀开始之后，大家在一起载歌载舞，举行各种狂欢活动。为了娱神，他们有的头顶牛角模仿牛进行角斗，引来阵阵喝彩。现在斗牛活动已成为一种娱乐活动，大家在农闲或节日时举行斗牛活动，身心得到放松。新晃县借助斗牛这种优秀传统民俗文化，在新晃县

---

① 调查人：李琳。讲述人：龙知新，男，45岁，贡溪乡四路村村主任。

城东部创办了新晃"夜郎动物奥运村"。动物奥运村中的斗牛场设施完备，活动精彩，成为新晃发展旅游业、推动经济发展的一张名片。

近年来，新晃旅游部门为发展旅游业，对农家乐进行经济补助，帮助发展，同时对游客也给予优惠措施。各种民俗节庆活动频繁开展，如打糍粑、杀年猪、喝油茶等，种种文化娱乐更是吸引了广大旅游者。所以，现在越来越多的游客带着家人朋友来农家乐游玩，他们在风景秀丽空气新鲜的侗家山寨里，欣赏各种民俗表演，品尝各种好吃的侗族美食，获得了精神上的审美享受。

在旅游经济的发展下，新晃侗族传统文化又渐渐找回了自己的价值。侗族传统文化在年轻人身上渐渐消失，但在中老年人群体中却产生了文化民族化的强烈愿望和运动。侗族中年妇女又唱起了侗歌，侗装除了在中老年群体中渐渐流行之外，年轻的父母也开始为自己和孩子准备侗装，小学课堂里也有老师教孩子们唱侗歌了。为了保护和传承古老的民族文化"咚咚推"，当地政府投入了大笔资金，修建进村门楼、风雨桥、寨门、戏场、看台等。

总之，新晃侗族的各种信仰民俗文化具有古朴的原始遗风、鲜明的个性风格和强烈的农耕气息，它从古时先民们对天神、祖宗、英雄的宗教祭祀仪式里慢慢发展演变而来，始终蕴含着侗族人民对祖先和英雄的敬重。天井寨祖先由于战乱移民来到新晃，共同的祭祀与信仰增强了天井人的家族凝聚力，表达了他们对美好生活的憧憬和不怕艰难、积极建设家园的决心。这些民间信仰内容讲究伦理、规范道德，追求和谐，它以非强制的方式教育人们克己守法、和谐相处，维护了村寨与周边区域的稳定，对村寨民众的行为具有一定导向作用。侗族的各种信仰民俗文化是侗族人民经过几千年的劳动生产生活积淀下来的一种精神文化，也是侗族人民用智慧和勤劳共同创造、共同享受的一片幸福乐园，彰显了侗族独特的文化性格与审美情感，成为潜藏在侗族人民思维和哲学中的精神载体，是侗族人民世代相传下来的一笔十分宝贵的非物质文化遗产，具有极为重要的民族文化价值和民俗文化价值。

第四章　当代湖南地区信仰民俗的文化生态困境

改革开放以后湖南经济快速发展,"1981—1990 年 10 年间,全省国民生产总值年均增长率达 7.8%,使得 80 年代湖南经济增长翻一番的目标提前一年实现,经济建设、人民生活和综合省力都上了一个大台阶"①。21 世纪以来,湖南经济发展态势更是喜人:"全省国民生产总值由 2001 年的 3831.9 亿元上升到 2016 年的 31244.68 亿元,2016 年湖南省生产总值首次突破了 3 万亿元大关,总体增幅超过 8 倍,年均增长率超过 8%。"② 在经济飞速发展的短短几十年间,湖南社会经历了巨大的变化,也凸显出一系列难以协调的矛盾和日益突出的问题。"我们所接受的(现代化),是西方花了两个世纪的时间吸收并消化的东西,它进入中国只不过是短短的三十或四十年。"③ 作为中部一个多民族省份,湖南近几十年来确实在经济发展及其他方面取得了令世人瞩目的成就,但同时也在经济、社会、自然生态、民族身份认同、文化发展等方面出现问题,从而使湖南地区信仰民俗的外部系统环境更加复杂化,再加上信仰民俗自身有种种不足,湖南地区信仰民俗面临严峻的文化生态困境。

第一节　快速现代化背景下的湖南信仰民俗

当今社会已全面进入科技、信息时代,"科学技术迅猛发展,全球化

---

① 舒义田、黄吉:《1996—2010 湖南经济发展的大趋势》,《湖南经济》1995 年第 9 期。
② 尹少华、熊曦:《按照绿色化要求推进湖南产业结构调整与布局优化的政策建议》,《中南林业科技大学学报》(社会科学版)2017 第 1 期。
③ 范丽珠等:《当代世界宗教学研究》,时事出版社 2006 年版,第 94 页。

趋势在不断增强，它终将使任何一个民族都卷入世界文化发展潮流。在全球化浪潮中，每个民族对自己的文化都承担着守护者责任"①。在快速现代化的社会背景中稍不留意，我们就会失去赖以生存的传统文化之根，守卫传统信仰民俗文化在快速现代化的背景下更显得任重而道远。

一 信仰民俗文化在社会经济环境巨变中的适应危机

在经济全球化的过程中，经济的发展带来了普通民众对精神文化需求的高涨，"各地区文化的不断交流、碰撞、融合，使民众的价值观和主流意识也随之悄然发生变化，文化的先导性作用进一步凸显。"② 湖湘信仰民俗是湖湘传统文化与民俗文化的重要构成，是普通百姓日常生活化的产物，涵养极广，"从岁时节庆、婚丧嫁娶、禳解治病到庆祝丰收、祈求风调雨顺等乃至政治生活、军事斗争，几乎无所不在无所不包"③，极大地满足了湖湘民众的精神生活需求。社会经济环境的巨变，使每一个国家、每一个地区、每一个民族的文化发展，都潜移默化地受到世界文化发展的影响，"在全球化浪潮中，每个民族对自己的文化都承担着守护者责任"④，但在全球化的时代巨变中湖湘信仰民俗文化却面临着文化适应的种种危机。

湖南地区由于多山地丘陵、大江大河，地理环境比较闭塞，社会环境也相对封闭，数千年来以自给自足的小农经济为主，村民生活方式相对固定单一，地区间的交流较少，没有形成统一的民间信仰神灵，而是纷繁芜杂、多神共存的局面。以前集体务农种田的时候，农闲时大家敬神拜佛，一方面可以打发休闲的时光；另一方面又可以为祈求家人平安、庄稼丰收，久婚不孕者或没有男孩者还可以求神赐子等。"随着社会转型和市场经济的发展，农村的产业结构也发生了变化，整个村子由一开始的集体务农的农业社区开始向工商业社区转变了。"⑤ 社会分工的多样化使村民们

---

① 吴云：《关于文化传统、文化变迁及文化建设的思考》，《社会科学战线》1997年第3期。
② 林国平：《民间宗教的复兴与当代中国社会——以福建为研究中心》，《世界宗教研究》2009年第4期。
③ 张祝平：《论民间信仰文化生态系统的当代建构》，《浙江学刊》2013年第3期。
④ 吴云：《关于文化传统、文化变迁及文化建设的思考》，《社会科学战线》1997年第3期。
⑤ 姜雪：《现代性语境下的保家仙信仰及其实践》，硕士学位论文，辽宁大学，2014年。

所从事的工作也开始多样化，脱离农业之后的村民开始从事其他产业的工作，由于受活动场所和时间的限制，对于信仰民俗便没怎么在意了。"民间宗教多产生于封建社会，其经济基础是小农经济，其思想来源是儒道释三教的融合，教义也充斥着封建伦理道德的说教，在管理模式上多采取家族制度统治，在传播方式上多采取秘密流传。而当今社会，正处于农业社会向工业文明转型时期，民间宗教的教义中有些内容与现代社会不相适应，管理模式和传播方式也需要改革，不能与时俱进，就会被时代所淘汰。"①

湖南信仰民俗文化是湖湘人民在漫长的历史发展过程中创造的民族文化，涵盖了湖湘多个民族的道德价值观念、生产生活方式及民族心理。经过几千年的历史积淀，她已经深深地融入湖湘各个不同民族多姿多彩的民俗活动和日常生活中，呈现出丰富的内涵和独特的魅力，成为湖湘民众特有的文化生活方式。但"现代性动摇了拥有固定传统和信仰的世界"②，现代性的风潮也波及湖南普通民众的日常生活。随着农村由落后向现代化不断发展，过去贫穷封闭的村子安上了现代化的水电及通信设备，道路也修得平坦又宽敞。村民的生活方式更加丰富多彩了，他们的生活节奏开始发生很大变化。以前传统的农业生产有农忙和农闲时节之分，农闲时，村民们没有那么多农活，可以经常互相串门、唠家常，可是现在即使是农闲时，村民也可以打零工或者做点其他小买卖，村民间的沟通和互动日益减少。同时，经济生活的逐渐富裕使村民几乎每家每户都有电视机、电脑、互联网手机等现代化的交流工具，生活交往方式更具现代性。看电视、玩手机取代了面对面交流，电视、网络开始成为村民与外界交流的主要渠道。在这种情况下，传统的信仰民俗文化逐渐被忙于生计的人们冷落。"这一时期，村民的生产方式和家庭收入都出现了很大的分化，随后的影响便是作为共同体的村落凝聚力的下降。可以看到，村落的民间信仰也日趋淡薄，人们开始对事在人为更有信心。而且，从人们在祭祀活动中对信仰仪式的履行上看，民众的信仰行为也更趋向简单化。"③ 农村生活条件

---

① 林国平：《民间宗教的复兴与当代中国社会——以福建为研究中心》，《世界宗教研究》2009年第4期。
② [匈]阿格尼丝·赫勒：《现代性理论》，李瑞华译，商务印书馆2005年版，第51页。
③ 赵可欣：《民间信仰传承的困境分析——基于福建M村的调查》，《商》2016年第7期。

的改善、生活时间和生活空间的扩展，使村民的思想观念也受到极大冲击，现代时尚的活动如广场舞、健身操、微信、旅游等渐渐占据主导地位，信仰民俗开始遭遇不受重视的困境。

民间信仰多产生于原始农耕社会，在封建小农经济中得到发展，融合了原始宗教与儒道释三教，在当今中国由农业向工业化社会转化的过程中，信仰民俗中的巫术与封建伦理显得与现代社会格格不入。所以，产生于农耕社会和封建小农经济中的湖南地区信仰民俗，如何在适应已经趋向高度现代化的湖南社会的同时保持自己独特的文化底蕴？如何把握好封建迷信与民族文化的区别？如何加快信仰民俗法治化的道路？如何让信仰民俗文化促进湖南经济文化发展？总之，社会经济环境巨变使湖南信仰民俗面临严重的挑战，其今后的发展或衰亡与其自身的自我调节能力、适应能力息息相关。

二 代际差异下的信仰民俗断裂化

现代社会城市化进程加快，很多村落被并入城市，而有些村落则在城市化进程中面临被年轻人抛弃的命运。在湖南的多数农村，留下的主要是老年人和孩子，青壮年大多进城务工赚钱去了，他们有的远在外地务工，有的则在邻近城市打工，日常缺少和长辈交流，他们和传统文化的接触也越来越少，有些年轻人的思想意识、日常饮食、生活方式和生活习惯已完全西化。民间信仰活动主要以中老年人为主，难以延续到年轻一代，从而面临失传的危机。

但年轻人远离信仰民俗活动并不是造成湖南民间信仰断裂化的主要原因，其实现代教育与传统文化的脱节也是重要原因。"改革开放以来，社会对教育的重视就有增无减，高学历、受过良好教育是社会流动的阶梯。尤其是在农村，上大学意味着走上了成功的捷径，学习成绩好是连带着父母都一起沾光的事情。因此，学校教育和家庭教育都缺少对孩子传统民间文化的灌输。"[①] 所以说，年轻人渐渐缺少传统民间习俗的熏陶了，他们中的大多数人已很少关注春节祭祀祖先等相关文化与禁忌，也不熟悉各种

---

① 姜雪：《现代性语境下的保家仙信仰及其实践》，硕士学位论文，辽宁大学，2014年，第21页。

人生仪礼如成年礼、婚礼、丧葬等各种仪式规范；他们只关注谁谁发财了，谁谁家的孩子学习特别好，考上了名牌大学；他们不太喜欢乡村的各种生活习俗，反感老人的"迂腐古板"；他们可以援引教科书上的"封建迷信"来指责老人们的传统文化观念。很多年轻人已与传统乡村文化渐行渐远。

可以说，现代教育对传统文化的过分摒弃，使教育与现实生活不协调造成传统文化难以为继。改革开放以来，传统民间信仰文化在某些经济活动领域重新焕发出生机。但20世纪80年代以后，新生的一代年轻人却对民间信仰等传统文化总体上不太感兴趣，其主要原因是他们所接受的学校教育轻视中国传统文化，注重科学理性，受西方文化影响更大，所以他们潜移默化地对传统习俗产生天然的抗拒与偏见。"另一方面，我们也要注意到，近三十年我国的传统民间信仰习俗总体上还处于复苏时期，无论是信仰仪式活动，还是道德教化方式、传播方式都谈不上创新和变化，缺乏现代气息，对充满现代意识和'游戏精神'的年轻人显然不具有吸引力。因此，随着熟悉民间信仰又乐于参加民间信仰活动的老年人的逐渐退出，支撑民间信仰的中坚力量在减弱，传统信仰习俗和民俗文化传承面临后继乏人和整体断裂的威胁。"[1]

信仰民俗作为一种分散性的宗教，注重个人化的信仰体验，信仰者特别看重个人与神灵的沟通。这种分散性、个体性的特征不能形成融洽的群体互动，不利于信仰者在群体中寻找到一种归宿感，而其他制度性的宗教更具有组织性、社会性和公共性，也就能很好地弥补这一缺陷。现在农村的年轻人进入城市务工，需要尽快地适应城市生活，但信仰民俗无法形成规范化的群众组织，也无法为独自在异乡打拼的年轻人提供可以依赖的信仰群体。而有组织的宗教信仰特别是基督教，却能为教徒提供归宿感，使群体具有更强的凝聚力。

"年轻人社会意识的变化，使得民间信仰的传承和延续受到冲击，民间信仰热情的代际差异日渐明显，对民间信仰文化传承构成断裂威胁。"[2]

---

[1] 金泽：《能否和谐发展：民间信仰面临的挑战与选择》，《福建省社会主义学院学报》2006年第1期。

[2] 赵可欣：《民间信仰传承的困境分析——基于福建M村的调查》，《商》2016年第7期。

年轻人对信仰民俗活动的冷漠一方面是现代社会进步的结果，另一方面也是因为民间信仰往往缺少年轻人喜欢的新鲜感。无论是祭祀仪式还是传播方式，信仰民俗都显得缺乏新意，年轻人完全不感兴趣。不少年轻人主要是受长辈的影响和宣传而加入了信仰民俗的行列，但年轻人对于信仰民俗的各种程序和礼仪并不是很懂，也没有去主动了解。可以想象，等到若干年后，村子里大部分人都迁往外地，留在村里的年轻一代能够将信仰民俗及其他民俗活动传承下去吗？"随着时间的推移，不是民间信仰变得更有价值，更有历史文化底蕴了，而是民间信仰在代际之间的传承与发展会止步不前，代际差异也成为民间信仰是否能够传承下去的重要影响因素"。或许，人们认为信仰民俗这些传统文化出现代际差异是理所当然的，甚至他们认为，随着教育的普及，人们文化程度越来越高，社会分工越来越细化，宗教都会走向衰落。但信仰民俗是一个民族文化的标志，"民间信仰不只是流于形式，它的取缔涉及心灵上的革命"①。

三 政策环境的不确定性及信仰民俗"欠合法性"存在的风险

在现实生活中，信仰民俗属于多神崇拜，组织松散，没有系统化的制度、仪式及经典，因而不会与主流政权形成较大的对抗，更不会威胁到政权稳定，它是民间大众普遍化的风俗与生活方式。因此，"民间信仰所营造和实践的多样性、宽容性的宗教环境和宗教文化，成为我国千百年来各种宗教、各种信仰，特别是外来宗教在中华大地上能够和谐相处、和睦共存的重要基础和传统"②。历史上信仰民俗是道教、佛教等制度化宗教的有益补充，与佛道互相融合，有些还被吸收进佛教道教中。虽然历史上统治者禁淫祀主要针对的就是一些未能进入国家祀典的信仰民俗，但总的来说，统治者对大多数信仰民俗是默许的。很多进入国家祀典的神灵来源于信仰民俗，如五岳、四渎祭祀，还有各种有功有德的神灵等，他们首先是在民间影响很大，然后才被国家纳入祀典。

但在鼓励宗教信仰自由的今天，尚未有国家法律政策认可信仰民俗，也没有专门的机构和法规来负责信仰民俗方面的管理。界限模糊的法律与

---

① 郭于华：《仪式与社会变迁》，社会科学文献出版社2000年版，第251页。
② 张剑：《关于我国民间信仰问题的理论政策思考》，《中国宗教》2000年第7期。

政策使地方职能部门对信仰民俗的管理充满了各种复杂的人际关系、权力关系、利益关系。尤其是当信仰民俗与其他制度性宗教在地方社会发生一些冲突性事件时，很容易呈现一种"规则缺失、但见关系"的普遍状态。其实，"规则缺失"的现象不仅仅体现在不同信仰关系的交往层面，它同时也是一种带有普遍性的社会现象。当今社会，随着中国社会经济的迅速发展，人们在道德伦理层面却出现了滑坡现象，道德底线频遭考验，诚信缺失等，规则不确定的时代促使人人自危。这些都折射出人们无视社会规则所导致的各种冷漠，自我权利意识虽然加强了，但规则意识却出现了严重缺失。在信仰层面，各种问题也是层出不穷。从假大师、假僧泛滥的"江湖骗局"到"借教敛财""寺庙上市""官场巫术盛行"等，都反映了信仰表达过程中的各种混乱与不规则。信仰表达的规范与社会交往等问题复杂交织，无不反映了信仰关系的公开性，乃至公共规则的严重缺失。

另外，在城镇化建设发展进程中，城市管理者只注重土地开发和楼堂馆所的建设，却忽略了乡村悠久的传统文化和信仰民俗的保护。村民对本乡本土的传统文化和习俗了解很少，也缺乏对传统信仰民俗的保护意识，导致民族文化的家庭代际传承出现问题。"大批量地建造和翻新住房造成与本地传统特色建筑和乡土风貌的不协调，也割裂了村落原生态风格的延续，割裂了民间文化的传承。"①

更为常见的是，有的地方政府还将信仰民俗视为封建迷信予以打压。因为受历史原因影响，从五四新文化运动至今，中国主流话语中的信仰民俗总是和封建迷信等同起来。对此，有学者一针见血地指出："至于封建迷信，本身就不是科学概念。一者迷信并不限于封建时代，二者迷信是所有宗教的共同特征，非独民间宗教为然。迷信上帝与迷信雨神之间并无本质的差别，到教堂里去和到宗祠里去也无高下之别。封建迷信也不是一个法制概念，而我们应当限制的是妨碍社会公共秩序的违法行为，并非人们的鬼神观念及活动。"②

信仰民俗就是封建迷信的思想一直都存在，这种思想严重制约了信仰

---

① 侯莹：《城镇化视阈下少数民族民间信仰的困境和调适探析——以滇越边境地区为例》，《经营管理者》2016 年第 28 期。

② 牟钟鉴：《对中国民间宗教要有一个新的认识》，《中国民族报》2008 年 11 月 11 日第 6 版。

民俗的传承与发展。在现实生活中，当人们遇到自身无法预料或掌控的事情时，往往会寄希望于神灵保佑。他们虔诚地对神灵膜拜，更多的是希望获得安抚，从而对未知的结果满怀期待。在村民的日常生活中，村民既相信科学知识，又希望神灵保佑。在他们的思想里，科学与"迷信"并不是对立冲突的关系。中国人民大学人类学著名学者庄孔韶也曾说："科学和宗教是两条路上跑的车，不会碰撞。"① 现实生活中，人们拜神祈福，不但将仪式简单化，而且他们目的也很简单直接，就是一种了却个人心愿的行为，并不需要各种繁杂的程序和仪式。村民们总是把生产和生活安排得井井有条，他们可以把科学和信仰民俗都和谐地利用起来，充分发挥它们各自在物质和精神层面的作用，从而将社会生活安排得丰富多彩。在现代社会，信仰民俗并不能完全被科学取代，不仅因为信仰民俗是普罗大众的精神支柱，也在于信仰民俗具有超然的因果关系。信仰民俗并不是清晰独立存在的，它融入到了民众的生产、生活中。虽然在学术话语中信仰民俗似乎是非理性的，但在普通民众那里，信仰民俗就是他们真实的零碎化的日常生活片断，是普通民众真实的心理反应。

第二节 转型期西方宗教文化冲击下的湖南信仰民俗

中国从古至今就是一个多民族共存、民族文化高度融合的国家，多元文化共生状态中的宗教文化更是璀璨多姿，五大制度化宗教和内容庞杂的信仰民俗，给中国人的信仰自由相当大的选择空间与实践的可能。"民间信仰是人类历史上长期存在并将继续长期存在的一种宗教现象，它在组织模式上具有不同于制度化宗教的特点，它没有制度化宗教所有的固定专门的神职人员，没有严格的教阶制度和正式的入教仪式。"② 信仰民俗来去自由，没有什么人身依附或约束，一般是多神崇拜。但随着社会的发展进步，在近现代西方文明的影响下，中国的传统文化包括民族民间宗教信仰被认为是落后迷信的东西。在湖南地区的社会发生急剧变化的转型时期，

---

① 林国平：《民间宗教的复兴与当代中国社会——以福建为研究中心》，《世界宗教研究》2009年第4期。

② 张祝平：《论民间信仰文化生态系统的当代建构》，《浙江学刊》2013年第3期。

信仰民俗作为中国传统文化的代表，更是面临着以基督教为代表的西方宗教文化的巨大冲击。

一 历史上湖南传统宗教文化与西方宗教的冲突

自19世纪中期鸦片战争西方列强倚仗长枪大炮入侵中国之后，西方列强在对中国进行疯狂的经济侵略的同时，文化上的侵略也不可忽略。各国在华基督教事业飞速发展，湖南地区成了西方传教士竞相抢占的一个区域，旧教天主教和新教耶稣教在湖南地区都有各自传教的据点。"到20世纪20年代，西方各国在湖南地区传教的达到了20余种教派，到1905年，建立的各种教堂总计48座，教徒人数达5926人，到1918年本省教堂及布道区共472处，受洗信徒逾万。"[①]

但湖南地区历来受中国传统文化影响较深，民众从上至下都排斥外来宗教，自基督教传入之日起，湖南就成为一个教案多发地区。在这种情况之下，西方传教士认为"只有战争能开发中国给基督"[②]。传教士们在华的传教事业是伴随着西方列强的坚船利炮和不平等条约打进来的，殖民主义色彩非常鲜明。这些西方传教士企图彻底推翻和替代中国的传统文化和民间信仰，彻底否定儒教的基本价值。这种强烈的殖民文化色彩，使历史上的基督教与中国文化发生不同程度的冲突。如19世纪60年代初传教士方来远在不平等条约的保护下进入湖南衡州，他们借着合法传教的名义，强买民房，强征土地，用来大建教堂，为扩大势力，他们还将一些地痞流氓、恶霸无赖吸收进来当教徒，这些打手和帮凶更是依恃教会势力欺侮良民、横行乡里，衡州府民众纷纷结集起来，赶走了方来远，"方来远因不能回衡州，又悄悄到了湘潭，他要求县衙退回以前被封闭的教堂，并又在湘潭占民房作住房。衡州的反教波及到了湘潭，湘潭考生三千余人举行大规模集会，控诉天主教，并焚烧了天主教堂，方来远逃往汉口。清政府答应赔修被烧教堂，并将湘潭、衡阳、清泉三县知县革职，而且还答应了方来远提出的七项要求。"[③] 湖南另一起影响较大的反洋教案是宁乡人周汉

---

① 冀花芳：《湖南非基督教运动研究》，硕士学位论文，湘潭大学，2014年，第4页。
② 《中国与十字架》，转引自顾长声《传教士与近代中国》，上海人民出版社1981年版，第47页。
③ 丁平一：《基督教在近代湖南受抵及原因》，《船山学刊》2001年第4期，第126页。

反洋教，发生在1892年到1898年，是全国教案中持续时间最长，在全国有较大影响的一个教案。近代湖南教案中表现出来的文化习俗冲突，实质上是中国传统乡土文化在外来强势文化冲击下的一种本能反击。基督教作为帝国主义侵略挟裹下不平等条约的附加品，它的所作所为突破了中国民族文化容忍的极限，极易引起民族矛盾，它伤害了中国人的民族自尊心从而引起强烈的社会反弹。

二 转型期基督教的迅速扩张与湖南信仰民俗依存空间的消解

从20世纪80年代以来，中国人的信仰危机就被世人所关注，社会变迁带给人们的应该不仅仅是物质生活的极大满足，还有更为重要的精神问题。1980年以后中国改革开放的力度加强，基督教及其他西方宗教在湖南传教的范围更是深入到了大街小巷及各个乡村，随着湖南省长沙市基督教城北堂的率先重新开放，湖南基督教发展空前繁荣。据官方在2009年的统计数据显示，湖南全省现有基督教堂1170多个，基督教徒超过了44万人，专门从事传教及其他教堂日常事务管理工作的教职人员达990人以上。"湖南教会现有湖南省基督教三自爱国运动委员会和湖南省基督教协会两个全省性爱国团体，除张家界外的13个市州都成立了爱国组织，全省100多个县市里只有47个县（市）成立了爱国组织。"① 而原真耶稣教的发展也不容小觑，截止到2016年，"其信徒总数约7.5万人，堂点376所，神职人员约90人。"②

其实基督教的空前发展和我国社会转型时期人们的心理特点及基督教本身的特点息息相关。"快速运转和高度竞争的社会给人们带来了很大的精神压力，造成了人们心理上的紧张，民间信仰是一种松散的团体，对信众没有组织上的约束力，而基督教实行小团体，要求严格，更能吸引信众。"③ 基督教作为一种体系严密完善的制度性宗教，似乎比松散性的民间信仰对民众更具吸引力，因为它满足了信教群众对群体归属感的需求。每个人都渴望得到他人的照顾与关怀，没有等级之分，没有利益纷争，在

---

① 丁平一：《基督教在近代湖南受抵及其原因》，《船山学刊》2001年第4期。
② 湖南省民宗委：《湖南基督教概况》，2016年11月07日（http://www.hunanmw.gov.cn/tslm_71320/hnzj/zjgk/201009/t20100909_2057373.html）。
③ 李华伟：《乡村公共空间的变迁与民众生活秩序的建构》，《民俗研究》2008年第4期。

这样的一个群体里大家平等交往，相互关心，人人都能感觉组织的温暖。此外，"基督教等西方宗教，有悠久的宗教史、有明确的宗教教义，有固定的宗教仪式活动，有境遇相似、并能推心置腹的教友，也有对教徒日常行为的规束等等，内容丰富，形式新颖，不仅为人带来欢乐和健康，使社团一致，人际关系和谐，精神得到超越，还能给信众很多现实的帮助，解决他们实际生活中遇到的很多的困难，从而征服了信教群众的心。"① 如历史上一直为主流社会所排斥的湘西各少数民族，居住在偏远闭塞的山区，被汉族及其他占主导地位的民族打压，经济发展极为落后缓慢。改革开放以来，湘西各山村虽然在经济发展和民众物质生活水平上有了显著提高，但人们日益增长的精神文化生活需求却难以得到满足，日复一日的日子本来就单调乏味，再加上农村经济需要风调雨顺，各种自然灾害对庄稼收成是致命的打击，湘西少数民族农民的社会处境特别艰难，承受着巨大的心理压力，他们极度渴望被"拯救"。但由于各类社会机构在这方面所起的作用有限，特别是现代社会人们在社区中难以找到理想的群体进行交往。在这种情况下，基督教这种打着平等博爱旗帜的宗教在湘西广大农村很有市场。"基督教有固定的活动时间和地点，为劳作之余精神无处寄托的村民提供了一个聚会、交流和娱乐的场所，改善了农村的文化生活，也吸引了一些村民加入基督教。基督教给了村民一个释放内心积郁的空间，他们在上帝面前祈祷、忏悔，在宗教仪式上尽情地抒发情感，将内心的痛苦与烦恼宣泄出来，相信上帝一定能拯救自己，并且深信自己死后能进入天堂。就这样，在宗教仪式中人们的身心都得到了放松。"②

因此，"在基督教这种国家承认、支持，又有着先进、强大话语系统的宗教面前，湖南地区的传统信仰显然非常不自信，并导致其文化主体性越来越脆弱，进而影响到湖湘民众对自己原本坚守的信仰和文化的不自信。外国教会对某些习俗的干预和冲击是根本性的，使无论是平民还是教民都陷在一种偏离社会常轨而又无所适从的境地。但它造成信仰的缺失、道德的滑坡、价值观念的混乱，特别使中华传统信仰边缘化，严重萎缩，

---

① 李美莲：《基督教在近代湘西的传入及其影响研究》，硕士学位论文，吉首大学，2012年，第23页。

② 邵骏：《管窥"天津教案"中的儒教与基督教文化冲突——从各自代言人文化价值观的视角解析》，《魅力中国》2008年第10期。

留下很大的精神空白,被各种不可控的力量以并非健康的方式所填补。例如基督教在中国大陆数十年间挟其背后西方的强势力量飞速发展,是数百年来外国传教士梦想而不可得的,严重损坏了多元和谐的宗教文化生态"。①

但学术界还普遍认同的是,基督教在湖南的空前发展,与湖南各民族一直以来就有的"崇巫尚蛊"的文化传统和极普遍的鬼神观念是息息相关的,广大群众中普遍存在的鬼神观念是基督教发展的沃土,既然已有的鬼神信仰被主流意识形态认为是封建迷信,不能正大光明地进行祭祀,那么他们只能改信有国家法律政策保护的基督教。正是在信仰对象上进行的一种转移或移情,使基督教成了湘西农民原有宗教的替代品。

"由于基督教等西方宗教在传播中不仅否定传统民间信仰的合理性,而且肢解其文化主体性。"② 基督教的有些规定甚至以高人一等的姿态歧视中华文明、否认中华文明,它面向广大教民的宣传使信仰民俗的正当性受到侵蚀,湖南广大农村不同信仰群体的各种矛盾更加激化,本就已经不太稳定的社会秩序受到更大的挑战与破坏。"基督教本身的独特要求和中国人的文化优越感及民俗信仰存在着基本矛盾,导致冲突在所难免。"③在湖南地区广大乡民的日常生活中,信奉祖宗崇拜等民间传统信仰的村民与改信基督教的村民,二者之间的矛盾似乎是与生俱来的,具体表现为一神信仰与多神崇拜,平等思想与等级观念,追求来世与关怀现实、宗教仪式与伦理风俗、宗教慈善与传统秩序、外来宗教与土著宗教等六个方面的冲突,由于基督教等西方宗教在对教民的宣传中,要求他们不能供奉各种土地神、山神、水神及其他各种湘湘本土的民间信仰,这是有着几千年传统民间信仰的民众所不能忍受的。特别在过年过节等仪式感特别强的重要日子,村民习惯要祭拜祖先,请先祖们回家过年,有的村民还要挂上世代相传的族谱,表达自己的虔诚之心,但基督徒们反对这些最基本的传统祭祀活动。特别是中国人最为讲究的葬礼上,基督教反对为逝去的亲人披麻戴孝,也不允许哭送亡者,这往往引起家庭内部信教者和不信教者极大的

---

① 陈丽丽:《宗教市场论视域下的黑龙江省农村基督教家庭教会研究》,硕士学位论文,黑龙江大学,2015年。
② 程歗、张鸣:《晚清教案中的习俗冲突》,《历史档案》1996年第4期。
③ 杨宏山:《皖东农村"基督教热"调查与思考》,《江淮论坛》1994年第4期。

冲突与矛盾。

虽然不可否认，西方基督教文化与信仰民俗文化都有各自的优点，相互学习与借鉴是必要的，盲目排外只会故步自封，但文化自信认为坚持自己的文化特色才能自立于世界民族之林。"我们对民族民间宗教信仰特别是民间信仰，不仅认识上存在着许多误读与盲区，同时在管理引导上也存在缺位与失范。"① 信仰民俗是中国传统文化之根，即使曾经庙宇被拆、神像被毁，它仍然存在于普通老百姓之中，牟钟鉴先生就曾这样阐述过中国信仰民俗的文化功能："民间宗法性传统宗教以天神崇拜和祖先崇拜为核心，以社稷、日月、山川等自然崇拜为羽翼，以其他多种鬼神崇拜为补充，形成相对稳定的郊社制度、宗庙制度以及其他祭祀制度，成为中国宗法等级社会礼俗的重要组成部分，是维系社会秩序和家族体系的精神力量，是慰藉中国人心灵的精神源泉。"②

第三节 世俗化冲击下的湖南信仰民俗

中华人民共和国成立以来，马克思主义思想占领了湖南的社会生活和公共文化等全部的意识形态领域，信仰民俗被视为封建迷信遭到取缔。改革开放后，经济高度发展，但现代性带给人们的不仅仅只是制度的文明和物质的繁荣，人们内心深处感到信仰缺失，感到精神迷茫，民间信仰文化作为普通百姓日常生活化的产物又重新进入了湖南乡土社会。"现代性是一种世俗化了的圣经信仰，彼岸的圣经信仰已经被彻底此岸化了。简单来说，不再对天堂生活充满希望，而是凭借纯粹人类的手段在尘世上建立天堂。"③ 在湖南的城市和乡村，由于广大市民和乡民们的工作分工越来越细，他们的各种需求也逐渐多样化，神佛的功能也为适应这些私人化需求而转向多样化。现代性社会信仰的私人化使民间信仰逐渐转向每个个体的生活体验，转向个人的世俗化需求，信仰民俗开始受到世俗化的冲击。

---

① 王爱国：《民族民间宗教信仰对于宗教生态平衡机制的维系》，《中国民族报》2010年1月12日第6版。
② 牟钟鉴：《中国宗教通史》（修订本）上册，社会科学文献出版社2003年版，第7页。
③ 康德：《康德著作全集》（第4、6、9卷），中国人民大学出版社2010年版。

一 文化消费的娱乐化倾向与传统信仰民俗神圣性的消解

"民间信仰是普通百姓日常生活化的产物,信仰行为和仪式所表达的都是广大乡民生活中的种种美好意愿。从岁时节庆、婚丧嫁娶、攘祸治病到庆祝丰收、祈求风调雨顺等乃至政治生活、军事斗争,几乎无所不在、无所不包。对于促进天人和谐、调适个人心理、促进道德教化、整合社会秩序等有其积极作用。"① 在自古以来巫风浓厚的湖南乡村,各种庙会、"酬神""媚神"活动,还有各种节日祭祀活动,使那些日复一日过着单调重复生活的民众有了进行人际交往的正当理由,能使他们身心得到愉悦。特别是在那些落后偏远、文化生活相对比较贫乏的乡村,民间信仰的这种娱乐功能,极大地丰富了当地村民们的精神文化生活,得到了他们的广泛欢迎。

最突出的是那些同民间宗教信仰相关联的节庆活动,如湖南汨罗的龙舟竞渡,其实在远古时代就已经产生,主要是在五月初五恶日以竞渡来禳灾祈福,祛除瘟疫,后来因为屈原在五月初五自沉汨罗江,逐渐演变为祭祀屈原、纪念屈原。在当代的文化变迁中,禳灾祈福、祛除瘟疫、纪念屈原都已不是大家过端午节的主要目的了,大多数人只把端午节当成一个可以放假、可以娱乐放松的节日。如2015年端午节前后网络和微信圈里疯传"一定不能说端午快乐,要说端午安康",理由据说是有专家考证端午主要源于祭祀,说端午快乐显得没文化,但广大的网友们可不买账:"为什么我就不能说端午节快乐,我就要端午节快乐,我的快乐我做主。"其实很多非遗保护节日如火把节、泼水节等等,也都是由最开始的祭祀而演变为娱乐性较强的节日。非遗项目和信仰民俗之间的关联其实是众所周知的事实,但我们不能因为它起源于原始宗教祭祀就认定它一定是落后的迷信的。这些非遗项目在传承的过程中紧跟现代文明的步伐,其宗教性逐渐不为普通民众所熟知,而世俗性和娱乐性日益加强则成了总的趋势,所以我们在实施非遗保护时,"要以科学态度顺应这一趋势,促使其朝向更文

---

① 王冬丽:《试论宗教的功能与和谐社会的构建》,《广东省社会主义学院学报》2005年第3期。

明健康的方向持续发展"①。

　　虽然现代社会娱乐方式越来越多，层出不穷的电影、电视、网络游戏抢占了大部分年轻人群体，传统的信仰民俗娱乐活动对年轻人越来越缺乏吸引力，但在广大农村民众繁忙紧张的劳作生产之余，节日中信仰民俗的作用还是影响很大的。"中国的岁时节日体现了农耕生产的节律，节日中的游艺活动则是必不可少的精彩音符。"② 所谓"文武之道，一张一弛"，如七月七日乞巧节，女子在七月初七晚上向织女乞求智慧和巧艺，并穿针乞巧，即比赛谁穿针引线快，谁就"得巧"。古代乞巧节的游戏能让那些在深闺中的女子从日复一日枯燥乏味的劳动中短暂解放出来，她们在七月初七晚上聚在一起游戏，聊天交流，在游戏与娱乐中缓解心中的抑郁烦恼，调节身心。

　　但是信仰民俗中的娱乐也是有限度的，过度追求娱乐化甚至不惜将低俗下流的内容引入其中，会消解我们对信仰民俗神圣性神秘性的预期。"有些地方在举办民间信仰活动时，一些策划者们或为谋利或为迎合或为屈从娱乐性，'创新意识'得到充分张扬，民间信仰也因现代艺术手段的充分使用而变得更加绚丽多彩，或因种种低俗化、庸俗化、媚俗化的表演而只为博得游客的一时欢笑。"③ 信仰民俗在起源之初，无论在内容还是在思想意义上都是神圣而深刻的，虽然在后来的发展过程中，娱乐化世俗性慢慢加强，但过度娱乐只能让民众对信仰民俗越来越失去敬仰与兴趣。

　　"多元文化的蜂拥而至对于村民有限的知识储备来说应接不暇，形形色色的现代娱乐活动使得他们对传统信仰的记忆不断淡化，在潜移默化的过程中改变了村民的思维习惯和行为方式。"④ 笔者在湖南地区各乡村的田野调查中了解到，改革开放之前及初期，农村生活都比较单调朴实，大家都缺乏娱乐活动，主要是在一起聊聊天，看场电影就是最让人满足的文

---

　　① 刘守华：《非遗保护热潮中的困惑与思考》，《文化学刊》2009 年第 2 期。
　　② 王爱国：《民族民间宗教信仰对于宗教生态平衡机制的维系》，《中国民族报》2010 年 1 月 12 日第 6 版。
　　③ 鲍蜀生、顾清：《关于非法小庙问题的调查与思考——以江苏为例》，《江苏省社会主义学院学报》2014 年第 2 期。
　　④ 王爱国： 《民族民间宗教信仰对于宗教生态平衡机制的维系》，共识网（http://new.21ccom.ne2010）。

化娱乐活动了。后来随着改革开放的逐步深入，经济快速发展起来，家家户户买了电视机、电脑，大多数人都有了智能手机，都开始学会上网、玩微信，有的村民还买了洋气的小轿车，全家出去旅游观光，这些变化都极大地冲击着村民曾经保守传统的思想观念。由于经济快速发展使人们过度崇拜金钱，一切以金钱为主要目标，有的甚至借信仰民俗娱乐大众、愚弄百姓来达到追求经济效益的目的。那些曾经十分信仰传统民间神灵、相信善有善报、恶有恶报的部分中老年人，看到一些村民靠不正当手段发财致富也没有遭到报应，开始对信仰产生怀疑。对金钱的过于热衷使很多人唯利是图，而信仰的缺失又使他们的精神世界极其空虚，有的人热衷于打牌赌博、看相算命，民间信仰成为他们娱乐的噱头和敛财的工具，其文化教育功能却渐渐被人们所淡忘。

二 现代性语境下湖南信仰民俗的功利化

20世纪80年代，费孝通在他的《美国与美国人》中就指出了中国人鬼神崇拜的功利性："我们对鬼神也很实际，供奉他们为的是风调雨顺，为的是免灾逃祸。我们的祭祀有点像请客、疏通、贿赂。……鬼神在我们是权力，不是理想；是财源，不是公道。"[1] 本来中国人的鬼神信仰一般都很实际，供奉鬼神、祭祀鬼神的目的是为了避祸祈福，而且一般只祭祀自己的先祖，在过年过节为祖先敬酒烧纸，为的是祈求列祖列宗保佑后代子孙大富大贵，生意兴隆等。而现代化的浪潮中，这种本来就很实际的信仰也变得越来越功利化。

现代化在中国本身即是一个后发的、迟到的、迅猛的过程，在这一过程中一个最基本的现象便是农村的城镇化，我们可以这样认为，中国现代性过程既是民众物质文化生活水平显著提高的过程，也是传统文化方式发生重大转型的过程。而后者"主要体现在：一是文化信仰的多元性从根本上动摇了信仰民俗的根基，由精神崇拜形式转化为普遍的物质崇拜和礼仪追求；二是道德信仰陷落传达出现已有道德体制的动摇，信仰主体对信仰内容的积极与否缺乏必要的区分；三是封建思想和邪教伦理的乘虚而

---

[1] 费孝通：《美国与美国人》，生活·读书·新知三联书店1986年版，第110页。

入。"① 信仰危机的出现并非偶然，意识形态的多样化及争论往往出现在历史大变革的关键时期，但不可否认的是，信仰民俗在维护当地村庄的和谐稳定，增强居民间的思想沟通、情感交流、团结友爱，推动乡村文化建设、改善村民精神面貌以及创建村庄间社会关系体系，甚至凝聚社会力量进行慈善救济等方面都发挥着不可替代的作用。

现代社会的巨变进一步使农村居民向大小城市及乡镇流动，民众大规模而频繁的迁徙，使信仰民俗得以在节假日或具有特殊意义的纪念日更大限度地发挥其家族凝聚力作用，且越来越带有明显的经济上的目的。"由于市场经济、商业主义的浪潮，近来已经影响了差不多所有神圣的地方。文化旅游实质上定义了寺庙的功用和道士的角色。"② 湖南一些小有名气的旅游景区所推出的民俗项目和所展示的信仰民俗，明显就有意简单化或淡化了本该具有的相当浓厚的民族特性和当地风俗，以便更为高效的发展经济，就连那些哪怕是规模很小的庙宇，也为了经济上的利益在程序和仪式上尽量简化。例如宋代浏阳人李畋作为花炮始祖一直受到民众的尊崇，浏阳、醴陵多处都有李畋庙。民间认为农历四月十八日是李畋的生日，以前在这一天，一般会开展大规模的集会庆祝，极为隆重，一直延续到解放初期。在李畋诞辰的时候，所有的花炮工人都会停业休息，为了庆祝李畋的诞辰举行集体祭祀活动，并且还会抬着李畋的神像，在大街上游走，营造节日的氛围。1949 年前，潼塘这个地方还有李畋先师会，1994 年版《浏阳县志》中有对祭祀活动的记载，史料记载民国十三年（1924）时有 24 人参加，每个人都会拿出自家的三桶谷子，哪怕没有钱，去赊账也会买好菜办酒席。在 17 日，爆竹响声络绎不绝，所有爆竹从业者都要对祖师进行跪拜、叩头，举行隆重的祭祀礼。只要是做鞭炮的，都要焚香点烛祭奠李畋，准备好祭祀用的供品，在李畋的神位面前，跪拜作揖，满怀虔诚进行祭祀，向祖师李畋祈求福佑，希望保佑自家鞭炮生意兴旺发达。70 年代，各种祭祀活动被禁止，80 年代，李畋庙的祭祀活动又逐渐复苏，特别是近年来地方政府为发展花炮经济，自 2001 年开始，每到李畋诞辰

---

① 张琳：《现代性的信仰困境与信仰塑造》，博士学位论文，复旦大学，2012 年。
② ［美］杜维明：《意义的追寻：中华人民共和国的宗教》，载彼得伯格等《世界的非世俗化：复兴的宗教及全球政治》，上海古籍出版社 2005 年版，第 125 页。

和花炮节,市政府或者花炮总会都会组织祭祀活动,市长或者副市长均会出席活动,在李畋庙举行公祭仪式已经成为当地的惯例,但祭祀仪式却被大大简化了。

现代性使"民间信仰的传承也逐渐变得趋于世俗化,关于民间信仰原本神圣性的特征在与社会发展变化相交融的过程中开始趋向于集体和个体现实性的特征,随着人们的生活来进行调整,变得与世俗更加贴近"[①]。如在湖南某乡村中,80年代开始就有一部分人陆陆续续离开自己的故土到外面去谋生,三、四十年后,仍然能够留在原来村子里的人已经很少了。那些虽然根在故乡但长年在外工作或生活的人,他们中的大部分早已习惯甚至深深融入到了外面全新的世界里,而曾经耳熟能详甚至可能是生活中不可或缺的那部分民间信仰或民俗,一旦离开了那种氛围和某种特殊的环境,便逐渐在心中淡化了。但对于有些人而言,一旦自己或家人遇到什么灾祸,或者生病久不得治,或者在某个重大抉择关口特别渴求得到某种超自然影响时,这时留存在他们记忆深处的信仰又会重新燃起,转而求助哺育他们的那片故土,去求神拜佛。这说明沉淀着漫长岁月记忆的信仰民俗依然会长久的影响着人们的生活,也说明经历过社会变革冲击的信仰民俗也会发生蜕变而富有功利性。也就是说只有当人们具有某种需求、关乎自己切身利益时,才会想起去拜神佛,希望求得神明保佑。比如慈母常常祈求菩萨保佑孩子的学业进步、健康平安;远行的人们会祈求神明保佑一路平安;商人们会点上几只香烛求得神明保佑自己生意兴隆、财源滚滚;职场的人们会祈求神明保佑自己工作顺利,步步高升等等。总之,每个人都怀揣着一份属于自己的、一般不为外人所知的内心诉求。另外,时代的变迁也迫使传统习俗或民间信仰发生一些相应的改变以适应社会。比如,本该正月十五进行的庙会,在乡村中后来常常提前到正月初五举行,就是因为很多青壮年在正月初六、初七就要外出工作、学习,留下的主要是一些老人和未成年的孩子,他们无力扛起神像,无法凑齐仪式所需要的人手,不得不变更日期。而春节那几天就是一个最理想的时间节点,这样回老家过年的青壮年便可以与留守的老人和孩子一起从事乡村共同的民俗活动。

---

① 张琳:《现代性的信仰困境与信仰塑造》,博士学位论文,复旦大学,2012年。

民众大多都对功绩卓著的英雄及文化名人较为敬畏和崇拜。由于湖南是毛泽东的故乡，在湖南的某些乡村，即使是在今天，依然有无数农民依据他们的信仰习惯，把毛泽东作为神来崇拜。当问及他们理由时，他们说："毛主席让我们翻身当了主人，分了田地，能吃饱饭。"以前每家祭祖的牌位，现在还有很多都贴着毛主席的肖像。这些村民相信，毛主席比神灵、祖宗更能提供安全感。此外，不同地位、不同身份、不同权力的人都有着不同程度的毛泽东信仰情结。普通老百姓信仰毛泽东，只是一种朴素的祈求保佑，求财，求运，求保健康、保子孙后代平安幸福，有些则包含了对政治、权力、地位的欲求。在湘潭韶山故居，来祭拜的人群络绎不绝，非常虔诚，在他们眼里，毛主席与他们过去供奉的各种菩萨并没有本质的区别，只不过毛主席似乎更灵验，因为能给他们带来土地和其他好处。

现代性社会的各种思想可以说是日新月异，但信仰民俗暂时还难以有效调适人们过分追求金钱和利益的心态，也无法完全承担起对人们进行思想教育的重任，这也正是现代语境下民间信仰不得不面对的一个问题。

三 乡村新兴精英阶层的操纵与湖南信仰民俗草根性的背离

在传统乡村中影响较大的人物我们习惯称之为乡村精英，而"传统性权威"和"现代性权威"是贺雪峰在乡村治理研究中对乡村精英的分类，"前者是主要依靠有教养、能服众、明事理且热心于村落公共事务的人，后者指的是依靠市场经济中获得的官员身份或经济能人地位来影响村落"①。这两种权威中，"传统性权威"在村民中的威望比较高，也比较维护地方社会民众的利益，他们和现代性权威一样，都是地方社会与国家的中间媒介，国家借助他们的力量将国家的政策与意愿渗透到地方社会。如湖南省江华瑶族自治县XX乡村，自古就有盘王崇拜和仁王崇拜的传统，盘王据说就是盘瓠，是瑶族的祖先崇拜；仁王原名叫李云溪，被唐高祖封为仁王，属英雄崇拜。这两种信仰在改革开放之后被重新唤醒，村民们渴望修一座"仁王庙"，但是上面说修"仁王庙"是在搞"封建迷信"，修

---

① 贺雪峰：《村庄精英与社区记忆：理解村庄性质的二维框架》，《社会科学辑刊》2000年第4期。

庙事件遇到了阻力。这时候，江华县法院退休干部李XX和村里德高望重的任XX出面，他俩可以算得上是有教养、能服众、明事理且热心于村落公共事务的"传统性权威"，他们联合村里其他有威望的人，组成了筹建委员会，共同商讨策略。大家通过仔细阅读政府相关法律文件，认为盘瓠作为民族创始神，有功于民，是可以供奉的，而仁王似乎没有这么大的影响和功德，不能单独为他建庙，所以只能修建"盘王大庙"，庙里同时供奉盘王和仁王。从这里可以看出，虽然同样都是信仰，但盘王是民族祖先信仰，修建盘王庙不会被说成封建迷信。就这样，在乡村"传统性权威"的共同策划下，盘王庙很快就修建好了，仁王被供奉在盘王庙里，享受村民的虔诚祭祀。我们从这件事情可以得知，如果没有乡村权威作为协调政府意愿与村民信仰的中间人，这座盘王大庙就不一定能顺利修建起来，并同时担当起供奉盘王和仁王的职责。"民众似乎期待着国家的征召，这样就得到了某种认可，取得了合法性。"① 特别是在改革开放之初官方对"信仰""迷信"仍持谨慎态度的年代，参与修庙的民间传统性权威在重建庙宇的进程中使重建庙宇得到了合法地位，进而为村庙的重建提供了政治保障。可以说，正是这些传统与现代的民间权威对国家信仰政策进行了合理的解读，使民间社会的乡土信仰重新焕发出勃勃生机。

但不可忽视的是，改革开放全面发展经济，特别是新世纪以来全国上下对经济的高度重视，使经济实力已经成为一种政治身份。无论是在传统还是现代村落里，有钱，能带领大家致富，已经成为在村干部竞选中获得选票的压倒性优势，一些经济能人可以凭借金钱轻而易举地打败地方政府培养的老干部，当选为新一届村委会。在乡村社会，拥有权力就等于拥有威望，这位新当选的村落政治精英也就理所当然地拥有了社会资源——威望。"资源是权力得以实施的媒介，是社会再生产通过具体行为得以实现的常规要素。"② 村落经济能人通过这种方式成功地将经济资本转换成政治资本，然后又将政治资本转换成社会资本，实现对乡村的治理与掌控。

"在当下中国，富人治村、老板治村，已成为乡村治理的一种普遍现

---

① 高丙中：《民间的仪式与国家的在场》，《北京大学学报》2001年第1期。
② [英]安东尼·吉登斯：《社会的构成——结构化理论大纲》，李康、李猛译，生活·读书·新知三联书店1998年版。

象"①，他们就是贺雪峰所说的依靠市场经济获得官员身份或经济能人地位的"现代性权威"。"在湖南某些村庄治理实践中，富人村官们往往会通过推动村庙这一地域性形象标志的建设来提升自身在村落中的影响力，具体表现为，在村庙建设中出谋划策，上下疏通，左右逢源，带头捐款，以及为群体性信仰民俗活动推波助澜等。虽然富人治村的恰当性也似已成为经验事实。但由于富人村官们的带动和村庄富裕群体的介入，使湖南某些乡村的信仰民俗活动不断呈现出高投入、高消费以及精品化的高端态势。"② 目前，农村经济虽然持续好转，农民生活显著改善，但贫富差距较大，多数农民生活不宽裕，滥建扩建村庙、宗祠，经常性的大规模、高端化的信仰民俗仪式活动等无疑加重了农民的经济负担。有的村民连温饱都成问题，他们在各种捐助面前无能为力，却由于面子问题只能勉为其难，债台高筑，因为他们认为："建庙烧香这些事情理应自己掏钱，如果不交，万一不幸降临，就会追悔莫及。且援助者及金额都要公开张榜公布，或铭刻在碑刻上，没捐或捐得少的人感觉很没面子。"笔者参加酬神活动时，就听有人说 XX 因为自己捐钱少不好意思来。富人善于钻营，庙宇开发成旅游景点多是他们精心谋划的结果。祭祀要买票，高价拍卖头柱香现象，便是村庙经济的极端表现之一。"民间信仰的高端化和商业化趋势，在普通信众看来，像是仅存的心灵休憩空间被少数人垄断了，产生了被边缘化、被隔离、被排斥的感觉，这还可能会导致广大乡村民众与民间信仰活动整体之间诸纽带的削弱与断裂。"③

因此，有关政府管理部门要切实加强对民间精英的动员与培训工作，让他们真正负担起服务社会的责任意识，负担起乡村治理的主体职责，真正激发他们的爱国主义精神，自觉传承优秀民间传统文化，倡导文明社会，而不是把"权威"作为捞取个人私利和政治资本的一条捷径。

综上所述，当代湖南地区信仰民俗的文化生态困境的表现是多方面的，但无论是哪一种生态困境，都是源于文化功能内部关系失去了平衡。据我们调查显示，在湖南地区，信仰民俗本来更能吸引普通百姓、拥有最

---

① 张祝平：《民间信仰的新动向》，《中国民族报》2014 年 3 月 25 日第 6 版。
② 姜雪：《现代性语境下的保家仙信仰及其实践》，硕士学位论文，辽宁大学，2014 年。
③ 赵华梅：《现代性视域下村落传统公共空间研究》，硕士学位论文，辽宁大学，2013 年。

多的信众。占人口总量的绝大多数民众都或多或少保持有传统信仰,他们或信仰某一民间神灵,或敬天法祖,敬奉祖先,他们习惯各种传统的风俗习惯和民间文化,无论他们生活在繁华的都市还是偏僻的乡村,无论他们是富甲一方还是穷困窘迫,无论他们来自社会的哪一个阶层,他们都会自觉地遵守传统的风俗礼仪。但一旦这些自在传承民族文化的信仰内部环境恶化,或被外来宗教强势排挤,或被制度化,必然会导致这种作为分散宗教的民间信仰发展较弱,制度化宗教发展较强,最后导致一种"宗教生态失衡"的现象。

第五章 平衡的湖南地区信仰民俗文化生态多维探讨

第一节 湖南地区信仰民俗的湖湘文化内涵

牟钟鉴在《宗教文化生态的中国模式》中说:"中国宗教生态文化的多元通和模式得以成型并经久不衰的深层因素,在于它有一个稳定的'和而不同'的文化认知传统,并深入人心。""多种宗教长期共存,不仅能够和平共处,还可以互相学习与合作,形成多样性共生的文化生态。"① 一方面,湖南地区自古以来就是南方土著民族与中原移民的汇聚之地,在长期发展、演化的过程中,不同民族之间彼此尊重与包容,互相学习与合作,形成了"和而不同""多样共生"的湖湘文化传统,孕育了包容博大、独具特色的信仰民俗文化;另一方面,湖南地区信仰民俗所体现的忧患与责任意识、家国情怀以及包容并蓄的特征,又为湖湘文化书写了瑰丽璀璨的一笔,成为湖湘文化的重要组成部分。

一 自然崇拜中的忧患与责任意识

"自然是宗教最初的、原始的对象,这一点是一切宗教,一切民族的历史充分证明了的。"② 自然崇拜是早期人类社会的一种原始信仰,当时生产力水平极端低下,人们的认知水平非常有限,因而产生了信仰的现象。"自然崇拜昭示着人对自然及生命的无限遐思,它实际上是将支配早

---

① 牟钟鉴:《宗教文化生态的中国模式》,《中国民族报》2006年5月16日第6版。
② [德]费尔巴哈:《费尔巴哈哲学著作选集》下卷,荣震华译,生活·读书·新知三联书店1962年版,第436—437页。

期人类生活的自然力和自然物人格化，变成超自然的神灵，作为崇拜对象。自然崇拜伴随着早期人类最初的自觉而产生，无论是山河湖海、日月星辰、雷电雨风，还是草木禽兽，都可能会成为人们的崇拜物，这是典型的泛神崇拜。"① 自然崇拜后来随着农耕文明的产生和发展不断发生演变，逐渐形成了信仰对象相对集中且独具特色的区域崇拜。

历史上，湖南"北阻大江，南薄五岭，西接黔蜀，群首所萃，盖四塞之国"②，封闭而多样的自然地理环境激发了民众强烈的情感和丰富的想象，也产生了谲奇吊诡、别具特色的自然崇拜。湖湘自然崇拜具有鲜明的地域文化特征，与湖湘地理风物和地方社会联系紧密。《山海经》中洞庭之山的女神崇拜就和"洞庭""潇湘""澧沅"等湖湘山川河流密不可分。多水的自然环境使湖湘水神崇拜引人关注。屈原《九歌》是屈原对楚地民间祭歌进行改作或加工而成的文学作品，其中《湘君》《湘夫人》就是湘楚地区民众祭祀湘水配偶神的颂歌："令沅湘兮无波，使江水兮安流。"民众出于对水的信赖和对水的恐惧，认为洞庭湖及湘资沅澧四水，甚至小江小湖小河小井，都有水神在掌管。③

湖南多山的自然环境也使山神信仰在民众心中根深蒂固，民众不只认为《山海经》记载的洞庭之山有女神居住，还认为湖湘大大小小的山峰都各有山神管辖。南岳衡山远近闻名，吸引了方圆千里的民众对其顶礼膜拜。南岳山神即为传说中的火神祝融，可能因为湖湘地处古中国最南方（当时广东等地还未开发），气候炎热，人们认为南岳理所当然应该归火神祝融管辖。不只是火神祝融，炎帝也与湖湘有着密切的关联，西汉的《淮南子·天文训》就有这样的记载："南方，火也；其帝炎帝。"④《左传·昭公十七年》说："炎帝氏以火记，故为火师而火名。"湖南省炎陵县有炎帝陵，也有南岳山神是炎帝的说法。总之，南岳山神崇拜和湖湘火神崇拜联系在一起，至今香火旺盛的长沙火宫殿就是古代湖湘火神崇拜习俗的遗迹。

---

① 马新：《原始崇拜体系与中国文化精神的起点》，《东岳论丛》2005年第1期。
② 钱基博、李肖聃：《近百年湖南学风·湘学略》，岳麓书社1985年版，第1页。
③ 李琳：《洞庭湖水神信仰研究》，湖南人民出版社2012年版，第89页。
④ （汉）高诱注：《淮南子注》，上海书店1986年版，第37页。

"在植物崇拜中,树崇拜为最古老的崇拜对象"①,除了水神、山神、火神崇拜之外,树神崇拜在湖湘大地也广泛流行。其实树神崇拜在人类社会早期是很普遍的事情,大家认为树木也和人类一样,是有灵魂的,特别是一些老树,更是树木中的精灵,能行云降雨,能使阳光普照,能保佑庄稼丰收,能保佑六畜兴旺、妇人多子。在湖湘大地上一些树龄达百年以上的老树,常被人们看作"神木",当作神灵来崇拜。湖湘民众认为,一棵经历风雨沧桑的树,能参透生死爱恨。彭德怀一生戎马倥偬,也深受湖湘文化影响,爱树如痴。在湘潭县黄荆坪村,有一棵被当地群众称为"元帅树"的古树,就是被彭德怀抢救保存下来的。传说当年人们准备动手砍伐一株有数百年树龄的重阳木时,恰好碰上回乡进行社会调查的彭德怀元帅。彭总当即制止了村民们砍伐古树的行为,村民年年祭奠这棵古树,时时养护,现在该古树树龄已有500多年,仍然枝繁叶茂,树高20多米。

梅山有不少崇山峻岭,到处都有参天古木,梅山人自古就形成了爱树敬树、崇拜树木的信仰。他们砍伐大型树木前要举行简单的仪式,祈祷树神不要怪罪砍树的人,确保无人员伤亡,他们还祈求土地神山神保佑小树新树快快长大,并为此举行收山仪式。梅山还有将小孩寄名给神树抚养以求孩子健康平安的禳灾避祸祭祀活动,仪式的过程如下:求神树保佑的村民将各种丰富的供品毕恭毕敬地摆放在树下,有肉类、水果、米粑及各种点心,然后点香鸣炮,烧纸钱祭奠神树中的树神,叩头许愿,祈求树神收下小孩,做小孩的"寄养父母",护佑小孩无病无灾、健康平安。大家相信这样做使古树赋予小孩神力,使父子生辰八字的相冲相克的情况缓解,小孩可以百病不生,顺利通过所谓的"童关煞",茁壮成长。被奉作神树的大杉树经常吸引各个村庄的人前来举行"寄名"祭祀,由于香火旺盛,树下到处是鞭炮燃放之后的鲜红纸屑,未燃尽的香烛,烧纸留下的厚厚灰烬。最引人注目的是树枝上到处都系有红布条,上面写的内容也大同小异,无非是信人某某,后面跟着小孩的生庚八字,与父母不相生,寄予某某土地神杉树带养,此后就可消灾弭祸、跨过关煞。杉树树大根深,枝繁叶茂,使小孩容易养育,财源广进,一切顺心如意。

湖湘大地的石头崇拜也很有地方特色。新化的"寄子石"就和寄名

---

① 乌丙安:《中国民间信仰》,上海人民出版社1995年版,第95页。

神树信仰大同小异,大家认为具有灵气的石头一般是奇形怪状或体积很大的石头。这些石头或是沾染了仙气,或是神灵的化身,从小身体羸弱的小孩如果能寄养在这种石头上,就会消灾祛病。这种崇拜石头的习俗在湘潭也广泛存在,如湘潭县石鼓镇的石鼓山上,有一圆柱形花岗巨石,酷似圆鼓,旁边还有数尊大石头,形状恰似打击乐器中的钹、锣、梆鼓。相传石鼓和这些大石头是西周武将崇黑虎在赴任南岳司天昭圣帝安邦护国大天尊路上扔下的,被当地居民奉为神灵,供奉祭祀,香火鼎盛。毛主席出生地韶山冲的石头崇拜和新化相似。毛主席出生时,母亲文七妹已经为毛家生过两胎男孩,但都在襁褓中夭折,未能养大。父亲毛顺生和母亲文七妹担心这个新生的男孩也难养大,就让毛主席拜文七妹娘家唐家托不远处的一块巨大无比的石头为干娘,这块石头因高大且似人形被称为"石观音",被当地人奉为神物。毛顺生夫妇在"石观音"前点上香烛,摆好供品,三跪九叩,恳求石头护佑儿子无灾无难,健康长大。为此,毛顺生特地用石头为儿子命名,叫"石三",毛主席的乳名就叫"石三伢子"。1959年毛泽东回韶山设宴招待乡亲们时还开玩笑说:"今天该请的都请到了,就差'石干娘'没来。"这说明了多年之后毛主席对自己幼年时认石头为干娘的趣事念念不忘。

美国著名文化人类学家斯图尔德指出:"自然生态的空间异质性造成了不同民族生活方式的差异,这些差异综合就构成了文化,任何一种文化定位都是其民族在长期进程中形成的与自然环境相适应的产物,都有一定的合理性。人类及创造的文化都是自然生态的一部分,自然对它有着重要影响。"[①] 纵观湖湘几千年的民俗发展历史,民俗活动尽管在形式上多种多样、丰富多彩,但都为了一些大致相同的心愿,如渴望逢凶化吉、避祸祈福,追求内心的安宁。湖湘传承至今的各种自然崇拜,在关注自然、进行人与自然的对话的同时,也在以信仰的形式培养着人的宗教情感。湖湘民众在自然崇拜中找到了精神慰藉,在欣赏自然、融入自然中获得了超越现实困境的力量。"俄国马克思主义之父"普列汉诺夫指出:"每一个民族的气质中,都保留着某些为自然环境影响所引起的特点,这些特点,可

---

① [美] J. H. 斯图尔德:《文化生态学》,潘艳、陈洪波译,《南方文物》2007年第2期,第107—109页。

以由于适应社会环境而有所改变，但是决不因此完全消失。"① 壮丽而灵动的山水影响了湖湘人的性格特征，对这一点钱基博先生早有论述：

> （湖南）重山叠岭，滩河峻激，而舟车不易为交通；顽石赭土，地质刚强，而民性多流于倔强。以故风气锢塞，常不为中原人文所沾被。抑亦风气自创，能别于中原人物以独立。人杰地灵，大儒迭起，宏识孤怀，涵今茹古，有独立的自由思想，有坚强不磨之志。义以淑群，行必厉己，开一代之风气，盖地理使然。②

地理环境的闭塞使湖南人远离中原统治中心，较少受中原文化的影响，养成了倔强的性格。自然生存环境的极度恶劣，又使民众时刻对这种生活环境保持一种警惕与忧患的心理，这种忧患心理在自然山川崇拜中得到了集中体现。信奉山、水、土地、树木以及怪石等自然神灵已成为湖湘民众传承千年的信仰习俗，这种习俗其实蕴涵了湖湘民众神秘而浪漫的气韵，蕴涵了湖湘民众在恶劣的自然环境和气候环境中强烈的忧患意识，有学者说："所谓忧患意识，是说人对自己的处境与现状时刻抱有警惕之心。"③ "忧患意识"并非患得患失，为一己之忧。一个上进的民族，总会具有一种忧患意识。"生于忧患，死于安乐，没有忧患，就不可能进步。因此，一个民族的优秀文化，不是总沉湎于安乐的文化，而是咀嚼忧患的文化。"④ 湖湘文化和湖湘人文精神饱含着忧患意识，这是湖湘先民在与恶劣自然环境的抗争中，历尽艰辛、砥砺前行，长期积淀和传承的宝贵精神财富，也是湖湘文化始终得以保持旺盛生命力的重要原因。由"忧患意识"可以生出对国家社稷的责任和担当，忧患意识不是悲天悯人的感情宣泄，而是一种对潜在危机的洞见和预防。湘军杰出将领左宗棠说过"身无半亩心忧天下"，湘人一直带着一种忧患意识，使湖湘的文化有一

---

① ［俄］普列汉诺夫：《普列汉诺夫哲学著作选集》第 2 卷，生活·读书·新知三联书店 1961 年版，第 274 页。
② 钱基博、李肖聃：《近百年湖南学风·湘学略》，岳麓书社 1985 年版，第 1 页。
③ 朱伯崑：《易经的忧患意识与民族精神》，《北京大学学报》（哲学社会科学版）1997 年第 1 期。
④ 张大联：《湖湘文化中的忧患意识源自屈原》，《文教资料》2014 年第 27 期。

种忧伤的、奋发的精神。

恩格斯在《反杜林论》中对神的来源作了分析:"一切宗教都不过是支配着人们日常生活的外部力量在人们头脑中的幻想的反映,在这种反映中,人间的力量采取了超人间的力量的形式。……在更进一步的发展阶段上,许多神的全部自然属性和社会属性都转移到一个万能的神身上,而这个神本身又只是抽象的人的反映。"① 湖湘自然崇拜中的忧患意识"常常充溢为一种无我忘我的社会责任感和历史使命感,体现为忧国忧民,一种对国家、民族、社会潜在危机的洞见与预防"。② 湖湘自然崇拜中体现了尊重自然环境、保持原生地貌状态和山水植被等生态平衡条件的思想,体现了自觉合理的人居文化,是社会责任意识的具体体现。湖湘是历朝历代"罪将""犯官"流放与贬谪之地,在以中原文化为正统的时代里被视为蛮荒,不被文明浸染,这些不被统治者所容的"罪将""犯官"比其他士大夫更容易感受到当时的百姓生活的艰难以及社会的混乱,更倾向于以诗文来发泄自己内心的忧愤,他们的这种"忧患意识"与"责任意识",对湖湘文化产生了深远的影响。

二　祖先信仰中的家国情怀

祖先崇拜最初来源于后代对逝去的先辈的敬畏和怀念,在我国传统信仰民俗中占有重要地位,被诸多国外研究者认为是中华民族独有的信仰特色。J. L. 斯图尔特在《中国的文化与宗教》一书中说:"祖先崇拜是中国人民的真正宗教。"③ 而德·格鲁特在《中国人的宗教》中认为中国人都把自己的祖先当成一个家族的保护神,因而祖先具有神圣的权威,"把对双亲和祖宗的崇拜看成中国人宗教和社会生活的核心的核心"④。德国哲学家恩斯特·卡西尔也认为:"中国是标准的祖先崇拜的国家,在那里我

---

① 《马克思恩格斯选集》第3卷,人民出版社1972年版,第354—355页。
② 杨胜群:《湖湘人文精神的忧患意识》,《新湘评论》2011年第19期。
③ [美] J. L. 斯图尔特:《中国的文化与宗教》,闵甲等译,吉林文史出版社1991年版,第77页。
④ [法] 德·格鲁特:《中国人的宗教》,转引自[德] 恩斯特·卡西尔《人论》,甘阳译,上海译文出版社1985年版,第108—109页。

们可以研究祖先崇拜的一切基本特征和一切特殊含义。"① 以祖先崇拜为核心的家庭宗教状况表现了中国古人对血缘亲情的关注,这是一种最基本的人文关怀。中国人以敬奉先祖的宗教形式来表达他们对先祖的怀念与感恩之心,并祈求先祖保佑一家老小健康平安,祈求血脉绵延、家族兴旺。"祖先崇拜是人们在对自身由来的认知中形成的崇拜体系,它既是人类对自身生命现象的神秘化理解,又是对先祖亡灵的崇拜。"② 湖湘民众相信祖先灵魂不灭、庇佑家人,信奉香火传递,"不孝有三,无后为大",他们宗族血缘观念强烈,对传宗接代、光宗耀祖很在意,逢年过节及在特定日子里,即使最穷的家庭,也要买点好酒好菜举行祭祖仪式。

　　湖湘祖先崇拜最基本的活动是以家庭为单位的祖先祭祀,特别是祖坟的修建和保护。即使在20世纪六七十年代,以家庭为单位的家祭、扫墓等活动都在半公开或隐蔽地进行着。1959年毛主席回故乡韶山,见诸官方媒体的活动有很多,但当时官方媒体对主席祭祖只字不谈,直到后来改革开放之后,才有目击者透露毛主席回家乡祭祖的具体细节。1959年,毛泽东回到阔别32年的家乡,他6月25日傍晚才到韶山,26日清晨,没有通知任何人,就一人往父母墓地方向走去,随行人员后来才急急忙忙地跟上去。由于没有任何准备,主席将临时找来的一束松枝献在父母坟前,然后深深地鞠了3个躬,在墓前默默肃立良久之后,轻声说了一句:"前人辛苦,后人幸福,下次再来看你们。"当时主席父母坟前长满柴草,墓中央还塌了一个洞眼,随行人员提出重新修建主席父母的坟墓,但主席考虑到国家经济很困难,不愿意因为个人家事耗费国家钱财,但他还是要求每年清明节时给父母的坟培培土。下午毛主席来到毛氏宗祠,但他找不到以前摆放得整整齐齐的祖宗牌位了,后来才知道破除迷信时祖宗牌位全部被烧了,主席只好对着原来摆放祖宗牌位的空墙壁处行了三个鞠躬礼,说:"菩萨是迷信,应该打倒,烈士墓和祖宗牌位是纪念。不管三七二十一,行三个鞠躬礼再说。"当天晚上毛泽东在和罗瑞卿交谈时说:"我们共产党人不讲迷信,但生我者父母,教我者师长,不能忘。"在20世纪

---

① [德]恩斯特·卡西尔:《人论》,甘阳译,上海译文出版社1985年版,第112页。
② 金尚理:《疑神宗教与人伦理性——从"祖先崇拜"看中国传统文化的人生关怀》,《复旦学报》(社会科学版)2003年第3期。

六七十年代祖先崇拜并没有完全被禁止，湖湘地区的一系列家祭、扫墓、七月半接老客、丧葬等祖先崇拜行为依然存在，只不过隐蔽化了，仪式也简化了。

湖湘地区祖先崇拜不仅指家庭与宗族的祖先信仰，还包括家庭与宗族之外的祖先神崇拜。湖湘地区的祖先神有炎帝、蚩尤、盘瓠等。炎帝开创了长江流域的稻作文明，这一点也和地下考古发现相印证，如湘北的澧县发现了大量新石器时期人工栽培水稻遗存，大塘文化时期遗存中发现了距今约 7000 年的人工栽培的水稻，与茶陵湖湿地现存野生稻具有基因上的传承关系。炎帝农耕文明在湖南起源、传承和发展，史籍也记载了炎帝在湖湘的遗迹。南宋罗泌在《路史》中记载了炎帝在湖南的行迹："崩葬长沙茶乡之尾，是曰茶陵，所谓天子墓者。"①《史记·楚世家》云："楚之先祖出自高阳。"高阳即炎帝，楚人的祖先是炎帝，湖湘属南楚故地，所以炎帝也是湖湘人的祖先。较早记载了炎帝在南方的典籍为西汉淮南王刘安主持编写的《淮南子》："南方火也。其帝炎帝，其佐朱明，执衡而治夏。"② 黄帝南征，迫使炎帝神农氏进入洞庭湖区，直达九嶷苍梧。炎帝神农氏离开中原之后，其主要的一支来到湖南茶陵，他们远离战争，致力于发展农业生产，过着自给自足、祥和安宁的农耕生活，氏族重新得到振兴。炎帝神农氏进入湖南，不仅使当地的原始农业得到发展，还在湖南很多地方留下动人的传说和可信物，这些在地方志和古籍中多有记载。如在西汉时，这里已有了茶陵县、炎帝陵，南宋地理学家王象之所著《舆地纪胜》记载："炎帝墓在茶陵县南一百里康乐乡白鹿原。"③ 唐朝时茶陵就已经建有炎帝祠以供民众祭祀，只是后来被毁，后又建立了炎帝宗庙，就是现今的炎帝陵。

"祝融乃传说中的上古帝王，据《山海经》记载，祝融的居所是南方的尽头衡山，相传是他传下火种，教人类使用火的方法，后世尊之为火神。"④ 民间传说认为，祝融死后，南岳百姓有感于他的功德，把他葬于衡山之南，为了纪念他的丰功伟绩人们还把南岳最高峰命名为祝融峰，并

---

① （宋）罗泌：《路史》，北京图书馆出版社 2003 年版。
② （汉）高诱注：《淮南子注》，上海书店 1986 年版。
③ （南宋）王象之：《舆地纪胜》，中华书局 2012 年版。
④ 马新：《原始崇拜体系与中国文化精神的起点》，《史学月刊》2005 年第 1 期。

建有祝融殿，以供民众祭祀。《山海经·海内经》对他的出生作了以下说明："炎帝之妻，赤水之子听沃，生炎居，炎居生节并，节并生戏器，戏器生祝融。"① 在《山海经》中，祝融系炎帝的第五代玄玄孙。另据《海内经》称："黄帝生昌意，昌意生韩流，韩流生颛顼。"《大荒西经》则补叙："颛顼生老童，老童生祝融。"这样祝融又成了黄帝之后了。不过，上古时期黄帝、炎帝本是同根同族，所以传说中的祝融时而是炎帝之孙时而又是黄帝的后代也就不奇怪了。1988年，湖北荆门包山二号楚墓出土的竹简有记载认为，楚人的祖先是祝融、老童。我们可以推知，在古代，信仰敬奉祝融神是湖湘地区原始宗教的重要组成部分，对道教以及当地人们的生活都颇具影响。因为祝融是管火的正官，又被封为灶神，所以南岳祀灶传统历史悠久，最早可以追溯到先秦时期。到西汉武帝时，祭祀灶神与成仙又有了某种关联："祀灶则致物，致物而丹砂可化为黄金，黄金成以为饮食器则益寿，益寿而海中蓬莱仙者可见。……于是天子始亲祀灶。"② 这段话说明当时人们已将祭祀灶神作为整个求仙过程的第一步，这是后来道教重视祭祀灶神的开端。晋代道士葛洪在《抱朴子》中也说："月晦之夜，灶神亦上天白人罪状。"由此可见祀灶对于道教的重要性。南岳民间灶神信仰直接影响了南岳道教的产生和发展："因此南岳地区的鬼神传统、方士方术和神仙传说及对原始宗教的虔诚，为佛道教在南岳的产生和发展提供了一种可能性。"③

湖湘地区除奉炎帝、祝融为祖先神之外，在广大湘西、湘南、湘中地区，一直盛行着蚩尤、盘瓠、傩公傩母的祭拜仪式。蚩尤为炎帝后裔，袁柯在校注《山海经校注·海外西经》时说："炎帝兵败，乃又有蚩尤崛起以与黄帝领抗。蚩尤者，'炎帝之后'。"④《路史·蚩尤传》也说："蚩尤，姜姓，炎帝之裔也。"据史籍与传说，蚩尤、祝融、刑天、共工、后土、夸父等一个个具有反抗精神的人物，都是炎帝神农的后裔，他们的后代居于南方湖湘之地，世世代代以特殊的仪式来祭奠这些他们奉为祖先的神。蚩尤是其先祖之一，也是他们的保护神。傩戏师公们的祭祀活动只是

---

① 方韬译注：《山海经》，中华书局2009年版。
② 张伟然：《湖南隋唐时期佛教地理的分布》，《佛学研究》1995年。
③ 李思：《魏晋南北朝南岳佛道教研究》，硕士学位论文，山东大学，2014年。
④ 袁珂校注：《山海经校注》，上海古籍出版社1980年版。

对他们行为的模仿,以求获得他们的保佑。"湘中梅山地区是比较传统的宗族性地区,其主要表现是有祖坟山、族谱、香火堂,并有一定的祭祖活动。在日常生活中,还有'族老'负责丧葬、祭祀和坟山等宗族性事务。"① 这里的人们聚族而居,数代人居住在一起,后来演化成了一个地域单位。当地村民常以"唱太公"的形式祈求祖先庇护,以避免在生产和生活中可能遇到的风险和一些意想不到的麻烦事,寻求内心安慰。梅山教是比较松散的、以家族为单位的祖先崇拜,虽尤更多地发挥的是庇佑子孙的作用,"唱太公"表达了对祖先的尊重,还能满足自己的愿望,获得心理上的慰藉。湘西州花垣县、湘西州泸溪县、怀化市麻阳县境内尚有盘瓠洞、辛女庙的遗址。盘瓠(猎犬)被苗族和瑶族奉为图腾物,同时被视为祖神。

"万物本乎天,人本乎祖。""自然万物供给人们食物,祖先赐予人的生命,所以要报答酬恩,其表现方式便是敬天地、祭祖先。这种以天地自然和祖先为主体的信仰对后世湖湘文化精神产生了深远的影响,祭祖的民俗事象表现出对祖先的追思与缅怀之情,融合了湖湘传统文化的精神内涵。"② 湖湘人抱着祖宗牌位,走向全国各地,走向世界各地。每个湖湘人都遵循"敬天法祖重社稷"的古训。"家是最小的国,国是千万个家。""我爱我的国,我爱我的家。"家连着神,神护着家,家国文化在湖南大地源远流长,国在家中生生不息。湖湘民众一直秉承"先国后家""国将不国,何以为家"的观念。从谭嗣同、毛泽东到千万湖湘仁人志士,无不是舍小家,为大家,他们在处理国与家的关系时,强调家是国的基础,国为家的放大,形成了"家国同构"的思想。从家庭幸福到国家利益到民族精神的价值提升,人们可以以此为动力团结一心,凝聚力量,众志成城,无论世界形势如何风云变幻,湖湘民众依然能把握自己而不至于迷失方向。

三 历史人物信仰中的包容并蓄

湖湘地区自古以来盛行多神信仰,从远古时期人们对自然神、祖先神

---

① 李宽、成莹:《祖先崇拜与风险社会的耦合——以湘中K村"唱太公"习俗为例》,《民间文化论坛》2014年第5期。

② 曹波:《始源神话与湖湘文化》,《湖湘论坛》2007年第4期。

的普遍信仰，到后来对历史传说人物的塑造与怀念，湖湘民间信仰完成了一次泛神化运动。"中国传统的民间信仰带有很强的多神性、融合性和区域性。"① 综观湖湘地区人神信仰，从上古帝王后妃到近世文臣武将，如舜帝、湘妃、屈原、马援、柳宗元，从得到正史认可的明君贤臣，到受正史成王败寇思想影响下的所谓"反将乱贼"，如蚩尤、欢兜、丹朱、杨幺、杨再思。湖湘民众斑斓驳杂的人神崇拜，体现了湖湘文化不受正统文化影响的多元并存与包容并蓄。

"舜帝"在湖湘地区文化史上的影响可谓源远流长，春秋战国时代的《仪礼》就明确记载了"舜葬于苍梧之野"，先秦神话及地理学著作《山海经》也认为湖湘之地和舜帝有不解之缘："湘水出，舜葬东南陬。"屈原更是在《九歌》《离骚》等作品中对虞舜故地一再吟唱。西汉史学家司马迁为探寻舜帝遗迹，不远万里，"浮于沅、湘"，最后在《史记》得出结论：舜"崩于苍梧之野，葬于江南九嶷"。此后，经《礼志》《地理志》《说文解字》以及历代史志和湖南地方志的反复印证，湖南被确认为舜帝生命中最后停留的地方，九嶷山更成了文化学意义上的悲情意象。湖湘大地祭祀舜帝的活动隆重且经久不衰。从公元前210年秦始皇到洞庭湖望祭，到718年唐玄宗委派张九龄祭祀的遣祭，再到2004年世界舜裔宗亲联谊会在九嶷山拜祭，湖湘之地拥有了悠久的祭舜历史和繁多的舜陵祭文，舜帝代表的"明君""孝道"文化成为湖湘文化的渊薮。

湘山楚水让人凄然泪下的不只是"舜南巡崩于苍梧之野，葬于江南九疑，是为零陵"，更是"二妃死于江湘之间，随舜不反，没于湘水之渚，因为湘夫人"的悲情传说。作为尧女舜妃的湘妃，在湖湘大地上演绎了一曲曲湖湘文化的悲情之歌，一代代湖湘文人和贬谪官员在愁肠百转之中借湘妃寻夫不遇表达个人忧思，这些失意文人将满腔的忧郁和悲愤寄托于三湘四水，以自己苦难的人生体验，抒写了一曲曲关于湘妃传说的感时伤事之作。湘君湘夫人的信仰应该在屈原之前就已存在了，据史书记载，两汉时期祭祀湘妃的黄陵二妃庙便已屹立在湘江之滨，唐朝时黄陵二

---

① 郑衡泌、陈文龙：《民间信仰地域分异的微观分析——泉州三个村庄神祇生态位宽度测量和比较》，《地理研究》2010年第4期。

妃还被朝廷封为"懿节侯",兼为洞庭湖、湘水等各水域水神,影响空前。一代文豪韩愈因上《论佛骨表》触怒宪宗,几被处死,后贬谪潮州,过洞庭时经过黄陵二妃庙,下舟虔诚祭祀湘妃。祭祀后没过多久,皇帝就下旨宣召韩愈进京担任国子祭酒,并再次赐予他紫金鱼袋,韩愈大喜过望,在对皇上感激涕零之余,认定这一切都是湘妃在保佑自己,遂写下著名的《祭湘君夫人文》:"前岁之春,愈以罪犯黜守潮州。……舟次祠下,是用有祷神。……蒙神之福,启帝之心,去潮即袁,今又获位于朝,复其章绶。……夙夜怵惕,敢忘神之大庇!"由此可见湘妃信仰在唐代的兴盛。明代弘治五年和嘉靖初年湘妃祠庙两次得到官方重修,清代同治十二年(1873)张之洞出任湖广总督时又重新整修了湘妃祠,尊湘妃二神为"渊德侯"。

屈原在湖湘地区作为水神的记载始见于晋代王嘉《拾遗记》卷十:"屈原以忠见斥,隐于沅湘。……楚人思慕,谓之水仙。其神游于天河,精灵时降湘浦。楚人为之立祠,汉末犹在。"可见,至晚从魏晋开始,百姓就已将屈原神化,把他当作水神立祠祭祀。在民间屈原作为水神显灵的传说很多,笔者在汨罗考察时看到屈子祠内有一尊屈原石雕像,高103厘米,据说是明朝嘉靖年间的一位船主所捐赠,这在国内现存的所有屈原雕像中是年代最早的。像座旁的文字说明了捐赠的时间及捐赠人,据同去的当地人介绍说,捐赠人由于经常驾船在水上航行,有一次木船遇难,全家人齐齐向屈大夫祈祷,后来果然转危为安。为感谢屈大夫的水上显灵护佑之恩,全家人商议为屈原捐赠石像,并长年祭祀。这个故事表明了在以水上交通方式为主要出行方式的当地百姓心中,屈原能保佑他们在水上时生命财产安全。清代湘阴人杨际标的《竞渡谣》中就有"罗州人吊水中仙,往古遗风今尚传。踏青斗草俱不事,年年端午竞龙船"之句。

丹朱、欢兜、蚩尤、共工皆因反抗权力失败而被称为"上古四恶"。丹朱、欢兜战争失败后其部属向湖湘之地迁移,在湖湘留下许多遗迹,他们因此也被湖湘民众立庙祭祀,成为香火不断的神灵。其中丹朱是帝尧长子,"尧造围棋,丹朱善之"。正史记载,舜不愿称帝而让给丹朱,但丹朱不得民心,民众不愿朝觐他反而去朝拜舜,后来舜只好登上了帝位。但西晋在汲郡古墓出土的竹简《竹书纪年》对此事却有完全不同的说法:

"昔尧德衰,为舜所囚。舜囚尧,复偃塞丹朱,使不与父相见也。"①《竹书纪年》认为,是舜囚禁了尧,为了不让尧的儿子丹朱知道事情的真相,阻止丹朱看望尧。最后,在舜的威逼下,尧被迫把帝位让给了他,丹朱知道父亲被囚禁,率领三苗部落讨伐舜。这一点晋代郭璞也表示认同:"昔尧以天下让舜,三苗之君非之。"②"舜伐三苗"。丹朱部落被舜部落打败后四处迁徙。由于丹朱在交战中骁勇善战,给舜部落以重创,双方伤亡惨重,所以后来丹朱成为"凶神""邪神"的代称。但因丹朱为三苗首领并且曾称帝三年,所以《竹书纪年》《山海经》等古籍称丹朱为"帝丹朱",丹朱在南方少数民族心中具有很高的威望,湘、粤等地称他为丹朱皇、衡山皇,还有人认为丹朱和帝舜都葬在苍梧山(即今湖南永州九嶷山),如《海内南经》曰:"苍梧之山,帝舜葬于阳,帝丹朱葬于阴。"这说明在湖湘人民心中丹朱享有和帝舜一样尊崇的地位。

欢兜也因反对正统政权而失败,《左传》认为欢兜为帝鸿氏黄帝之子,《史记》曰"昔帝鸿氏有不才子",《山海经》认为其为颛顼之子,《山海经·大荒北经》说"颛顼生欢头(即欢兜之别名——笔者注),欢头生苗民",欢兜为苗民先祖。相传舜流放欢兜于湖南武陵山脉崇山,崇山主峰山顶今存欢兜墓、欢兜屋场、欢兜庙等古遗迹,对此,史籍与方志皆有记载,如《尚书·舜典》说:"流共工于幽州,放驩兜于崇山。"《大清一统志》载:"崇山绝顶有巨垄,传为欢兜冢。"《辞源》载:"崇山在湖南大庸县西南,与天门山相连。相传舜流放欢兜于崇山,即此。"民间亦颇多关于欢兜在崇山征战的传说。由以上内容可以推知,正是上古的一系列权力争夺,迫使丹朱以及欢兜带领其部属退居长江中下游,成为当地苗蛮集团首领,被后代所尊崇。

由此可见,湖湘文化是一个不断发展完善的、多层次多元化的体系,其在发展过程之中既有对传统文化的创造性转换,也有对于异质文化的吸收和转化。湖湘文化本身是北方文化与南方文化融会贯通的交汇点。湖湘文化是由早期的楚文化,即湖湘本土土生土长的所谓苗蛮文化,与后来南

---

① (清)朱右曾辑:《古本竹书纪年辑校 今本竹书纪年疏证》,王国维校补,黄永年校点,辽宁教育出版社1997年版。

② 方韬译注:《山海经》,中华书局2009年版。

下的、以儒家文化为正统的中原文化融合而成的，所以在湖湘之地才有了祝融、舜帝、湘妃、善卷、欢兜、丹朱这些来自中原之地的上古传说人物，他们在远离中原的湖湘之地演绎了一个又一个文韬武略、或胜或败或凄迷的故事，不管正史对他们的评价如何，湖湘人民都以博大的胸怀一一接纳了他们，建庙设坛，虔诚祭拜，奉为神灵。由于湖南历来为兵家必争之地，战争频繁，死亡人口众多，导致移民大量涌入。宋宗室南渡，明末"湖广填四川，江西填湖广"，湖南是全国各地的人聚集的一个地方，也是我国民族最多的地域之一。除了移民之外，由于地处荒远，湖湘成为安置历代流放贬谪官员之地，这些流寓湖湘的官员与士子，也为湖湘带来了先进的北方文化。湖湘历史人物信仰中，屈原是流放湖湘的失意文人，马援是中原朝廷派来镇压五溪蛮起义、最后马革裹尸的武将，柳宗元是北方贬谪湖湘的官员，而五代侗民领袖杨再思和洞庭湖农民起义领袖杨幺则为本土英雄代表，他们都被湖湘人民奉为神灵、虔诚祭祀。湖湘文化正是在对自身传统文化的坚守和对外来文化的兼收并蓄中，形成了自己博采众家和独具特色的风格。

"信仰不可相混，却必须对话沟通。这种信仰对话、信仰包容，则可使中华更美好，世界更和谐。"① 湖湘民间信仰文化的多元并存与包容并蓄，不只是体现在人神信仰的包容古今、包容内外、包容成王败寇，还包容了佛、道、儒三教。正是在这种宗教生态境况中，南岳大庙的民间本土神灵祝融与佛、道、儒三教神灵和谐共处，民间信仰得以茁壮生长，遍及湖湘各地。历史上的湖南自然地理环境较为封闭，民风保守，但湖湘文化的开放与会通精神在北宋理学开山鼻祖周敦颐那里就已得到体现。生于湖南道县的周敦颐深受湖湘传统文化影响，他立足儒学，融合佛道，确立了理学会通百家的学术取向及理论框架，此时的湖湘文化是以儒家伦理为核心，综合儒、道、佛三家学说的理学文化。南宋时期湖湘学派的创始人胡安国、胡宏父子避战乱由闽入湘。明代衡阳人王夫之被称为湖湘文化的精神源头，其学说兼采百家之所长，凝聚千古之智慧，更加博大精深，成为湖湘文化开放、包容以及会通精神最突出的代表。湖湘文化正是因为不断地吸收外来文化（如当时更发达的江浙文化、岭南文化和西方文化），实

---

① 卓新平：《当代中国的信仰理解与信仰包容》，《文汇报》2012年4月9日。

现地域文化的重组与建构，多种文化与当地文化碰撞、融合，使湖湘文化融汇了中原文化、岭南文化、江浙文化等多种文化的因素。湖湘文化是在漫长的社会变迁中不断吸取其他文化的养料形成的，同时在形成的过程中又不断向外传播，有着民族融合的特殊文化背景和历史渊源，其蕴涵的忧患与责任意识、家国情怀、兼容并蓄精神体现了湖湘文化的博大精深与恒久魅力。

第二节 构建平衡的湖南信仰民俗文化生态

湖南自古以来就是一个多民族融合、多宗教并存、多元文化共生的地区，多种信仰民俗文化更相融互通成为湖湘传统文化的核心部分，成为凝聚湖湘民众的精神力量。湖南信仰民俗包含了自然、祖先、英雄、鬼神等多方面的崇拜内容，与生产生活环境关系密切。其中相当一部分是各民族中的原生型宗教信仰，包括宗法性传统宗教的遗存，还有一部分是明清时期众多创生型宗教不断下行发展、失去其教团组织形式之后形成的。湖南地区信仰民俗对象丰富，种类复杂，构成了独特的信仰民俗文化生态结构。随着当今时代转型与社会变迁，湖南信仰民俗的文化生态也发生了巨大变化，各种信仰民俗文化之间相互渗透，带来了文化上的优化。

一 信仰民俗文化生态平衡的价值和可能性

在民众的日常生活中，他们的思想情感、风俗习惯和生活方式都是通过民间信仰体现出来的，中国信仰民俗和西方宗教不一样的地方正是它浓郁的世俗气息。"特别是泛神崇拜，没有自己的系统化的仪式、经典、戒律以及严密的组织系统和制度，没有形成一个真正的利益共同体，不会直接对统治秩序和政权稳定形成较大的威胁的特点，是民间信仰有别于制度化宗教最突出的差异所在。"① 湖南地区信仰民俗是湖湘文化的重要组成部分，是湖湘民众具有生活气息的信仰资源，如果没有对盘王、蚩尤、炎帝、南岳圣帝、湘妃、屈原的虔诚信仰，没有对湖湘祖先英雄人物的执著追求，湖湘文化就会缺失其安身立命的基础。湖湘信仰民俗在民众日常生

---

① 张祝平：《论民间信仰文化生态系统的当代建构》，《浙江学刊》2013年第3期。

活中有诸多具体体现：各种民间的节庆活动（如过年过节）时人们的各种信仰与禁忌，各种人生仪礼（如婚丧嫁娶），出生及人生各种重要阶段的庆典与仪式，这些包含民众信仰的民俗活动在乡村还能起到促进人际交往、发挥乡村社会组织功能的作用。

湖湘纷繁芜杂的信仰民俗同各大宗教一样普遍具有崇仁尚善、济世安民的情怀，如南岳圣帝、湘水神湘妃、炎帝等信仰护佑百姓、惠济众生，屈原信仰推崇爱国，蚩尤、盘王、杨再思信仰尊崇祖先功德、敬天法祖，很多动植物崇拜特别强调万物有灵、共荣共生等观念，这些信仰中所包含的道德伦理、生态平衡观念，对于当今湖湘经济文明建设和道德建设都是弥足珍贵的文化财富。湖湘因为处于湘楚故地，传统信仰对巫鬼特别崇祀，屈原《楚辞》中就有"百神翳其备降兮"的记载，这里的"百神"说明了早在战国时期湖湘本土百姓信仰的神灵就已经很丰富了。后来在漫长的历史进程中，北方士民为躲避战乱纷纷来到湖湘地区，这些移民和本地土著居民混居在一起，他们带来先进的生产技术和各种礼仪文化的同时，也带来了他们独有的各种信仰文化，于是北方精英文化、士民文化和南方土著文化相互碰撞、相互吸收共同建构了湖湘多彩的神灵世界。湖湘几千年来多样文化的融合创造了包容博大的文化氛围，多种宗教文化在这里落叶生根、开花结果、和平共处，也为实现湖湘民间信仰文化生态的平衡创造了条件。

我们一般认为平衡的宗教文化生态指宗教文化的多元、和谐、融通、共生，中国历史上宗教文化生态的多元通和模式即是指此。信仰作为一种意识形态，是为全人类所共同拥有的。信仰文化要多元共存，我们的精神领域才得以相通，相通性决定不同信仰文化能够互融共生。历史上湖湘地区就一直倡导一种共融互通的宗教文化观，这从南岳大庙佛教、道教和平共处上千年相安无事就可看出，再加上湖湘地区历史上一直处于统一的政权管辖下，很少出现割据政权，即使在五代时期，这里也统一归属马楚政权管辖，各地区之间的政治、经济、文化容易相互影响、彼此认同，在文化共同体的建构上是统一的。历史上湖湘民间信仰和本土宗教道教、外来宗教佛教、外来宗教伊斯兰教一起，共同形成了多元共生的宗教生态模式，体现了湖湘文化的和谐与包容，这种海纳百川、有容乃大的文化发展观，对湖南地区民间信仰形成了深刻的影响，也是其保持民族文化先进性的重要条件。

湖南地区信仰民俗是非常多元的，主要体现在信仰对象以及种类的多样化上，因为百姓在日常生活中诉求多样，多样化可以极大限度地抚慰他们经历苦难后脆弱的内心。湖南地区信仰民俗文化生态的平衡，在信仰的文化功能上表现较为突出，也在各种信仰仪式、心理和行为上有所表现。一方面它能使各种宗教信仰文化形态在较长阶段内保持平衡；另一方面能使区域文化更加稳定、多元。湖南各种民俗由民间自发生成与组织传承，与湖湘各民族世俗生活紧密关联，未形成系统的宗教理论和信条，通常最主要的神灵是以村落为单位分布的，但是也会存在神明交集的现象，一般被多个区域普遍信仰和崇拜的神灵大多是具有多种保护功能的综合性神灵，这些多元的神灵是在糅合了地方性知识的基础上，融合儒释道文化的精髓逐渐形成的，也构成了独特的民间信仰文化生态结构。

近几年来，随着非物质文化遗产保护的开展，各级政府开始支持村落的各种信仰民俗文化活动。同时政府有关部门也对信仰民俗活动进行了有效的管理，引导群众弘扬积极向上的内容，剔除危害社会的各种迷信活动，使信仰民俗活动得到健康发展，这无疑在政策和方向上为信仰民俗的健康发展作了指引，为信仰民俗的文化生态提供了良性的环境。毫无疑问，民间信仰要得到传承并发扬光大，需要良好的文化生态环境，同时也需要一定的制度保障，而这一切都有赖于一种成熟的自主管理模式。还有一些文化交流、文化研究平台，也是百姓与政府、官方与民间沟通的平台，通过这些沟通与交流，信仰民俗更容易得到政府认可并取得合法地位，甚至有机会在与政府达成某种共识后，得到更好的生存与发展。"政府通过民间信仰这一典型的文化现象，发掘本土文化资源，加强与外地的沟通与交流，开发地方文化品牌，发展地方经济，教化当地百姓，弘扬本土文化优良品质。"[1] 只有这样，政府对信仰民俗的管理才能合理、合法，才能最大限度地制止某些别有用心的人利用信仰民俗谋取私利、为害一方，也能优化信仰民俗自身的文化生态环境，使其发展步入良性轨道。

总之，在当今社会飞速发展的时代背景下，湖南信仰民俗必然会产生

---

[1] 蔡登秋：《论三明列西村谢佑信仰文化生态与现代性启示》，《黄河科技大学学报》，2016年第5期。

一系列的变化,这就对我们的管理部门提出了更多的要求与期望:"作为管理平台和地方政府对文化的传承与发展理应给予足够的关注,进行良性的引导和政策的支持,摒弃以往粗暴的干涉与破坏,发扬本地文化的正能量,创设更加良性的文化生态环境,以引导各民间信仰文化之间的良性互动,使其更加完善优化。"①

图18 津市新修成的孟姜女公园　　（拍摄人：李琳）

二 信仰民俗文化之间的互动

中华文化整体框架内不同种类文化的共存是我国文化的一个基本特征,各个民族、不同宗教之间要想和睦相处、共同发展、稳定发展,离不开不同信仰文化之间的交流与融合。"这种互动并不是抹杀各信仰文化的多样性,而是通过不断的碰撞与磨合,在保留多样性特色的前提下寻求多元信仰文化和谐发展的新契合点,而且其发生是自然的、自愿的,并非是人为干预的结果。在中国主流文化的框架内,儒、释、道合一是中华民族传统的民间主流文化,任何外来文化的介入最终都要依附于其上,并经过不断融合的过程,才能适应和融入中国的文化体系"②。湖南地区有着极为多元

---

① 朱汉民:《船山诠释与湖湘文化建构》,《社会科学战线》2012年第8期。
② 王默:《多元信仰文化与族际互动——基于青海河湟地区的民族学研究》,博士学位论文,兰州大学,2017年。

的信仰文化，但是它们却能够在同一地区和谐共存，这个事实恰好证明各族人民能够相互尊重、包容不同的信仰文化，甚至能够学习、借鉴其他文化的可取之处，这是只有在理解其他不同民族信仰文化的基础上才能做到的。多元信仰文化互动能减少不同信仰之间的冲突与误解，使不同信仰文化通过彼此之间的沟通与交流，建立一种良性互动关系，从而增进相互的尊重与理解。湖南地区各民族的交错杂居，使各族人民必然在杂居的特定空间内进行文化交流，使各族文化既相互独立又相互融通。他们在相互融合的过程中不断发生变化，又具有了一定程度上的相似性。

湖湘信仰民俗文化之间的互动以澧州孟姜女信仰与洞庭湖湘妃信仰的结合较为典型。《山海经》中半人半兽的"帝之二女"，是洞庭土著山神，在屈原《九歌》中，湘君湘夫人也还只是土著水神，只不过由二女神变成了夫妻配偶神。但屈原《九歌》对湘君湘夫人的歌咏，为后人将舜二妃故事与湘夫人联系起来提供了契机。再加上中国儒家文化"不语怪力乱神"，半人半兽的神很难被纳入正统的历史源流中，于是土著神逐渐向人神转变。后来封建统治阶级用封建伦理道德改造神话中的女神，湘妃神话已成为历代统治阶级对女性进行道德说教的精神工具。二妃成为《列女传》中的首篇的主人公，供后世女性瞻仰。她们殉情而死的壮举，更是统治阶级对后世女性进行道德说教的最好教材，这也是湘妃神话被历代统治者追捧而流传不衰的根本原因。湘妃神话发展到明清时期，与洞庭湖畔的孟姜女传说相结合，形成了颇具湖湘特色的南派孟姜女故事。明朝澧州嘉山修建了孟姜女"贞烈祠"，对女性的道德说教已达到登峰造极的地步。工部尚书、澧州籍人李如圭撰《贞烈祠记》，以孟姜女守节为主要内容，谓之"贞节"，并摹印历代诗人碑刻，刻石记其事，称为碑林。一时之间，朝拜者如云，明清两代便有百余名朝廷大员，还有诸多文人墨客慕名来到嘉山贞烈祠谒孟姜女娘娘。

作为南派孟姜女传说的代表，古澧州孟姜女传说在流传过程中与洞庭湖区湘妃传说结合，植入了"望夫"和"绣竹"的故事情节，但其与全国各地孟姜女传说最大的区别是受楚文化熏陶，深深地打上了楚巫文化的烙印。孟姜女被作为傩神崇拜是在澧州几千年楚文化土壤中生长出来的，和当地信鬼崇巫习俗密切相关。"在那些帮助我们按迹探求世界文化的实际进程的证据中，有一广泛的事实阶梯。我认为可用'遗留'（Survival）

图19 孟姜女庙会群众访谈　　（拍摄人：李琳）

这个术语来标示这些事实。仪式、习俗、观点等从一个初级文化阶段转移到另一个较晚的阶段，它们是初级文化阶段的生动的见证或活的文献。"①《旧唐书·刘禹锡传》这样描述唐代时洞庭湖区的巫俗："蛮俗好巫，每淫词鼓舞，必歌俚辞。"② 朱熹也曾说："沅湘之间，其俗信鬼而好祀。"③由此我们可以得知，远古洞庭之滨及以西居住着三苗，他们人人为巫，巫傩文化由他们首创，也由他们发扬光大。澧州人传说孟姜女跳台自尽后，上天成仙，再下凡来除暴安良，因而被当地人奉为驱鬼灭妖的"傩神"。明代朱元璋实行崇祭政策，嘉山修建"贞烈祠"，正式将孟姜女立为"傩神"，举行"傩祭"仪式，使她受万民崇拜。明万历进士袁中道（"公安三袁"之一）在《游居柿录》中记载："天气晴朗，买一小舟往嘉山大德寺，……过傩神庙，讯舟人云：'神甚灵，每日刑鸡求福者数百，土人有小事皆至。'俗信鬼，因其宜也。"④ 这说明了孟姜女作为"傩神"是家喻户晓的。时至今日，这一信仰仍存活于当地人的日常生活中。

在多民族的文化互动中，一方面，外来宗教对各民族原始信仰的影响

---

① ［英］爱德华·泰勒：《原始文化：神话、哲学、宗教、语言、艺术和习俗发展之研究》，连树声译，广西师范大学出版社2005年版。
② （后晋）刘昫：《旧唐书》160卷《刘禹锡传》，中华书局2002年版。
③ （宋）朱熹：《楚辞集注》卷2，上海古籍出版社1979年版，第45页。
④ （明）袁中道：《游居柿录》，上海远东出版社1996年版，第206页。

很大,如湖南地区的本土原始信仰在基督教广泛传入后,受到了相当程度的影响。"苗族崇信神巫,尤其于古",苗族历史悠久的鬼神信仰体系在基督教的影响下逐渐式微。另一方面,各民族的交流也使少数民族的各种礼仪呈现出汉化的趋势。如苗族本来不是特别看重葬礼的,但在历史的变迁中渐受汉文化的影响,也开始选坟地,用棺材,烧纸立碑。同时,苗族及其他少数民族的各种节日,也吸引了汉族等其他民族的参加。由于湖南地区是一个多民族聚居的地方,传统信仰民俗与其他宗教(如道教、基督教、佛教、伊斯兰教等几大信仰文化)共存。生活在这里的几个主体民族除回族外(全体信仰伊斯兰教),大多都具有自己的传统原始信仰,但他们之间互相尊重,同时在互动中又有融合。

由湖南地区各族信仰文化的互动交流我们可以得知,各民族的传统信仰在与外界不断的交流中,均不同程度受到外来宗教和周边文化的影响。正是这些古老信仰与外来信仰文化的互动交融,使湖湘地区民间信仰文化得到不断发展。

三 社会主流文化对信仰民俗发展的影响

当代社会处于急剧变迁和发展时期,信仰民俗的信众及信仰模式也随之发生了巨大变化,社会主流文化对信仰民俗的态度也发生了根本性的变化。信仰民俗一直都含有被主流文化所认可的道德价值观,金泽指出:"民间信仰属于多神信仰,既有从远古时代延续下来的,也有各朝各代不断创新的,民间信仰中的造神运动,延续了中国传统文化中'祖有功,崇有德'(敬天法祖)的精神,通过将现实生活中'立德、立言、立功'的文化英雄神化为超自然、超人间的神明并加以崇拜,在某种程度上使一时一地的文化英雄(如关羽、妈祖、吴真人等),及其所代表的精神和人格超越了时空的界限而变得永恒。这种神圣化的精神与人格对普通信众会产生较强的引导和教化作用。"[①] 信仰民俗的这些有益成分正在被民众、地方社会和国家共同分享。

在湖南地区,为主流文化所认可的文化英雄在"立德、立言、立功"

---

① 金泽:《能否和谐发展:民间信仰面临的挑战与选择》,《福建省社会主义学院学报》2006年第1期。

方面对普通信众产生了较强的引导和教化作用。如洞庭湖杨泗将军信仰原型是江西传说中为民除害斩蛟龙的杨泗将军,后来流传到洞庭湖区,被民众附会在洞庭湖区"等贵贱,均贫富"的农民英雄人物杨幺身上,给洞庭湖杨泗将军加上了一层历史英雄人物的光环。农民起义英雄杨幺的故事也在广袤的洞庭湖大地上流传了八百多年,在中国封建社会改朝换代时,口述者越来越多,在中华人民共和国成立初期达到鼎盛。传说与信仰历来呈现出一种共生且纠结的关系。各种各样的灵异传说验证着神灵的真实度,强化着人们的虔诚信仰;而盛大的仪式及固定的组织定时宣扬着各种神灵的事迹,延续并加深着传说的记忆。

　　中华人民共和国成立初期,社会主流文化对农民起义的褒扬与肯定,也在一定程度上巩固和提升了农民起义英雄杨幺在洞庭湖区民众心中的尊崇地位,他们把杨幺看成他们日日拜祭的杨泗将军,杨幺传说对于杨泗将军信仰的支撑作用尤为突出。但杨幺被洞庭湖普通百姓当作水神杨泗将军,在明清时期就已经开始了。明清时期洞庭湖地区水灾加剧,再加上明清以来移民大规模涌入导致对洞庭湖的不当开发,洞庭湖区的生态平衡被加速破坏,引起了洞庭湖区以水灾为主的各种自然灾害的频发。而清代中期以后,由于洞庭湖地区商品经济的勃兴和内河航运业的发展,水路交通在地方经济与社会中发挥重要作用,但是整个洞庭湖流域处处水急滩险,船排行江,多有危险,因而船工、排工为求水上平安,把自己的良好愿望寄托在他们崇祀的土著神灵杨幺身上。由于"等贵贱,均贫富"口号在洞庭湖区深入人心,杨幺在洞庭湖区底层百姓心中有着崇高的地位,民间一直盛行祭祀杨幺。又由于杨幺与水神杨泗将军之间有着诸多相似之处,如姓氏及姓名的巧合,与水的关联,洞庭湖民众逐渐将地方神杨幺与斩孽龙的水神杨泗将军融合在了一起。崇祀杨幺的民众为避统治者之忌,将杨幺隐名神化,附会以斩孽龙得道之说,这也正符合他们拥戴敬仰杨幺的心理。于是杨幺成了洞庭湖民众心中的水神杨泗菩萨,成了洞庭湖区土生土长而又影响广泛的水神。作为水神杨泗将军的杨幺,其庙宇遍布洞庭湖区,香火旺盛,关于杨幺的各种传说演绎着神灵的由来和功德,化解着信众的困惑。洞庭湖杨泗将军信仰体现了湖区百姓对本土英雄人物杨幺的崇敬与怀念,当他们面临水患等自然灾害和其他生存压力时,杨泗将军信仰能够使他们在心灵上得到抚慰并获得生存的力量。

　　社会主流文化的引导对湖南地区信仰民俗实现现代价值转换固然重要，但我们也应当重视传统信仰民俗文化自身的力量。传统信仰与社会逐渐分化虽然是社会现代化的过程，但传统信仰也应当与时俱进，适应社会发展，改革创新。我们要重视传统文化的教化作用，弘扬博爱、诚信、互助等美好品德，强调多种宗教文化的"多元共存、和谐共生"，强调英雄人物的"祖有功、宗有德"。在现代化发展的进程中，信仰民俗只有顺势而为，努力适应文明发展，真正做到"取其精华，去其糟粕"，增强自身的影响力与生命力，才能最大限度地吸引当代年轻人。

　　湖南地区信仰民俗要想获得社会主流文化的认可，还要强化服务社会的主动意识。信仰民俗与世俗社会是密不可分的，它生长于民间世俗社会中，其宗教性不会掩盖其社会性。信仰民俗的广大信徒也一直秉承服务社会的宗旨，行善积德，捐赠善款，用来救助灾民，修桥建路。但我们也不排除有些地方的庙宇修建得富丽堂皇，"善款"多多，而周围的校舍却因缺少资金破旧失修，形成鲜明对比而引发群众非议。只有积极主动地服务社会、奉献社会，如参加各项公益活动等，信仰民俗才能在现代化社会中赢得发展空间与动力。当然，信仰民俗服务于社会，还要敢于投入、敢于担当。信徒捐钱给村庙，村庙将资金用于服务社会的公益活动，使得这种行为实际上成为信众一种自助性质的活动。实践证明，积极开展社会慈善活动和其他社会公益活动，是各大宗教包括信仰民俗获得社会认可的途径之一，信仰民俗通过服务社会回馈社会，也能吸引更多的信仰者参与进来，从而更加有利于自身的长远发展。

　　值得强调的是，湖南地区信仰民俗不仅要最大限度地展现自己的价值，还要敢于主动剔除自己的落后思想，在现代文明的发展中找到一条适合自己发展的道路，实现现代价值转换。"去巫化"是其要走的必然一步，湖湘古属巫风浓厚的楚地，即使是在当代，湖湘信仰民俗中还存在或多或少的巫术风气，巫汉神婆们招摇撞骗、愚弄百姓，这对信仰民俗的发展起着不可低估的阻碍作用。"'去巫化'既消除了善男信女心中难言之痛，也为民间信仰的'正统化'做了舆论准备。'去巫化'和'正统化'是否成功，在很大程度上决定民间信仰的生存和发展的空间，甚至决定着民间信仰的生死存亡。"① 另外,"民间信仰活动的低俗化、庸俗化、媚俗化,将会使民间信仰这种重要的民族文化资本由深刻变浅薄,进而影响自身的发展"②。

总之,湖湘纷繁芜杂的信仰民俗同各大宗教一样普遍具有崇仁尚善、济世安民的情怀,这些传统信仰民俗中所内含的生态伦理思想和道德主张,对于湖湘民众的教化和湖湘经济社会的建设都是值得珍重的文化资源。随着当前湖南各民族流动、杂居的现象逐渐增多,多民族、多元宗教文化并存的形态成为社会常态。这就造成了信仰者与非信仰者及不同信仰群体之间的日常交往与互动成为必不可少的社会活动,这种互动也贯穿在社会生活的方方面面。不同信仰群体在日常交往互动中,了解和认识宗教间的差异,淡化彼此的矛盾,才能促成相互间的理解和包容,这也是多元宗教信仰文化能够和谐共存、持续发展和维系的基础。同时,在湖南地区信仰民俗文化生态的重建中,社会主流文化对各种信仰发展的影响至关重要。湖湘传统信仰民俗应不断加强自身的现代化转型,对原有的文化进行适应性的调节,通过改革达到与现代化的耦合,只有这样,才能增强自身的竞争力,保持整个文化生态的多样性。

第三节 湖南信仰民俗文化生态保护路径

在湖南地区,历史上各种原因导致的移民迁徙使各民族汇聚在一起,各民族人民对不同信仰互相尊重并能彼此交融,形成一种多元宗教文化共存的生态环境,多种信仰文化在这里产生了交汇:南方民族(如苗族、瑶族、侗族、畲族、土家族)主要信仰本民族的始祖神、英雄神和儒释道三教,他们信仰的对象多样化,因此信仰场所中的神像和信仰活动都是丰富多彩的;以回族和维吾尔族为主体的少数民族,则大多信仰伊斯兰教;还有信仰基督教的民众,他们其实也有遵循湖南传统信仰民俗的情况;汉族主要受儒释道三教及信仰民俗影响较深,也崇尚多神信仰。总

---

① 林国平:《去巫化与正统化:民间信仰的生存和发展之路——以福建民间信仰为例》,《世界宗教研究》2013年第1期。
② 张祝平:《民间信仰发展面临的挑战与选择》,《中国民族报》2011年。

之，湖南地区各族民众的信仰民俗和佛教、道教、伊斯兰教、基督教和睦相处，形成了各宗教信仰协调共存、各民族文化兼融的状况。但从长远来看，湖南地区信仰民俗文化生态的平衡"需要理论和实践两个维度的共同转变和维系，内在的条件包括宗教文化生态系统的自组织原则和宗教的融通精神，外在的条件则在于对于宗教与人类社会的共生关系的理解和社会对于宗教的管理和政策"①。

一 坚持稳定的"和而不同"的文化认知传统

《论语》记载了孔子"和而不同"的思想，它最早仅仅是君子用来修身养性的一种道德操守，但是这种思想能指导各种不同的异质文化在相处的过程中妥善处理彼此之间的关系。"和而不同"本义是在尊重差异的前提下不冲突，谋求最大程度的共识，在矛盾的对立统一之中，互相学习与交流，达到共同发展的目的。每种事物都是各不相同的，但又相互依存，所以"和"不是要消除彼此间的不同，而是在承认彼此不同的基础上，让各种不同事物在协调中和谐共处，让每种不同的事物在保持自己特色的前提下共存共荣、相互补充。例如我国近年来提出"一带一路"倡导，几十个不同的国家与民族能够在一起进行对话交流，不同文明之间的思想碰撞是绝对存在的，但如果我们能在"和而不同"思想的指导下，求同存异，彼此包容，就一定能取得共同繁荣的预期目标。"文化宽容"就是在对我们自己的传统文化有信心的基础上，以"和而不同"的宽容精神去对待异质文化，并相信在未来的世界文化的发展中，各个国家、各个地区、各个民族的文化绝对不会完全被西方文化所同化掉，而是会在保持自己特色的基础上相互学习，彼此沟通，求同存异，从而获得共同的发展与进步。

文化的发展进步需要一个好的互动环境，这个环境必须是开放的、动态变化的，它不会是静止的、封闭的，不断与其他文化进行交流和沟通是文化取得持续性发展的动力。牟钟鉴在《宗教文化生态的中国模式》中说"中国宗教生态文化的多元通和模式得以成型并经久不衰的深层因素，

---

① 杨学林:《宗教文化生态中的政府责任——宁夏吴忠地区宗教与社会关系研究》，博士学位论文，中央民族大学，2010年。

在于它有一个稳定的'和而不同'的文化认知传统，并深入人心"①。费孝通则认为，"'和而不同'就是容纳多元文化的共存，就是提倡和鼓励多种文化在相互接触、相互交流、相互融合、求同存异、取长补短中共同发展、共同繁荣，简单地说，'和而不同'就是'多元互补'"②。在处理当今湖湘多元文化互动的关系中，应该以费孝通"和而不同"的文化观为殷鉴，在良好的文化互动环境中，实现湖湘多元民族文化的共生共荣。

湖南地区信仰民俗的文化生态的平衡发展，得益于湖湘地区千百年来形成的"和而不同""多元包容"的文化认知传统。湖南地区由于幅员辽阔、地形复杂多样，民众的生活环境有很大的差异，因而产生了多样的生活方式，形成了多样的传统和风俗。后来随着文化间的交往越来越频繁，文化观念更加宽容，文化的多元共存成为常态。如湘中梅山地区自古巫风甚浓，但后来随着儒教、道教、佛教的传入，民众的信仰体系更加复杂多元，"和娘娘"法事就体现了这种多元包容的信仰文化。"和娘娘"法事是一种以巫道为主的信仰民俗体系，自古以来就在梅山地区广为流传，深得当地乡民的喜欢。"和娘娘"法事的主要仪式音乐包括巫道傩音乐，还有梅山民歌和说唱音乐，梅山民歌和说唱音乐是古梅山文化的缩影。"和娘娘"法事一般在农历新年前后举办，法事时将和娘娘的画像挂在法场四周的墙壁上，其实是在向信徒宣告法事中所供奉的主要神明，以求得她的护佑。神坛供奉的神明有道教神、祖先神，还有梅山狩猎神张五郎，神坛后面还有民间普遍供奉的土地神，主人家的先祖神位也在被供奉之列。"和娘娘"仪式除了巫、道、佛及本土神灵等神圣性的祭祀内容之外，表演者还会增加一些与观众互动的环节来使仪式表演更具观赏性和趣味性，也让观众对古梅山峒区原始农耕渔猎生活有了更直观的认识，表达了信众对先祖的怀念与尊崇。"和娘娘"法事融合巫教、道教以及佛教的神系，是一种多元文化融合的载体，具有典型的古梅山地域文化特色。

湖湘各民族信仰民俗的文化交融的历史发展也表明文化的表现方式是千姿百态的，而不同表现形态的文化在文化宽容的前提下又是可以和谐共通的。如南岳宗教文化在长期的发展过程中始终坚持"和而不同"，其独

---

① 牟钟鉴：《宗教文化生态的中国模式》，《中国民族报》2006年5月16日第6版。
② 费孝通：《费孝通文集》第14卷，群言出版社1999年版，第407页。

具魅力的多样性文化源流,也使其具有了包容豁达的文化传承精神。在南朝佛教高僧慧思来到南岳之前的 200 多年前,道教上清派始祖魏华存夫人就已来到南岳潜心修道,后来佛道共处一庙,彰显了南岳衡山包容、豁达的非凡气度,对南岳千年的宗教文化发展影响深远。南岳作为五岳之一,是历代朝廷隆重祭祀的名山,其祭祀文化影响深远,周边民众纷纷来此朝拜,天下名流也多汇集于此,各种宗教信仰在一起碰撞,相互吸纳、相互融合,形成了多元包容的文化品格。佛、道两大宗教在衡山相安无事一千多年,博采众家,经世务实,共同创造了影响深远的南岳佛道文化,也为湖湘地域文化增添了瑰丽璀璨的一笔。自唐代以来,南岳成为鸿儒们谈笑论道与交流的场所,在参禅礼佛的过程中,僧侣、道士、儒者相互学习。而南岳民间信仰也因为具有一种"和而不同"的文化宽容与文化共享的情怀,才使南岳圣帝祝融享誉全国及海内外。在湘西少数民族地区的永顺老司城也是一个多元民间信仰文化交流的结合体。历史上永顺土司统治着苗族、土家族和汉族的众多人口,一千多年的土司制度使历代土司治所所在地老司城现在还保存着很多宗教遗址,如玉皇阁、祖师殿等。土家族聚居区的汉族人和其他少数民族也信仰土家族的土司,如三王崇拜。这三人本是历史上土家族的土司彭公爵主、向老官人、田好汉,却被附会了一种神的色彩,他们宣称自己是神灵的后人,从而使自己的统治合法化。而土家族和其他民族也崇拜汉族的许多神灵,如道教的玉皇阁、佛教的观音岩等。玉皇阁本为道教系统的神庙,但后来演变为佛教的寺庙场所,关帝本是民间神灵,后被道教和佛教共同吸纳,被汉族和土家族人共同崇拜。历史上的土司和文人,都对外来文化保持着一种默许和虔诚的态度,永顺土司彭元锦还为关帝庙写下《铜钟铭》,这些神灵崇拜是不同文化碰撞的结果。历代人口迁徙、南北文化交流使湖湘民间信仰文化与北方文化还有其他少族民族文化的交流互动越来越频繁,多元文化相互碰撞,也更容易产生文化认同,从而形成了湖湘民间信仰文化的广纳博收、兼容并蓄的特征。

"宗教在始终不断地新陈代谢,就像一棵树不断奉献出成熟的果实。"[①] 包容的思想存在于许多宗教中,正是这种互相包容的胸襟为宗教间的和谐相处提供了条件。湖南地区信仰民俗正是以这种兼容并包、和谐

---

① [德]西美尔:《现代人与宗教》,曹卫东译,中国人民大学出版社 2003 年版,第 47 页。

二 积极开展宗教间的交流与对话

随着全球化的发展、网络的普及，对话沟通与交流在不同信仰之间是不可缺少的，"没有各宗教之间的相互了解，国与国之间则很难相互了解；没有各宗教之间的对话与沟通，诸教之间则很难达到和平与友好；而诸教之间若不能和平相处，诸国之间亦不可能和平相处或安全共存"①。只有在这种多样的交往和沟通中，不同宗教才能增进交流、加深理解，深入了解彼此的不同和相同之处，从而在这种事实存在的差异中寻求一种更好的彼此之间的相处的方式，如"和而不同""多元互通"就是比较好的指导不同宗教之间对话的思想。

不同宗教信仰之间经常开展交流沟通，不仅能够消除误解、化解对抗，而且还能够升华自身信仰，实现自我超越。中国传统文化的宽容精神促成了各种制度性宗教与民间信仰不断地融合与会通，三教与信仰民俗正是在频繁的互动之中形成了各自的自身认同，"获得自身认同，乃是有自我意识的宗教传统：民族和文化建构起自身认同的共同途径"②。自从东汉时佛教进入中国，儒道佛就互相交流学习，从而构建形成了各自的信仰体系：佛教通过中国本土化的转换，不断向土生土长的儒教、道教吸收营养，最终形成了具有中国特色的禅宗；道教在向儒教、佛教学习的过程中，各种义理经典日趋完善；儒家文化更是融合道教和佛教形成了宋明理学。而中国的信仰民俗作为一种松散性宗教，也正是通过与三教的交流与对话而获得了蓬勃发展。李亦园先生曾说："……（中国信仰民俗是）一种综合阴阳宇宙、祖先崇拜、泛神、泛录、符录咒法而成的复合体，其成分包括了儒家、佛家和道家的部分思想教义在内。"③信仰民俗和其他宗

---

① 孔汉思、秦家懿：《中国宗教与基督教》，吴华译，生活·读书·新知三联书店1997年版。
② ［美］罗伯特·沙夫：《走进中国佛教：〈宝藏论〉解读》，夏志前、夏少伟译，上海古籍出版社2009年版。
③ 李亦园：《文化的图像：文化发展的人类学探讨》（下卷），台北允晨文化公司1992年版，第180页。

教信仰一样，要想获得长期发展，就需要不断自我更新，进行宗教间的对话与交流。中国的信仰民俗与儒释道关系非常密切，如关羽信仰本是一种民间的英雄崇拜，后来在中央王朝历代统治者的加封倡导下，风行全国，香火鼎盛，并先后被道教、佛教纳入自己的神灵体系。在清朝关羽信仰还与孔子学说一样，在精神上发挥着教化民众和官僚的功能。关羽信仰正是因为融合了儒教、道教、佛教，不但逃脱了遭受官府、士人批判的命运，而且通过与其他信仰的交流与对话，获得了长足的发展，成为清代最重要的民间信仰。

湖南地区的各种宗教之间要建立共同的对话准则，才能进行友好和平的对话。"没有各宗教之间彼此认同的准则，就无法有效地展开宗教对话，因此，探讨宗教对话的共同准则是宗教对话活动的先决条件。"① 宗教之间相互平等、相互尊重、理性交流与和平对话的准则，是目前学术界公认的宗教对话诸多共同准则中最重要的准则之一。因为万物本体是平等的，各宗教之间的交流对话也要本着平等的观念和立场，避免歧视、贬低、不友善的语言和行为，平等自由开放的环境有利于各民族团结和共同发展，封闭、歧视容易激化民族矛盾。同时，进行沟通与交流时，避免陈旧死板或千篇一律，要有灵活、多样的姿态，使用多样方式、多种话语，更形象生动，更注重心灵上的情感交流，更能打动对方。所以，不同宗教的沟通与交流应该本着真实真诚的态度，真正理解对方，而不仅仅是单纯地表明立场、简单地回答提问。此外，除了"官方"的沟通，还应有"民间"的沟通，才能营造一种全民的沟通氛围。正是因为湖南地区的宗教政策本着相互平等、相互尊重、理性交流与和平对话的准则，才能包容各种宗教形态，促成湖南地区的经济繁荣、社会稳定，为文化繁荣和社会安定提供条件。

宗教之间的沟通交流就像人与人之间的沟通交流一样，需要在特定的时空和场域下进行，所以我们要积极创建各种对话交流的平台，让各种宗教能相互了解，实现知己知彼的目标。雷蒙·潘尼卡（Raimon Panikkar）是当代宗教对话的先行者，在他看来，对话是宗教相遇的最高阶段，如果宗教对话是可能的，对话就是对真理的极性的表达，没有一个人或者是一

---

① 王桂彩（思竹）：《多元论·对话·文化间哲学》，博士学位论文，浙江大学，2004年。

个群体能够体现真理的绝对尺度,而对话的真实正在于我们自身生存的内在转变。

今天,人类的宗教信仰因为经济的全球化发生了很大的变化,这既活跃和加强了不同信仰的交流,也有可能激化各种冲突,宗教冲突的根源并不是宗教的差异,宗教冲突的真正根源是我们怎么对待这些差异。因此,为了减少或避免冲突,我们不仅要保护民众信仰的多样性,还要认识到这种多样性的价值,这就要求我们要有宽广博大的胸怀,尤其是生产力先进、有科技及经济优势的一方,不要将自己的价值观和生活方式强加给他人,而应加强双方的互相理解。美国哲学家斯特伦说:"一种交流或沟通,它不仅是交流不同的价值与观念,而且对话交流本身又是一种媒介或新催化剂,它使对话参与者的宗教意识展露出新的方向或方面。"对话有助于宗教拓展视野,更新观念,与时俱进。事实证明,宗教对话有助于各宗教信仰的相互影响和激励,有助于各宗教在保持各自独特性时相互学习、共同发展。

湖南地区的宗教在对话时一方面要注意避免"话语霸权",不要认为自身的文化优于对方,有一种高高在上的优越感,希望对方全盘接受自己的文化。另一方面还要避免以一种夜郎自大、坐井观天的封闭守旧观念盲目排斥异质文化。每一种文化都是从人类社会的美好、进步、发展的基本点出发的,只是观念、方法或道路不同而已。我们可以加强不同文化之间的对话和沟通,从而缓解甚至避免很多冲突,这正是推动人类社会文明不断向前发展的希望。

西方学者在一百多年的探索中提出了宗教对话的置换模式、成全模式、互益模式和接受模式,这些宗教对话模式虽然并不完全适用于湖南各宗教之间的对话,但是互益模式却有着非常重要的借鉴意义。湖南地区民间信仰与其他宗教和睦相处,并行不悖,长期以来共同营造了安定祥和的宗教局面。这种多元宗教交融的宗教局面的形成经过了数百年的对话才得以完成,这种对话并不是一直在和平环境中进行的,其间还伴随着一系列的宗教冲突。在社会现实中,宗教互益对话往往伴随着连续性的、激烈的宗教冲突和民族冲突,这些冲突形成的强大外力又促使冲突的双方不断学习对方的优点,同时为了谋求和解而主动寻找双方宗教的契合点,通过这种方式来实现宗教互益和民族融合。湖南地区的宗教对话模式可以说是互益对话模式，最大的优点是开放性，使各方都有互益、成长的可能。在多元宗教格局中宗教交往以多民族民众和神职人员的民间往来为主，官方则采取无为而治的治理思路，并不直接干预宗教的发展，各宗教在这个过程中发生过激烈的冲突，客观上加快了不同宗教信众间的交流和对话，创造出了具有地方特色的宗教文化，形成了复合型宗教信徒，使信徒认同湖南地方文化，将自己视为湖湘人的一员，从而自然地营造出安定祥和的宗教局面，最终走上了互相帮助、共同发展的道路，实现了互益的目的。

如湖南地区的翦姓维吾尔族人，他们的祖先因战功被朱元璋赐姓翦，在明初就从新疆移居常德，距今已有630多年的历史。他们因长期与汉族、回族共居共生，宗教信仰已经明显改变，其伊斯兰教信仰和新疆维吾尔族人的伊斯兰教信仰相比，有明显的不同：一部分翦氏族人仍信伊斯兰教，但很多习俗已经汉化；另一部分人则完全改信了汉族的信仰民俗（被称为"反教"的），"反教"者的葬礼请道士做道场，信仰土地神。正是600多年漫长的历史文化变迁，使翦姓维吾尔族人深受汉文化影响，这也是他们的一种生存适应，他们经过不断的权衡取舍最终选择适应湖湘地区文化状况的文化。本来中国的信仰民俗中一直存在多重信仰的状况，普通民众对于宗教信仰，将灵验看作是否祭祀的标准。普通民众相信只要祭祀"灵"就可以祈拜，就能保他们平安，他们的宗教界线的概念很模糊，也极少考虑宗教和民族的关系问题。所以湖南翦姓维吾尔族人家中也大多挂有财神爷、观音、寿星等汉族信仰的神灵，即使在那些自称信仰很坚定的维吾尔族村民家里，这些神像也随处可见。正是几百年来湖南翦姓维吾尔族人与当地汉族人之间的频繁宗教交流，使他们的信仰已表现出浓郁的湖湘世俗文化特色。

湖南地方的多元宗教融合程度高，民族关系好，注重民间的宗教交流是信仰民俗成功的最主要的原因。自古以来，湖南地区的民间宗教活动就非常多，历代地方政府对此比较支持，持宽容的态度，充分满足民众的宗教需求。20世纪80年代，宗教政策落实后，湖南地方政府部门对有利于地方稳定、文化繁荣、经济发展的宗教都采取宽容的政策，随着宗教世俗化进程的加快，民间宗教活动中的文化层面被放大，娱乐性成为吸引多民族民众特别是青少年的主要特征。在发展旅游业的大背景下，湖南地区丰富多彩的宗教民俗节庆正成为湖湘地区吸引游客的魅力所在。因此，政府部门非常支持传统宗教民俗节庆，遇到民间宗教管理者前来化缘，政府部门都要资助，宗教活动的主动权和组织权仍然在民众手中，民众也竭力维护地方稳定和民族团结。但值得注意的是，在湖南地区的信仰民俗和其他宗教交流沟通的过程中，地方政府要肩负起两方面的责任：一是要维护不同宗教的本土性与话语权；二是要搭建文化交流的各种平台，使不同的宗教相互了解、共同进步。

三 提供政策与法律保障

从湖南地区信仰民俗的历史、现状、作用、特点、趋势看，它已经深深扎根于湖湘民众的精神生活中，并且又焕发出勃勃生机。因此，我们必须清醒地认识到这一现实情况并采取有效的措施，而提供政策与法律的保障是其中必不可少的一项重要举措，必须加快宗教事务管理的法制化。对于宗教事务问题的处理，要依据国家宪法和相关法律法规，还可依据其他涉及宗教事务管理的规范性文件，将宗教管理纳入法制化轨道，依法规范地进行管理，因为"没有法律的宗教将失去其社会性和历史性，变成为纯属于个人的神秘体验。法律（解决纷争和通过权利、义务的分配创造合作纽带的程序）和宗教（对于生活的终极意义和目的的集体关切和献身）乃是人类经验两个不同的方面；但它们各自又都是对方的一个方面。它们一荣俱荣，一损俱损"①。民间信仰作为非制度化宗教，也只有依靠法律，才能从内在的和外在的层面，使信仰活动更加合法、更加有生命力。

习近平认为："宗教问题始终是我们党治国理政必须处理好的重大问题，宗教工作在党和国家工作全局中具有特殊重要性。"② 自1991年以来，国务院相继颁布了一系列行政法规，如《宗教事务管理条例》等，维护了宗教界的合法权益，使宗教事务管理向法制化迈进了一大步。近年来，各种宗教活动蓬勃发展，同时国际国内形势也有了新的变化，并在宗教领域中也有所体现，这些新情况和新问题引起了党和国家的高度重视，

---

① ［美］哈罗德·J. 伯尔曼：《法律与宗教》，梁治平译，中国政法大学出版社2003年版，第124—125页。

② 习近平：《全面提高新形势下宗教工作水平》，新华社，2016年04月23日，新华网（http://www.xinhuanet.com//politics/2016-04/23/c_1118716540.htm）。

习近平总书记多次提出要提高宗教法治化水平，为宗教法治化指明了方向，中央各项关于宗教活动的政策与法规相继出台。从2017年8月到2018年2月的短短半年的时间里，中央就颁布了3项关于宗教活动的法规政策：2017年8月26日李克强总理签署第686号中华人民共和国国务院令，宣布《宗教事务条例》获国务院常务会议修订通过，并于2018年2月1日开始施行；2017年11月发布的《关于进一步治理佛教道教商业化问题的若干意见》，是国家宗教局联合多个部门发布的，此意见针对佛教道教商业化问题提出了一系列可行的具体措施，为维护宗教的合法权益和健康发展、营造和谐稳定的社会环境起到了积极的规范引导作用，也为其他宗教避免商业化道路敲响了警钟，是深入贯彻落实"十九大"精神的重要举措；2018年2月23日，国家宗教事务局又发布了《宗教事务部分行政许可项目实施办法》，这些政策与法规为在法治轨道上推进宗教工作指明了方向。

随着中央一系列宗教政策的颁布，一些省市自治区也相继颁布了有关宗教问题的地方性法规和规章制度。如湖南省民族宗教事务委员会2016年6月8日颁发的《城市民族工作条例》《民族乡行政工作条例》。湖南省民族宗教事务委员会印发《宗教出版物的审读办法的通知》《关于民族类题材出版物审读办法》《湖南省宗教事务条例》，以及针对民间信仰活动场所专门制定的《湖南省民间信仰活动场所登记管理暂行办法》，在宗教事务管理、民族事务处理以及信仰民俗管理方面取得了较好的效果。特别是在信仰民俗管理方面，湖南作为在全国率先将民间信仰活动场所管理纳入法治轨道的省份，迅速行动，统一部署，不断总结基层经验，认真查找存在问题，积极探索方式方法，扎实推进中央重要文件精神和重大决策部署的深入落实，吸引了全国一些兄弟省市来进行经验交流。国家宗教局在湖南省举办全国信仰民俗工作基层干部培训班。2018年1月8日，全国宗教局长会议在京召开，湖南省作为12个典型之一，由省民宗委党组书记、主任徐克勤介绍了湖南信仰民俗工作的特色经验做法。

宗教问题历来都是极其复杂的，它牵扯到多个部门、多个方面，湖南省的宗教工作部门在推进宗教法制化的过程中，非常注重处理宗教与其他相关事务的关系。中央的宗教指导纲领《条例》涉及多个部门、多种法律法规，这就必须有"大宗教工作"的思路与处理方法，要求政府各部门要有一种整体合力,既要分工明确,又要齐心协力、通力配合。近几年来湖南省在对滥建宗教寺庙的处理中,土地管理部门以违法占地为依据;在处理宗教人员各种违反社会治安条例的事件时,以治安条例为依据来依法处理;对国外传播非法宗教的人员,以出入境管理条例为依据依法处理。同时,湖南省在处理宗教问题时还明确任务、细化要求,建立健全工作机制。针对"不愿管、不敢管、不会管"现象,积极探索建构有效治理的工作网络,构建"职责清晰、分工协作、属地管理、综合治理"的监管工作新模式,逐步建立健全工作机制,逐步建立政府相关工作部门宏观监督、乡镇政府微观管理、民间信仰团体自治、场所组织具体运作相结合的四级管理体制。

湖南省宗教工作部门还注意处理好国家法律法规和宗教制度的关系,明确了政府与宗教界都是管理主体的问题,二者的管理职责各有不同。依法管理实际上包含了两个方面,一方面是政府的依法管理,另一方面是宗教界内部的自我管理,二者分工明确,紧密配合。"在宗教界自我管理方面,凡是符合国家法律法规和宗教教义的宗教行为,政府都应给予必要的尊重,让他们根据教内习惯做法和历史定制,自我组织、自我管理,政府只是提供外围治安上的必要保证。"① 政府是保护人民群众生命及财产安全的行政执法主体,应依法管理好宗教活动,预先制定出切实可行的处理方案,采取有效措施防止不法分子破坏宗教活动。有意外情况发生时,做好一切后勤保障工作,比如人员车辆的安全疏散,消防和医疗的迅速跟进。如2018年1月30日,省民宗委主任徐克勤一行先后前往省佛教协会、省基督教"两会"、省天主教"两会"、省伊斯兰教协会等全省性宗教团体进行走访慰问,给宗教界人士送上了新春的问候和祝福。同时,徐主任一行组织各宗教团体负责人进行座谈,听取各宗教团体的工作汇报和意见建议,勉励各团体在新的一年里,按照中央和省委、省政府关于宗教工作的决策部署,深入学习领会新修订的《宗教事务条例》,要求各宗教团体要切实抓好春节期间宗教活动场所的安全管理工作,认真开展安全稳定的隐患排查,切实落实各项安全措施,确保节日期间宗教活动场所的安全稳定。

---

① 张建文、高完成:《我国宗教工作法治化迈向新高度》,《中国民族报》2017年第17期。

2018年2月12日，临近春节，针对活动多、人员多、用火用电多、宗教活动场所消防安全面临考验等问题，湖南省民宗委及时研究，下发通知，做好部署，强化举措，切实加强宗教活动场所的安全管理，确保信教群众的生命财产安全。省民宗委先后下发《关于认真做好今冬明春宗教活动场所消防安全工作的通知》《湖南省民宗委关于建立"一单四制"制度推动宗教领域安全隐患排查治理的通知》和《做好宗教领域应急安全管理工作的通知》，制定《湖南省宗教活动场所工作安全管理办法》，全力推动、全面部署宗教场所的安全工作。根据要求，全省各地及时对场所安全工作进行了安排部署。2018年1月9日，邵阳市民宗委召开委党组会议，专题研究部署"今冬明春"宗教活动场所的消防安全工作。2018年1月9日，湘西州召开宗教工作调度会，部署当前全州宗教领域的安全隐患排查工作，并对"今冬明春"宗教活动场所消防安全工作进行了安排。同时，省民宗委加强了对全省宗教活动场所安全工作的督查，并由领导带队深入部分宗教活动场所进行安全大检查。2018年1月26日，余开家巡视员带队对南岳大善寺、衡山道院、南岳大庙等重点宗教活动场所进行了安全检查。各地也根据省民宗委的通知要求，开展了宗教活动场所安全大检查。2018年1月1日，怀化市民宗委党组书记、主任吴昭炎带领市民宗委相关科室人员深入靖州飞山禅寺、中方莲花寺、鹤城区基督教堂等市级重点宗教场所走访慰问宗教界代表人士，并送去新年的祝福。2018年1月22—26日，长沙市民族宗教事务局安排四个工作组到重点场所开展消防安全督查。2018年1月25日，靖州县民宗文体旅游广电局深入高山深处的部分宗教活动场所开展雨雪冰冻天气安全检查工作。

以上列举了2018年初宗教工作部门的工作状况。湖南省宗教工作部门在信仰民俗工作方面更注重打牢基础，完善制度，不断创新管理模式。虽然从法律的角度来看，因为宗教问题的社会性及复杂性，当前还没有一部详细系统的法规来对信仰民俗进行管理。但湖南省宗教工作部门在这种情况下，能针对信仰民俗工作中存在的热点、难点问题，找准信仰民俗工作的薄弱环节，拓宽新思路，研究新方法，制定新对策，修订了《湖南省民间信仰活动场所登记管理办法》，取得了不错的成绩。同时他们还注重对照检查，多措并举，积极推动工作落实，指导各级宗教工作部门以"人、财、事"为重点，以试点单位为代表，将查找问题和改进工作相结合，积极总结经验，宣传推广典型经验，鼓励探索，推动工作。如 2018 年 2 月 23 日怀化市领导到市民宗委专题调研民族宗教工作时：指示市民宗委要进一步落实全国和全省宗教工作会议精神，加强宗教活动场所的内部管理，进一步完善各项管理制度，使宗教场所更加规范；指示有关部门要强化宗教的网络基层机制，确保宗教工作在基层顺利开展；指示有关部门要充分发挥宗教界人士的积极性，坚决抵制外来宗教势力的渗透；指示有关部门要认真建立宗教领域安全稳定隐患排查治理"一单四制"制度，努力推动宗教领域安全稳定隐患排查治理工作，维护正常宗教秩序，制止乱建大型露天宗教造像的现象，确保宗教领域安全稳定，为怀化的发展提供更多的正能量。

近年来，湖南省政府认真贯彻中央有关宗教管理精神，号召宗教界积极投身于社会建设，在各个方面发挥作用，如积极参与慈善公益事业，弘扬优秀宗教文化，发挥宗教道德教化作用，进行对外宗教文化友好交流等。近五年来，特别是在公益慈善等方面，湖南省宗教界作出了令人瞩目的贡献，资助建校、助学、救灾、扶贫、修路等达 1 亿元，改善了民生，促进了社会发展。

第六章 非物质文化遗产保护视野中的湖南信仰民俗

在对非物质文化遗产保护的视野中的信仰民俗进行研究之前，我们应对非物质文化遗产进行初步的了解，非物质文化遗产的英语为"Intangible Cultural Heritage"，其中就包括了"民俗"或"民间文化"，而信仰民俗文化在民俗或民间文化中是占主体地位的。从非物质文化遗产的角度对信仰民俗展开研究，实际上隐藏着一大事实，即信仰民俗在当代中国社会中无法占据主流地位，也不被主流话语所认同和接受。北京大学高丙中曾说："中国要使自己的非物质文化遗产能够作为整体立得住脚，就必须先学会从正面看待所谓的民间信仰。"① 他认为，我们之所以强调"信仰民俗"的重要性，是因为"信仰民俗"事实上是中国人的民族性格在日常生活中的反映，是大众的信念和仪式，具有广泛的群众基础。非物质文化遗产保护的措施使我们可以将普通老百姓看成有着正常思想、健全人格的人。我们对信仰民俗的研究，不光是对老百姓日常生活中的种种仪式活动进行调查记录，而且还要弄清信仰民俗与国家文化认同的关系，从而进一步认识中国思想文化以及政治发展的进程。

北京师范大学萧放在谈到非物质文化遗产保护与信仰民俗时说："目前要重视的民间信仰应该具备以下几个特性：一是传统性，传统性是构成文化遗产的要素，是经过时间检验的文化结晶；二是伦理性，那些有益于大众身心健康并在社会发展中发生积极效用的文化传统或传统文化才有资格成为遗产；三是濒危性，我们应该在实际工作中对这类民间信仰现象优先抢救保护，而民间信仰中包涵了不少濒临灭绝的传统道德因素。"② 濒

---

① 高丙中：《作为非物质文化遗产研究课题的民间信仰》，《江西社会科学》2007年第3期。
② 萧放：《文化遗产视野下的民间信仰重建》，《探索与争鸣》2010年第5期。

危性是大多数信仰民俗所面临的窘况，破"四旧"的风暴，对传统信仰民俗的破坏可以说是致命的，所以说我们要保护信仰民俗文化，要注重其经过历史变迁沉淀下来的民族厚重感，注重其有益于大众身心健康的文化传统。在湖南地区的非物质文化遗产保护工程中，信仰民俗文化代表着国家的文化认同，是公民社会建设不可缺少的一环，彰显出其独特的魅力与价值。

第一节　湖南土家族摆手的"非物质文化遗产化"

信仰民俗及其传承者为了得到合法的生存空间，致力于落实"与广大民众相融合""与各个宗教信仰相融合"的发展方针，这种发展方式从20世纪80年代起一直延续至今并不断完善。与远古文明息息相关、血脉相融的信仰民俗文化，通过21世纪轰轰烈烈展开的"非物质文化遗产保护"运动为广大人民群众了解，生活在当代的中国人可以从这些流传至今的信仰民俗文化中与祖先产生精神上的共鸣。从20世纪新文化运动以来，人们对这些似乎带有原始巫术性质的民间信仰是摒弃的，现在学术界研究这些远古文明不再有任何政治上的禁忌了，但是令人忧心的是，仅仅依靠学术话语并不能使民间信仰在短时间内得到法律上的认可。"非物质文化遗产化"是当今民间信仰获取合法地位的一个新策略。

在中国的56个民族中，有些民族没有属于本民族的文字，文化传承仅依靠语言与图画。土家族就是一个鲜明的例子，它的文化主体不存在于典籍文化中，而是存在于生动活泼并流传至今的民间文化中。在土家族活态民间文化中，摆手一直是学界研究的核心领域。摆手是以神灵或先祖或土王为信仰对象的、土家族传统社会中的一种核心的祭祀仪式，旧时文献多有记载："旧有堂曰摆手堂，供土司某神位，陈牲醴，歌时，男女相携，蹁跹进退，故谓之摆手。"[①]"土俗各寨有摆手堂，每岁正月初三至初五、六之夜，鸣锣击鼓，男女聚集，摇摆发喊，名曰摆手，盖被除不祥也。"[②] 摆手现在主要以湖南的龙山、永顺，重庆的酉阳、湖北的来风等地为主要传承地，于2006年被列入第一批国家级非物质文化遗产名录。

---

① 光绪《龙山县志》卷11《风俗》。
② 乾隆《永顺县志》卷4《风土志》。

一 土家摆手的历史渊源

土家族主要分布在中国湘鄂黔渝交界处的酉水流域。我们可以从发掘于里耶的秦代简策中了解到，先秦时期，土家先民巴人就已经在酉水流域生活繁衍，酉水两岸至今仍可寻到一部分巴人活动的遗迹。"摆手是土家族以村寨为单位或数寨联合举行的祭祀祈禳活动，包括祭祀礼仪、跳摆手舞、唱摆手歌、表演茅古斯、送驾扫堂等项。"① 摆手在土家语中叫"舍巴"或"舍巴巴"，摆手活动以规模大小与祭祀神灵影响大小为标准分为两类，一种是多族人民聚集一处共同开展活动，被称为"大摆手"，供奉的神灵是土家族人民敬畏的"八部大神"，另一种一般仅于一族人中开展，祭祀土王或祖先，被称为"小摆手"。摆手是具有神圣性的祭祀活动，摆手堂是土家族神圣的建筑物，清代《永顺府志》曾对摆手活动进行过详细描述："各寨有摆手堂，又名鬼堂，谓是已故土官阴署。每年正月初三至十七日止，夜间鸣锣击鼓，男女聚集，跳舞唱歌，名曰摆手，此俗犹存。"② 除了地方志、史书记载之外，关于摆手堂的记载也在部分地区的碑刻中保存下来。例如湖南龙山就发现了卸甲寨摆手碑和岔堤摆手碑，分别是乾隆和道光年间的碑刻，碑文详细交代了摆手这种习俗的历史渊源、具体的仪式过程以及民众的参与程度等。同时，湖南省龙山县、湖北省来凤县以及重庆市酉阳县还相继发现了完整的摆手堂遗迹。

当前学术界对土家摆手的研究成果迭出。对于摆手的历史渊源，学者们众说纷纭，莫衷一是，其中祭祀说、狩猎说占主流，战争说、农事说也被诸多学者认同，巴渝舞说目前还有争议。

祭祀说认为摆手源自远古先民祭祀神灵，千年以前的摆手活动是作为祭祀舞蹈存在的，先民们获得丰收后，感恩赐予他们野味及粮食的天地祖先，并祈求来年衣食丰足而举行摆手这样的仪式活动。摆手活动一般在每年的正月以及清明时节举行，活动时间短则三日，长则五日。举行摆手活动时，族人聚集在摆手堂欢跳摆手舞，同时还要大声唱摆手歌，摆手歌的

---

① 刘冰清、彭林绪：《土家族摆手的地域性差异》，《中南民族大学学报》（人文社会科学版）2011年第6期。

② 乾隆《永顺府志》影印本。

歌词对祖先"筚路蓝缕,以启山林"的创业史进行讴歌,追溯本民族的源头、追忆民族迁居历史,八部大王、彭公爵主、田好汉及向老官人等都被他们奉为祖先神灵。直到今天,在有着"中国土家第一村"美誉的湘西永顺双凤村,村民们每逢重要节日都要跳舞蹈"茅古斯","茅古斯"正是远古时期土家族先民茹毛饮血、刀耕火种生活的真实反映。

"狩猎说"认为摆手源于生活在深山老林中的土家族先人的日常生活,他们以狩猎为生,所以他们祭祀祖先的祭品也多为猎物的兽皮和鸟羽。"当狩猎者有了想把由于狩猎时使用力气所引起的欢乐再度体验一番的冲动,他就再度从事模仿动物的动作,创造自己独特的狩猎舞。"[①] 我们不难从土家族"茅古斯"剧情中得知野猪是当时主要的猎物。湘西州龙山县靛房镇百型村村民祖辈留下很多关于土王来龙山打猎的传说,由这些传说我们了解到龙山在雍正改土归流以前为土司猎场,到处是高山密林,土王会不定期地来这里打猎,在土王打猎期间,寨子里的村民以好酒好菜招待土王,还要唱摆手歌、跳摆手舞取悦土王,土王停留在寨子里打猎的时间有时长达半月,寨子里就要做半个月的摆手活动。这些祖辈的传说说明了摆手与狩猎的紧密联系。

"战争说"有几种说法,在湘西州永顺县土家族山寨双凤栖,至今当地人还说土家语,他们对于摆手的来源有着自己的看法:"在一次久战不胜的战争中,土司王为了取得战争的胜利,决心诱敌深入,在他的授意下,众人围在一起载歌载舞,通宵达旦,敌人在不知有诈的情况下被欢腾的歌舞声吸引前来观赏,土司王随即带领埋伏的军队将敌人擒获,后来的摆手舞就是为了纪念这一大获全胜的战争。"湘西龙山的土家族人也认为摆手源于战争,但他们的说法与双凤栖的说法有所区别:"相传某土司于前明时调征广西某县城守坚,屡攻不下。时某军营城南门外,乃令其士卒半女妆,连臂喧唱,为靡靡之音。于是守城者竞集观之,并动于歌,流荡无坚志。某则以精兵潜逼他们,跃而入,遂克城。归后演为舞节,盖亦蹈咏武功之意。然桑濮风行,或至淫忘返。近土民读书讲礼教,多惭为是

[①] [俄] 普列汉诺夫:《论艺术(没有地址的信)》,生活·读书·新知三联书店1964年版,第73、74页。

者，其俗竟衰息。"① 这说明土家族摆手舞的产生与战舞有着不可分割的联系。在酉阳县也有关于摆手起源的传说，传说中土家族过赶年的习俗就是抗击敌人时产生的，后来战争胜利，大家在欢庆的仪式上载歌载舞，就这样摆手舞产生了。还有一种说法被经常提及，就是土家族骁勇善战的英雄帕普领兵大败侵略者，为纪念他的丰功伟绩，摆手中出现了大量的军事舞蹈动作，例如披挂、驾马刺矛、搭弓放箭、列队。"土司们正是利用某次远征胜利的历史事件，将土家族民间的各类祭典进行了整合，这种整合实际上是三种社会阶层和社会力量即统治者、士兵和土民的整合。有了这种整合，土家族内部的各种集团在仪式中达到了象征性的统一。"② 后来土家族摆手中又出现了大量农业耕作的动作，如春种、夏忙、秋获、冬储等，摆手活动逐渐由缅想战争胜利的活动向描摹农业生产的活动转变，因此出现了摆手起源的"农事说"。

"农事说"其实主要反映小摆手的情况，小摆手的舞蹈内容反映的是正月到十二月的农事生产，有能反映季节农事特征的舞蹈动作，如二、三、四月准备农具，耕田撒种。土家族百姓的生产生活被改编为舞蹈动作，与民众生活贴近，为民众带来娱乐，为大众所熟悉与接受，因而得到了更广泛的传播。小摆手的领舞者多为主持祭祀仪式的土司，执锣鼓者边击鼓边响锣，其余人围成一个大圆圈，一边旋转一边舞蹈。整个家族的人在一起载歌载舞，增强了家族凝聚力。

对"巴渝舞说"目前学界还有争论。持"巴渝舞说"的学者认为，土家族先民来源于古代巴人，摆手是由古代巴人用来提高士气、威吓敌人的战斗舞蹈巴渝舞演变而来的。关于巴渝舞，唐代典籍就有记载："阆中有渝水，民多居水左右，天性劲勇，初为汉前锋，锐气喜舞，帝善之曰：'此武王伐纣之歌也。'乃令人习学之，今所谓巴渝舞也。"③ 在遥远的古代，巴渝舞通常于战争之前进行，《尚书》曾生动记述武王伐纣时将士们在夜间欢跳巴渝舞至天明以鼓舞人心的故事。有学者认为摆手舞源于古代巴渝舞，但也有学者持不同观点："摆手舞和巴渝舞分别属于不同的民族

---

① 龙山县地方志编纂委员会编：《龙山县志》，方志出版社2012年版。
② 柏贵喜：《摆手祭：土家族社会结构的象征表达——土家族象征文化研究之一》，《中南民族大学学报》（人文社会科学版）2005年第3期。
③ （唐）杜佑：《通典》卷一四五，清乾隆十二年（1747）武英殿校刊本。

民间舞蹈，各自的民族虽同处一个时代，但居住在不同的地域，崇奉着不同的图腾，有着不同的信仰，具有不同的姓氏。"① 他们认为不能因为古代典籍上有关于巴渝舞的记载，就认定摆手舞来源于古代的巴渝舞，二者分别属于不同地域，具有不同的图腾与信仰、不同的姓氏。再加上摆手舞产生的年代可能比巴渝舞更早，但由于土家族生活在蛮荒之地，不为世人特别是代表主流文化的上层社会所了解，所以摆手在典籍上没有记载。

总之，摆手舞与土家先民祭祀祈福、狩猎、农事、战争等活动密切相关，是土家族一寨或数寨联合举行的祭祀祈禳活动。但不可否认的是，摆手舞在历史上民族融合的大背景下，也影响到了其他各族。举行大型摆手活动时，无论是汉族还是苗族，只要是在一个寨子里居住的人，都会与土家族人一起参与这个庆祝丰收、祭祀先祖的仪式。土家族以外的各族人民之所以能够与土家族人一起跳摆手舞，是因为一个寨子的村民中土家族人的数量最多，其他各族人民在长期共同生活中或多或少地受到了土家族文化的浸染，并且潜移默化地融入土家族的信仰。摆手祭祀的神灵虽然是土家族的八部大王或其他祖先神灵，但摆手舞已经成为一种地域性、全民性的活动。

二 本民族的传统与允许外力介入

为谁保护非物质文化遗产的问题是一个悖论，因为非物质文化遗产具有公共性，是允许外来力量介入的，当某一民族独有的传统被认定为非物质文化遗产时，该传统极有可能被其他民族所影响或改造。但是"对经济或政治处于弱势地位的民族来说，一旦来自于强势民族的强势文化对其实施入侵行为，弱势民族的文化很难做到'出淤泥而不染'，通常会被强势文化所同化或控制"②。摆手舞作为土家的民族文化传统，本来是土家族的一种文化记忆与传承，但是由于历史变迁及现代化语境的影响，摆手舞虽然被学者们视为是土家族最有民族特征的文化符号之一的文化传统，却面临着失传和消失的危险。这就要求我们的非物质文化遗产保护能真正

---

① 陈廷亮、黄建新：《摆手舞非巴渝舞论——土家族民族民间舞蹈文化系列研究之五》，《中南民族大学学报》2006年第4期。

② 杨向东、袁凌雲：《土家族摆手舞的文化生态与文化传承》，《贵州民族研究》2016年第11期。

做到保护摆手舞生存下去的文化生态,保护摆手舞的本真性,使之能真正贴近生活日常、彰显生命活力。但在真实的非遗保护语境中,实现完全的本真性是不可能的,外力的介入使土家摆手舞被加入了一些新的元素。

摆手舞在明清方志中一般都有记录。明清摆手舞以湘西州保靖县、龙山县、古丈县、永顺县的摆手舞为代表。除了上述四个地方以外,同属酉水流域的湖北省来凤县的县志中也有关于摆手舞活动的详细描述。摆手舞在大多数村庄里都在正月举行,选择初九到十一的比较多。一支摆手舞队伍一般代表村寨里的某一姓氏或某一族房,在各种祭祀仪式之后,再在巫师的带领下唱请神歌,全族老小围在一起跳热闹的摆手舞,吟唱本民族历史悠久的歌谣。歌词赞美的神灵都是土家族的前辈祖先,其中八部大神在祭祖项目中至关重要,除了八部大神,血缘关系很近的先祖和已去世的上辈也是供奉膜拜的家族神灵,能享受到长年不断的香火祭祀。土家族还供奉土王,彭公爵主、向老官人、田好汉等土王是享受供奉最多的土王,本地土王有时也是供奉的对象,供奉土王的祭祀活动多在摆手舞之前或之后进行,摆手活动都从"祭祖"开始,接下来会在摆手堂中依次举行摆手的各项活动。

湘西州永顺县双凤村素有"土家族第一村"的称号,土家族民俗文化保存比较完整,费孝通、潘光旦等学者曾在这里长时间地考察土家族文化。民族学家潘光旦在1950年以后用了十年左右时间研究土家文化,他以摆手舞为重要突破口,为土家族的认定识别工作做出了很大贡献。即使是现在,村子里不管是刚刚成年的年轻人,还是已至耄耋之年的国家级摆手舞传承人,都把摆手舞作为家族文化传承的职责。据了解,彭、田两个家族在双凤村中人数最多,最早来双凤村村寨的彭氏和田氏是结拜兄弟,后来双凤村人丁兴旺,于是彭、田家族的族人开始向周围的村落搬迁,规模渐渐扩大到了以双凤村为核心的八个村子。这八个村子中因为有一个村子里的一半人是从外面迁来的汉族,所以又被称为"七寨半"①。因为双凤村是"七寨半"的发源地,所以每年"七寨半"的重大祭祖活动(如摆手

---

① 包括双凤、叭科、羊品沟、反坡、新寨、沙湖、八吉、召且八个村,但由于召且村土汉杂居,有一半人是别处迁来的汉族人,所以召且村只能算半寨,八个村寨就被合称为"七寨半"。

舞）都在双凤村举行，强化了共同的道德观念，增强了宗族凝聚力。每年正月初三以后的单日晚上，由双凤村牵头，"七寨半"共同举办摆手活动，一夜一寨，历时七天八夜。祭祀在活动流程中为第一项活动，除了祭祀，跳摆手舞也是活动的主要内容。而祭祀中最隆重的活动为敬祭摆手堂，祭品非常丰富，有米粑、牛头、猪头、各种点心，这些祭品由家境较好的人家准备或由大家共同分摊。众人在梯玛的带领下焚香磕头，祭祀先祖和各位神灵，之后跳摆手舞。摆手舞使用简单的锣鼓进行配乐，舞者动作是根据锣鼓鸣响的节奏摇摆。双凤村摆手舞中的动作，由劳作和生活的动作衍变而来，这些动作的名字也有生活气息，如打蚊子、喝豆浆、搓麻、抖虱子等，展现了土家先民在生产力低下时艰辛劳作的情况。双凤村除表演摆手舞之外，还表演茅古斯舞。茅古斯舞是对土家族原始先民生存状态的一种较为直观的描述，无论是表演的道具、服装、表演形式还是所展现的内容，都是远古时代土家先民真实的生产生活的投影，展现了远古土家族人的婚姻习俗，可以称得上是反映土家族先民原始生活的一块"活化石"。

　　土家族的传统被看作"神圣不可侵犯"的，但它在千百年的文化变迁中一成不变的可能性是微乎其微的。对土家族文化的大冲击发生在清代的雍正年间，针对湘西少数民族实施大规模的改土归流，使土家族独具特色的民族文化受到极大的压制。后来到了国民政府时期，政府采取更强暴的手段禁止土家族异质的民族风俗活动，以更牢固地控制土家族基层政治权力，土家族人说本民族语言的自由也被剥夺，他们被统治者的耳目诬陷为用黑话交流，遭到拘禁、被投入监牢，于是土家族人一时人人自危。再加上湘西地区历来有不少土匪聚集的窝点，兵荒马乱，民不聊生，摆手舞这样的活动在1949年以前其实就已经很少了。

　　中华人民共和国成立之后，各种支配土家族社会的旧制度习俗也土崩瓦解，人民公社化运动展开以后新划定的政治从属关系使家族组织结构不再具有实质性的意义。双凤村的老摆手堂本来是为加强"七寨半"家族凝聚力而存在的，在这种情况下也失去了存在的意义。1952年民族区域自治政策的确立和执行，给土家摆手带来新的机遇。土家族由于改土归流以后汉化严重，被认为没有可展示出来的、表现自己民族特点的文化，所以在最初的民族识别中并没有被认定为少数民族，这一状态一直持续到 1957 年。一群致力于少数民族文化研究的学者不断提出湘西土家族的族属问题，不辞辛苦查阅各种文献古籍，翻山越岭从事田野调查。当地的土家族人也开始在多种公共场合展现自己的民族特点，他们希望能为获得少数民族身份的认可贡献力量。与摆手紧密相关的、强调土家民族特性的摆手舞，开始走出摆手堂、走上了文艺舞台，双凤村几位村民还被湖南省选送参加在北京举行的文艺汇演。1957 年 1 月 3 日，经国务院批准，土家族少数民族的身份被确立，同年夏天，湘西土家族苗族自治州成立，作为土家族身份标志的摆手舞被越来越多的人所熟知，也被越来越多的土家人所喜爱。

双凤村获得"中国土家第一村"的头衔与村里 1949 年以前建成的摆手堂是密切相关的。民族学家潘光旦先生对这座摆手堂进行了系统的考察，后来土家族才被确认为单一少数民族。虽然这座摆手堂在"破除旧思想、旧文化、旧风俗、旧习惯"的风潮中遭到灭顶之灾，但双凤村村民们暗地里将在摆手堂祭祖上香的风俗习惯延续下来了。

改革开放后政府"大力发展民族文化"，1986 年双凤村第二座摆手堂修建起来了，由于这次修建是政府单方面的意愿且没有得到村民的积极响应，它虽然与第一座摆手堂有着同样的名字，但对村民而言缺乏神圣感和凝聚力，很快就被废弃，不到五年就成了危房。直到 21 世纪初世界非物质文化遗产保护运动兴起，永顺县民族事务局为建造新的摆手堂投入 10000 元的资金，村民积极主动参与，自愿出工出力，第三座摆手堂修建起来了，并一直被保存至今。

非物质文化遗产保护运动在政府的倡导下开展起来，摆手堂及摆手舞得到政府的各种资助，但摆手堂却失去了其最先的以祭祀祖先为主要目的祭祀祈禳的意义。摆手舞其实不是一种普通的娱乐性舞蹈，而是一种祭祀祖先的信仰文化。刻于乾隆辛巳年间（即 1761 年）的湖南省龙山县西湖乡御甲寨的碑文就表明了摆手的祭祀神灵的目的："男女齐集神堂，击鼓鸣钲，歌舞之，名曰摆手，以为神之欢也。"[①] 旧时每年祭祖时节，族人都会在神堂面前集体跳起摆手舞，但在思想观念发生改变的新世纪，特别是在普遍崇尚西方文化的背景下，对祖先表达崇祀之情的摆手舞失去了其

[①] 彭官章：《土家族文化》，吉林教育出版社 1991 年版，第 78 页。

信仰依存的生活基础，已经很难延续。摆手舞要想焕发新的生命力，就必须适应时代发展的新特点，但当我们过于突出它鲜明的艺术特色时，它原本的宗教特点就消退了，从而成为一种纯粹的具有民族特色的舞蹈。

现在，摆手堂不再是男女老少都不能随便进出的、祭祀祖先神灵的地方，而成了大家可以在一起活动的公共娱乐场所，庄严肃穆的祭祀仪典可以在摆手堂举办，已具有极强观赏性与娱乐性的摆手舞、茅古斯舞也可以在摆手堂举行，这时整个村寨的男女老少共聚一处，歌舞欢笑，不仅是为了取悦神灵，也是为了娱乐放松。

总之，摆手舞不论在土家人展现民族特点、争取民族认同以及保护非物质文化遗产中发挥了怎样重要的作用，又对土家族与现代社会相适应产生过怎样的影响，终究是一种土家族自己的传统文化，会随着时代的发展而发生改变。

三 土家摆手在现代经济社会中的选择

非物质文化是精神层面的文明，非物质文化遗产保护语境下具有民族特色的精神文化与民族地区旅游结合起来，通过发展文化经济改善本民族人民的生活现状，这是土家摆手在现代经济社会中的自然选择。

20世纪50年代以后对传统文化的批判与清算，导致摆手这样的传统祭祀文化被当作封建迷信而受到打压，在村子里销声匿迹。如双凤村与摆手紧密相关的摆手堂于20世纪60年代就在"破四旧"运动中被捣毁了，像梯玛这种"装神弄鬼"的巫术活动更是被严令禁止。但同样是在这个时期，当土家作为一个族群被确认后，摆手舞却遭遇了与摆手堂及梯玛完全不同的命运，在学者们的研究和文化部门的指引下，摆手舞成为土家族民族文化的代表和符号。

一种文化的再次繁荣肯定伴随着它本身的创新和重构，摆手也不例外。摆手舞已经和国家意志等政治因素有了联系，它的祭祀性被有意忽略和遗忘，摆手舞从此发生了根本的变化，具有了全新的性质与功能，成为土家族民族文化的代称。改革开放以来，摆手舞被改编成多种舞蹈，广场摆手舞成为热爱锻炼身体的人们的一种健身运动，也就意味着摆手舞不再只属于某个少数民族，已经成为各民族都喜欢的一种健身休闲方式，和广大人民群众的日常生活息息相关了。

在这一过程中，摆手舞作为一种民族体育运动，为人们的健身活动注入了新鲜的血液。到了21世纪初，各级政府以及学术界都积极关注少数民族的非物质文化遗产保护，土家的摆手活动及梯玛文化也日益受到重视。

尤其重要的是，随着少数民族聚居地的日益开放，村民们不再像他们的长辈们那样，终其一生只在附近几个村寨活动。特别是20世纪90年代以后，村民们逐渐走出大山，到全国各地打工，他们的视野也逐步开阔起来。湘西地区风景秀美，民风淳朴，再加上沈从文小说及电影《芙蓉镇》的影响，张家界和凤凰古城已成为世界著名的旅游景点，国内外游客纷至沓来，带来了丰厚的旅游收入，引起了其他地区的艳羡与模仿。永顺县政府也想借旅游来促进经济发展，旅游的定位是土家族文化旅游，摆手作为土家文化的象征自然就成了文化旅游的重中之重。重现摆手舞之乡的辉煌，大力发展旅游经济，在这一点上村民和政府之间形成了一种高度的默契。第三座摆手堂建成了，几十年没开展过的摆手活动又轰轰烈烈地开展起来了，摆手中最重要的摆手舞也跳起来了。除此之外，各种祭祀活动也在摆手堂前隆重举行了。

但摆手作为土家族的一种传统祭祀文化，在新的时代背景下，完全"原汁原味"的、用来祭祀祖先的传统形式不可能存在了。摆手舞本是土家先民在农耕时代祈求丰收的一种祭祀仪式，随着社会的不断发展，少数民族聚居的农村的生产生活方式也发生了重大的变化。尤其是改革开放以来，土家族青壮年纷纷南下打工，只剩老年人和孩子留守村寨。摆手舞主要是老年人在跳，年轻人会跳的很少，虽然有些地区把摆手舞推行到义务教育中，但大多数人对摆手舞还是缺乏应有的兴趣。

一种传统如果开始承载与以往不同的使命，也就意味着它具有了新的功能，开始彰显新的生命力。摆手原本是一种具有浓厚宗教仪式特征的祭祀活动，当它被定义为一种民族舞蹈、让我们关注它的艺术性时，其实我们更关注的是它的民族身份诉求。当它在非物质文化的语境下受到关注时，它只可能是一种被发明的传统，其神圣性渐渐被忽略，而被注入了很多其他的因素。湘西州龙山县马蹄寨和农车乡1949年以后举办的几次活动都是由政府部门牵头组织进行的，由于缺少主持仪式的梯玛及相关人员，再加上参与的青壮年太少，很难再现以前的盛况，即便是应外来者的需要勉强组织起来，也只能尽量简化程序，缩小规模。20 世纪 80 年代，龙山县马蹄寨举办了最隆重最完整的摆手活动，但也是在摆手研究中比较有成就的土家学者彭勃的指导下，由时任县长田荆贵参与拟定仪式过程和内容文本。《土家纵横谈》根据相关地方文献和史料，以龙山县农车乡的大摆手为蓝本，适当改编删改，再由熟悉仪式的田祖富老人代为主持编写。

"土家第一村"双凤村的摆手舞也不是原汁原味的摆手舞了，它可以随时随地表演，而不像以前只在大年初三等固定的日子才可以跳，相关的祭祀活动也不再由"梯玛"来主持。双凤村的村民早已不穿土家族民族服装，但为了表现民族特色，他们在表演摆手舞时必须穿着县里统一发放的土家族民族服装，只不过这些服装不是以前那种纯手工精心缝制的精美服装了，全是机器生产的，男女老少的服装都一样。摆手舞终于有人跳了，而且队伍中出现了很多新的面孔，不仅有耄耋老者，也有幼稚的孩子，摆手舞由一种神秘神圣的祭祀活动变成可供娱乐的观赏性节目。如果说 20 世纪 50 年代摆手的发现为土家族民族识别作出了巨大贡献，那么当代摆手的再次繁荣其实受经济利益的驱使。

从摆手舞及整个摆手仪式的历史变迁中，我们可以看到国家意志对民族传统文化的深远影响。事实上，我们现在看到的摆手其实靠口口相传来传承，很多仪式也是相关人员依靠回忆重构的，因此难免有错讹和遗漏之处。虽然当下非物质文化遗产保护力度较大，有些仪式得到较好的恢复，但摆手的丰富内涵及完整仪式已经很难再现了。

第二节　作为文化品牌的汨罗屈原文化

文化是民族和国家赖以存在的重要根基，塑造文化品牌、打造文化"卖点"，是市场经济条件下一个地方赢得发展的必由之路。屈原在汨罗的传说以及纪念屈原的各种习俗古迹已经成为汨罗的历史文化名片。这些年来，岳阳借助汨罗屈原文化举办龙舟竞赛活动，扩大了岳阳作为内陆城市的影响力，城市知名度不断上升，城市文化品牌已经形成。本研究通过实地观察、问卷调查、访谈等方式，对汨罗屈原文化的现状进行分析。

"汨罗江畔端午习俗"是世界级非物质文化遗产，汨罗是屈原自沉殉国的地方，也是屈原最后生活的地方。两千多年前，忧国忧民的诗人屈原选择了在五月初五这天以汨罗江作为自己的最后归宿，使端午节的内涵由原始的祭祀水神、驱除瘟疫扩大到对文化人物屈原的怀念与崇祀，龙舟竞赛运动也和屈原联系起来，汨罗因此成为"端午源头、龙舟故里"。两千多年后的汨罗端午节习俗已沉淀为一种深厚的端午龙舟文化。调查表明，随着时代的前进，屈原信仰的文化功能得到不断强化，其作用和影响越来越大。屈原文化是岳阳独特的资源和品牌，岳阳举办龙舟节，恢复、巩固、提升了岳阳作为龙舟文化之源应有的地位。而群众广泛参与，并自觉融入文化的创新与整理中，使岳阳独有的文化品牌具有了恒久的生命力。同时，从作为世界级非物质文化遗产的"汨罗江畔端午习俗"中，从纪念屈原而存在的国际龙舟文化节中，我们能够看到非物质文化遗产保护语境下对信仰的解构以及重新表述的过程。我们绝不能对信仰民俗的存在视而不见，更不能忽视它所能带来的巨大的精神力量，而是应该大胆地面对它，对它进行深入分析与研究，最后达到有效利用它的目的。

图片 20　汨罗屈子祠内供奉的屈原之神位　　　（拍摄人：李琳）

一 屈子祠概貌

屈子祠位于汨罗玉笥山，旧名屈原庙、汨罗庙、三闾大夫祠，历史上庙址几经变换。晋代《拾遗记》卷十中有记载："屈原以忠见斥，隐于沅湘。……楚人为之立祠，汉末犹在。"郦道元《水经注》亦载："罗渊北有屈原庙，庙前有汉南太守程坚碑记。"《一统治》说："汨罗庙在县北汨罗江上，庙旧在南阳里，即今翁家洲也，后徙建公悦园北，濒江数毁于水。乾隆二十一年知县陈钟理徙建玉笥山上。"可见，玉笥山上的屈子祠是乾隆二十一年（1756）为避水从公悦园北迁来的，起初名三闾大夫祠，同治八年（1869），乡贤集资修缮三闾大夫祠，始定名为屈子祠。

笔者于2011年3月第一次赴汨罗进行田野调查，同去的还有家住汨罗的一个学生。刚下火车，"汨罗欢迎您""蓝墨水的上游"等大幅标语就让我感觉到了扑面而来的屈原的气息。坐公交车从汨罗市区到屈子祠大概要20多分钟，但等车也花了我们10多分钟的时间，从公交车下来后再走几分钟就到玉笥山了。在汨罗江畔的玉笥山上，我们看到一座肃穆的古牌楼式建筑，正中"屈子祠"三个大字苍劲有力。屈子祠为三进青砖结构，祠正门牌楼墙上有多幅栩栩如生的屈原浮雕，中殿设有祭祀厅，主祀屈原，牌位为"故楚三闾大夫屈原之神位"。后进中厅的草坪上矗立着1980年重塑的屈原铜像，像高3米，目视前方，神态忧思。此外，屈子祠内还有屈原生平展室，历代文人吟咏屈原诗作、碑刻。

二 世界非物质文化遗产"汨罗江畔端午习俗"

"汨罗江畔端午习俗"继2006年被中国国务院公布为国家级非物质文化遗产之后，2009年又和"苏州端午习俗""屈原故里端午习俗""西塞神舟会"一起被联合国教科文组织列为世界非物质文化遗产，端午习俗由我国四地联合申报，也是我国首个被定为世界非遗的节日。

"汨罗江畔端午习俗"可用旧时流行甚广的民谣和谚语来概括："粽子香，香厨房。艾叶香，香满堂。桃枝插在大门上，出门一望麦儿黄。这儿端阳，那儿端阳，处处都端阳。"① "清明插柳，端午插艾。"

---

① 这首民谣是笔者2016年在汨罗调查端午习俗时采录的。

图片21　汨罗江国际龙舟节赛场　　（拍摄人：李琳）

端午节吃粽子，悬艾草菖蒲，汨罗民间还流行在端午期间把香囊荷包佩带在身上，用来驱邪祛瘟，装扮点缀，而端午之时喝雄黄酒，更是以前盛行一时的习俗。古诗云："唯有儿时不可忘，持艾簪蒲额头王。"意思是不能忘记小时候过端午节时，小伙伴们戴着菖蒲，拿着艾叶，再用雄黄酒在额头上写上"王"字的趣事，因为这样能驱赶邪气。雄黄酒也有杀虫的功能，特别是在床底、墙角等容易生虫的地方，一般也会洒上雄黄酒清洁环境。

而"汨罗江畔端午习俗"中最重要的习俗是龙舟竞渡，每年端午节汨罗江畔的龙舟竞渡活动都人山人海，锣鼓喧天，活动开始前人们一般都要先去屈子庙祭祀屈原。人们一般都全家出动，一家老小像过年一样穿得齐齐整整，参加龙舟竞渡的人抬着龙头先去屈子祠祭祀屈原，祭祀的供品非常丰富，粽子肯定是必不可少的，还有猪头、豆腐及各种点心水果。汨罗江畔的龙舟竞渡自古以来就被认为是纪念屈原的活动，现存文献最早记载端午祭祀屈原的是东汉末年应劭的《风俗通义》："屈原于是日（五月五日）死于汨罗，人伤其死，所以并将舟楫以拯之。今之竞渡，是其遗迹。"晋代葛洪《抱朴子》说："屈原投汨罗之日，人并命舟楫以迎之，

第六章　非物质文化遗产保护视野中的湖南信仰民俗

至今以为□渡，或谓之飞凫，亦（有脱文）曰，州将士庶，悉临观之。"①

可见，从东汉开始，人们便已普遍认为竞渡是为了拯救沉水的屈原而进行的，端午竞渡纪念屈原在民间广为流传，成为汨罗端午习俗中最吸引民众的一项活动。

破"四旧"、立"四新"时，汨罗端午祭祀屈原的各种活动被取消。改革开放后，特别是2006年汨罗端午习俗进入非物质文化遗产名录后，屈原文化被打造成特色文化的代表，肩负了传承传统文化的重任，并且与当地的现代化建设紧密联系起来。为传播屈原思想、彰显"屈原文化"在中国优秀传统文化中的重要地位，岳阳提出了"充分利用一位世界名人——屈原，一条世界名江——汨罗江，一座千年古祠——屈子祠，一个传统节日——端午节，一项民族体育运动——龙舟竞渡"的标语，正式启动了"汨罗端阳节文化产业园"的保护和建设项目。

将屈原打造成一个世界级的人文品牌的具体行动其实从2005年就已开始了，由岳阳、汨罗两级地方政府具体负责。目前，屈子祠内文物的维修、改版、保护、征地等工作已成功完成，汨罗江国际龙舟竞渡中心在2005年就已建成并成功主办了多次大型国际龙舟赛。屈原文化的建设还得到了省委省政府的高度重视，时任书记张春贤、时任省长周强都曾先后亲临屈子祠考察，并就湖南利用屈原文化的事宜作出重要批示。中央宣传部、中国文联、中央文明办也多次在汨罗进行现场调研。《中国汨罗江屈子文化园概念设计方案》现已完成，方案紧紧围绕屈原这个世界文化名人，将文化资源与山水资源、湿地资源、民俗节日资源等世界级、国家级的杰出资源整合起来，打造了一个以屈原文化为主要内容的博大精深的文化园。

据负责人介绍，汨罗屈子文化园将屈原文化与汨罗自然风光融为一体，打造文化旅游品牌，是湖南省重点建设的一项文化强省工程，屈原的爱国主义精神将在这里得到充分发扬。由于汨罗屈子文化园与农村接壤，各种设施将会与新农村建设、城乡一体化发展相配套，这里将不仅是城市居民休闲娱乐、缓解压力、接受爱国主义教育的精神家园，更将成为广大农民排解困乏、舒缓身心、加强人际交往的精神家园。目前，这个构想得

---

① 《北堂书钞》卷一百三十七（http://www.guoxue123.com/zhibu/0201/03btsc/140.htm）。

到了全省各部门的大力支持，并大多落到了实处。

岳阳也是世界上举办高规格、高水平龙舟竞赛活动最多的赛地。从1987年开始，到1999年岳阳举办20世纪最后一届国际龙舟大赛，岳阳市已成功举办了十届龙舟节，国际龙联执行主席麦克、北美洲龙联主席苏珊、中国龙舟协会主席路金栋等10多个国家和地区的龙舟团体负责人曾先后来岳阳龙舟赛场观摩。但经费的困难、市场运作的艰辛使岳阳国际龙舟赛暂停。进入2005年，随着民俗意识的觉醒和市场经济的快速发展，岳阳人逐渐意识到，屈原的知名度、龙舟的品牌、汨罗江的文化内涵是独一无二的资源优势，也是一笔极其珍贵的文化遗产，以市场运作的方式恢复岳阳国际龙舟节势在必行。2005年举行的中国岳阳（汨罗江）国际龙舟节，成为岳阳人保卫传统文化、树立龙舟品牌、挖掘屈原精神、推动岳阳和谐崛起的重要载体。

据了解，2005年恢复举行的龙舟节经国家体育总局批准，由国家体育总局和中国龙舟协会主办，岳阳市政府和汨罗市政府承办。龙舟节的开支大部分由市场运作解决，湖南太子奶公司以200万元的投入取得了整个龙舟节的总冠名权。参加龙舟竞赛的有新加坡龙舟队、澳大利亚龙舟队、菲律宾国家代表队，以及国内的17支男女龙舟队。开幕式上，台湾著名作家余光中先生带领众人齐声朗诵他写的《汨罗江神》。在《世界有条汨罗江》的歌声中，余光中焚"祭屈诗文"，并与众人一起向江中抛投粽子，将人们对屈原的怀念之情推向高潮。

据笔者统计，自2005年恢复举办国际龙舟节以来，每年端午岳阳都会举行大型活动纪念屈原。2006年、2007年的龙舟节在屈子祠举行祭龙仪式，在汨罗江龙舟竞渡中心举行国际龙舟节开幕式，2008年、2009年推出"端午旅游文化节"，2010年举办"湘鄂情"端午旅游文化节活动暨"我们的节日·端午——中华长歌行"特别节目。2011年的龙舟节除举办传统的龙舟表演和祭屈仪式之外，还增添了非物质文化遗产展演、"屈子颂"中南大学学位授予仪式及"建设文明城市，共享绿色家园"的公益活动。2012—2017年的汨罗江国际龙舟节继续为岳阳打造独具魅力的端午源头城市节会品牌，将文化、体育与旅游相结合，经费由政府和企业共同承担。2011年在屈子祠前举行的学位授予仪式，将当代文化界对屈原的虔诚信仰展现得淋漓尽致。6月5日（农历五月初四）下午，来自

图片 22　汨罗屈子祠外汨罗江边的龙舟　　（拍摄人：李琳）

中南大学文学院的 280 名毕业生在汨罗江畔屈子祠前举行了隆重的学位授予仪式。授予学位之前，汨罗市政府和中南大学还举行了祭祀屈原的仪式。祭祀人员在钟、鼓、磬等传统乐器的伴奏下，敬献牲果、净手上香、恭读祭文。尽管下着大雨，毕业生们依旧一脸庄重，顺利完成了学位授予仪式。2016 年湖南理工学院部分学士、硕士、博士也在屈子祠的屈原的见证下，获得了学位。

2016 年端午节期间，笔者前往汨罗屈子祠对参加龙舟文化节的社会各界人士进行了大型的问卷调查，发出问卷 300 份，收回有效问卷 297 份。笔者还对现场群众进行了个人访谈，了解了当地民众对纪念屈原的龙舟节的传统民俗活动的心理认可度和参与态度。

问卷调查题目之一：您认为龙舟竞渡？
（1）是纪念屈原的活动
（2）能体现我们的民族精神
（3）龙舟文化节是体现岳阳文化品牌的一个好的窗口
（4）龙舟竞渡对身体素质和物质条件有一定要求，开展成本较高

(5) 龙舟文化节劳民伤财，弊端很多
(6) 能体现悠远的民俗文化历史

据统计，100%的受访人都认为龙舟竞渡是纪念屈原的活动；分别有98.1%、97.3%和98.6%的人认为"龙舟竞渡体现了团结一心奋勇争先的民族精神""悠远的民俗文化历史""龙舟文化节是体现岳阳文化品牌的一个好的窗口"。可见，当地民众是非常认同龙舟竞渡所体现的民族精神和民俗文化特色的。此外，汨罗为龙舟竞渡的发源地与屈原的归宿之地，当地的群众大多对屈原的传说和龙舟竞渡的历史耳熟能详，他们对本地区的民俗传统和历史人物都拥有一份其他东西无法替代的自豪感。虽然也有26.7%的人认为"龙舟竞渡对身体素质和物质条件有一定要求，开展成本较高"，但是只有1.6%的人认为"龙舟文化节劳民伤财，弊端很多"。

随着时代的前进，文化的功能不断强化，其作用和影响越来越大。屈原文化是岳阳独特的资源和品牌，岳阳举办龙舟节，恢复、巩固、提升了岳阳作为龙舟文化之源应有的地位。群众广泛参与并自觉融入文化的创新与整理，使岳阳独有的屈原文化品牌具有了恒久的生命力。

三 表达民众娱乐诉求的龙舟文化节

费尔巴哈认为："人的依赖感是宗教的基础。"其实依赖感对一切信仰来说都是不可缺少的形成因素，信仰之所以存在是因为它能给人安抚和慰藉。在现实生活中，我们有太多的焦虑、恐惧与担忧，尤其在全球化的过程中，我们遭遇外来经济的优势和文化的冲击。信仰能够缓解个体焦虑。作为一种精神的力量，它表现了人们在不能左右自己命运时对神灵和神力存在的想象与渴望。屈原信仰在中国古代社会中有一个从萌生到解释再到信仰加强的过程，同时，现代社会对屈原信仰又有一个从反对到重新表述和加以利用的过程。事实证明，屈原信仰的力量是我们所有人无法漠视的，既然我们无法做到让信仰完全消失，我们就只能在正确认识的基础上对其有效利用。

2017年的汨罗江国际龙舟节喜逢屈子文化园开园，全国文明村镇文艺展演活动也在汨罗举行。2017年端午期间，笔者再次来到汨罗屈子祠进行实地考察，亲身体验了汨罗端午盛大的节日聚会，并全程参与了端午节的开幕式及其他各项活动。

5月13日凌晨，我早早地从汨罗市的住宿地起了床，匆匆赶赴汨罗江畔的龙舟竞渡中心。7点左右我到达竞渡中心时，这里早已是人山人海，锣鼓喧天，和我几个月之前来这里所见到的冷清状况形成了鲜明的对比。原来，平时当地人大多都出去打工挣钱了，留在这里的多是老人和小孩，小孩也一般在学校和幼儿园里。但每年端午节，到长沙及周围城市打工的人都回来了，学校也放了假，这里便热闹起来。当地在端午节期间除举行传统的龙舟竞渡活动之外，还有一些其他的活动。据当地人讲，龙舟竞渡之前一般有一个祭拜龙神的仪式，这是屈子祠颇具特色的朝庙仪式，又叫"祭龙头"。朝庙的时间，过去集中在农历五月初一，现在一般安排在汨罗江国际龙舟赛的开幕式上，地点选在玉笥山屈子祠。一般主持仪式的是屈子祠的祭司，他们穿着道服，分列在屈子像两旁。在震耳的鞭炮声和低沉的《迎龙神》曲中，两队排列整齐的龙舟队员扛着龙头进入屈子祠。在祭司的诵经声中，当地有名望的主祭人祭拜龙神，随后队员上前依次点香祭拜。这个朝庙仪式在汨罗已经有上千年的历史。人们认为只有祭拜过龙神的人，才会得到龙神的保佑，在龙舟比赛中战胜对手。

2017年5月13日的汨罗江国际龙舟竞渡中心，旌旗猎猎，歌声阵阵。笔者身在现场，只感觉人山人海，热闹非凡。9：08，烟花腾空而起，数万观众欢呼雀跃。龙舟竞渡中心成了欢乐的海洋。全国文明村镇及文明示范县的800余名代表，向全世界人民展现了中国乡村景美人美精神更美的全新面貌，现场观众领略了原汁原味的乡村文化。各种具有浓郁湖湘气息的端午文化节目，鲜活生动，让人久久难以忘怀。上午11：00，比赛开始，汨罗江畔的人群更是摩肩接踵，水泄不通，现场鼓声震天，观众满怀激情地准备为自己心仪的龙舟队伍加油助威，2017年中国汨罗江国际龙舟邀请赛正式上演。笔者对现场的部分观众发放了调查问卷，并选择了一些人员进行了现场访谈，以下是访谈对话。

访谈对象1（黄某某，本地农民，女，55岁，以下用黄代替）。
笔者："大妈您觉得今年的端午节热闹吗？您喜欢看龙舟赛吗？"
黄："往年比今年还热闹呢，今年因为下雨，所以人少一些。我们都喜欢看龙舟赛，如果没有龙舟赛，还叫什么过端午呢？"

笔者："您以前看过村里自发组织的龙舟比赛吗？"

黄："年轻的时候看过，不过没现在的热闹。"

笔者："近几年政府主办过的龙舟文化节您每次都去看吗？"

黄："每年都去，只是人太多，挤不进去。"

笔者："您觉得举办龙舟文化节对你们的生活有什么影响没有？"

黄："影响可大了，可以让外面的人知道汨罗，也让我们过节过得更热闹。"

访谈对象2（徐某，个体经商者，男，37岁，以下用徐代替）。

笔者："大哥您喜欢看龙舟赛吗？"

徐："我们这里的人大都喜欢看的，我们还想自己划呢。"

笔者："你觉得今年的龙舟节比往年的有什么不同吗？"

徐："今年的娱乐性更强了，这也是我们老百姓的需求。听说有一个龙舟体验趣味赛，组织市民和旅游团队参加。还有民间龙舟邀请赛，这些都比较吸引观众。"

笔者："龙舟节对你们的生活有什么影响吗？"

徐："龙舟节对我们做生意的人来说是一个很好的时机，龙舟节期间我们的生意一般都不错。"

访谈对象3（高某，工薪族，男，33岁，以下用高代替）。

笔者："大哥您是一家人来看龙舟赛吗？"

高："是的，过节待在家没什么意思，所以就一家人出来逛逛了。"

笔者："小孩子几岁了，也喜欢看龙舟赛吗？"

高："6岁了，小孩子爱玩，再说带她出来也让她了解屈原及龙舟文化。"

笔者："您对龙舟文化节有什么好的建议吗？"

高："还可以多准备一些可以让普通百姓娱乐休闲的活动，让我们能彻底放松身心。"

从以上访谈可以了解到，"热闹"与"娱乐"是当前民众参与龙舟节的主要心理需求，龙舟竞渡能点缀大家日复一日的、单调乏味的生活。现代社会中人的压力增大,生活节奏加快,也使得端午节的各项活动成为人们放松身心的突破口。在以农业和渔业为主要经济形式的洞庭湖区,人们每天的生活模式几乎是固定的,端午节期间祭祀屈原的各种活动成为民众舒解自身压力的娱乐方式。在汨罗市各乡村,农历四月中下旬开始,不管是渔民还是农民,都要利用每天空闲的时间来准备端午节的各项活动,如建造龙舟、操练龙舟队、准备粽叶和糯米、晒制药草等,人们见面也就这些事进行讨论,节日的气氛开始在每一个角落蔓延。端午当天人们在自家门框旁挂上艾草,或走亲访友,或参加龙舟竞赛、观看龙舟竞赛。当地还有"牛歇谷雨马歇社,人不歇端午逗人骂"的俗语,可见人们在端午节放松身心的强烈愿望。

在节奏加快、压力增大的现代社会,娱乐放松就是群众对端午的节日诉求,所以岳阳端午龙舟文化节的主题是"喜庆""热闹"。汨罗民众的情绪在呼声震天的龙舟竞渡和热烈活跃的歌舞表演中被调动起来,欢快喜庆的乐曲、响亮喧天的鞭炮锣鼓声、激动放肆的笑声与呐喊声营造出热闹的氛围。龙舟文化节还引入竞技活动,使娱乐多了几分刺激。龙舟文化节的趣味性和可观赏性使活动现场总能聚集众多群众,笔者身在其中,真切地感受到龙舟文化节中丰富的民俗活动对人们的强烈感官刺激。

端午节祭祀屈原的各种活动还有融洽社会关系、加强人际交往的作用。端午期间,亲朋好友之间会有往来,登门拜访、相互馈送礼物、设宴聚会等都是往来的主要形式。龙舟竞渡更是大家在一起进行交流的好机会。从历史上的统治者与民同乐,到后来的万人空巷游玩,再到现在龙舟竞渡为适应社会经济的发展被改造成龙舟体育赛事,表明龙舟竞渡通过招商引资成为加强国际交流、促进经济发展的重要平台,也吸引了来自世界各地的游客。

在当代社会,经济的发展使人们在物质需求上得到越来越多的满足,但人们的精神生活却相对贫乏。面对缺乏温情而日趋冷漠和功利化的人际关系,我们似乎无所适从,孤寂、悲观、受冷落的情绪弥漫在整个社会之中,而信仰恰好为人们这种源于内心的懦弱和空虚提供了一种消解的方式。"文化多元性正在日益成为社会无所不在的特征,民族特征通常是对全球化压力的常规和健康的反应。"非物质文化遗产保护语境下端午节的信仰文化因为获得了湖湘民众的情感认同而彰显出独特的民族精神,岁月的积淀和国家权力的推崇更是让它在当代社会变迁中继续保持顽强的生命力。

"自然崇拜是随着农业的产生而产生的"①,民众在构建新的社区文化模式时,对过去曾被取缔的信仰习俗、祭祀仪式进行重新解释,并不断调整它们、赋予它们新的时代内容,使其在适应现代社会的情况下完成传统的再造。非物质文化遗产保护语境下屈原文化已成为岳阳的一种文化品牌,当代屈原文化在重新阐述端午民俗仪式时,有丰富的想象力。

第三节　道州龙船信仰习俗② "非遗化" 调查研究

道县,古称道州,现隶属于湖南省永州市。划龙船是道县人民在端午节期间举行的一项民俗活动。闻一多先生在《端午考》中认为,端午龙舟竞渡习俗最早本是水乡泽国中以龙为图腾的民族举行图腾祭祀的节日,龙舟竞渡是先民的一种信仰习俗。③龙舟竞渡这种信仰习俗并不是道县独有的,其他地区也有端午赛龙舟的传统,但与其他地区不同的是,道州龙船头造型多样,与宗族文化密切相关。其龙船头有龙、虎、凤、麒麟四种造型,因龙船头颜色的不同可再分为十三种类型,不同的龙船头代表着不同的社区与村落,且与各村的族姓祭祀庙宇供奉的神灵一一对应。

2002年,湖南省人民政府授予道县"龙舟之乡"的称号;2006年,"道州龙船赛"成功入选湖南省第一批非物质文化遗产名录;2017年,道县政府全力筹备"道州龙船习俗"申请国家级非物质文化遗产事宜。在国家保护非物质文化遗产的背景下,道县人民积极发挥民间智慧,推动龙船信仰习俗成为非物质文化遗产的事业。

一　田野调查点的基本情况

道县位于潇水中游,东连宁远县,西界广西壮族自治区全州县,南接

---

① [苏]约·阿·克雷维列夫:《宗教史》,王先睿等译,中国社会科学出版社1984年版。
② 在申请非物质文化遗产时,本节所讨论的习俗被命名为"道州龙船信仰习俗",而未使用"道县"来命名。
③ 闻一多:《神话编·诗经编》上,《闻一多全集》第三册,湖北人民出版社1993年版,第29页。

第六章 非物质文化遗产保护视野中的湖南信仰民俗

江永县和江华瑶族自治县,北邻双牌县,是湖南通往广东、广西及西南地区的交通要塞。光绪三年刊行的《道州志》中关于端午节的记载如下:"五月端午,城市龙舟竞渡于东西洲,鼓声喧嚣,观者如堵,家造角黍,切蒲屑,拌砵砂雄黄和酒饮之,正午涂小儿额顶掌心,云可稀痘,多采艾草为汤沐,避疮疖。"① 端午节最初并非在农历五月初五,而是与夏至有关,在"端午"这一天,阳极盛,人们会采取很多措施来辟邪,如挂菖蒲、喝雄黄酒等,还会举行龙船竞渡的活动。从光绪年间的《道州志》所记载的五月端午的习俗情况可知道县的划龙船习俗在清朝时期便很普遍。

在道县,赛龙船又称"扒龙船",其起源与地理环境、气候条件密切相关。道县属南岭地区,四周高山环绕,中部岗丘起伏,平川交错。东南有九嶷山,南有铜山岭,西有都庞岭,北有紫金山。道县的整个地势从四周向中间倾斜,呈盆状结构。"道州境内地表水系发达,河流分布均匀,属于湘江水系,主要河流有6条,即潇水、洑水、淹水、泡水、泠水、濂溪河;潇水由南向北流贯全境,将道州分为大致均称的西北和东南两部分;主要河流呈叶脉状分布,其他小河流纵横其间,形成比较均匀密布的河网。"② 光绪三年刊行的《道州志》记载:"州居正南之地,毗连两粤,得春最早,草木易于蕃蔚,雪不盈尺,水无累寸,时有霖雨,即大旱亦不逾月,阴雨郁蒸,衣服皆生白蹼,屋栋蚁蛙。"③ 道县的气候属于中亚热带季风气候,雨量充沛,"道县雨季平均始于3月20日,终于6月30日,在这100天中降雨量占全年的50%左右"。④ 在道县发掘的距今约14000—18000年的"玉蟾岩栽培稻"是世界上最早的古栽培稻,这证明了道县是人类农耕文化的发源地之一。地理环境以及气候等自然条件,使道州龙船习俗传承千年。

道县有句描述端午的谚语:"五月五,龙船下水打烂鼓。"在道县,沿河各村落,多有龙船。船上一般是一人掌头,一人扳钉,二人击锣鼓,挠手有10至20余人,听鼓下挠,击水如飞。四乡群众都会过来观看,十分热闹。这一风俗在20世纪80年代后又重新盛行。道县县城潇水西起含

---

① (清)许清源纂:《道州志》影印版,(清)李镜蓉修,第810页。
② 湖南省道县志编纂委员会编:《道县志》,中国社会出版社1994年版,第80页。
③ (清)许清源纂:《道州志》影印版,(清)李镜蓉修,第809页。
④ 湖南省道县志编纂委员会编:《道县志》,中国社会出版社1994年版,第76页。

晖岸岩、东止东洲山、全长5公里的河段为端午赛龙船活动的主要赛区。

此次田野调查的调查点主要有两个，一个是营江街道的阳乐田村，另一个是濂溪街道的东阳社区，调查时间为两个星期。

阳乐田村村里建有乌龙庙，所以阳乐田村龙船的船头为乌龙。乌龙庙位于流经阳乐田村的濂溪河河畔，端午节龙船赛之前，阳乐田的村民都在濂溪河里练习扒龙船。阳乐田村共2000多人，村内绝大部分人姓田，只有一户人家姓周。据阳乐田村里的老人说周姓人1949年以前在村里帮田姓人看山护林，后来在阳乐田村落户，从落户到现在已有4代。阳乐田村里的乌龙庙保存相对完好，历史悠久，现为永州市市级重点文物保护单位。乌龙庙由阳乐田村田氏家族自发兴建，距今已有近千年历史。阳乐田村的《田氏家谱》说："始祖田天泽，山东青州人，生于宋徽宗宣和五年，由进士任广西昭州刺史，终于任所。"① 又写道："记曰，物乎本，天下人本乎，族谱溯始，不忘本也。按春秋左传，舜之后封于陈，至敬仲奔齐，后遂为田氏，然其流衍不可考矣。吾族至简直公始，居于郡城之西隅，而天泽公乃其所自来之祖也，故以为始祖。"② 在问及阳乐田村的田氏祖先及村庄始建的状况时，村内老人的说法也基本与上述族谱中的记载相同。

东阳社区在濂溪街道内，龙船龙头是金色的，其对应的庙宇是建在东阳坊村内的火神庙。由于东阳坊村临近县城，村里的土地基本都被征用了，收入来源不是耕地而是务工、做生意，尤其是年轻人，大多外出务工了。谋生方式的改变使得东阳社区对需要人力的龙船赛不再像以前那样重视了。东阳社区在近几年的端午龙船赛中并没有取得太好的成绩，2015年还因在比赛时与十里桥村发生械斗而被禁赛。

二　道州龙船信仰的发展轨迹

（一）阳乐田村供奉乌龙船的乌龙庙

乌龙庙依濂溪河而建，村中流传着这样一个说法："有一年，我们这个地方发生了旱灾，又闹了鼠患，庄稼要么旱死了要么就被老鼠吃掉了，

---

① 阳乐田村《田氏族谱》，现由村中田智宗老人保管。
② 阳乐田村《田氏族谱》。

图 23　保存在田智宗家的《田氏家谱》

那个时候没得东西吃生活过得很苦啊。能怎么办呢？只能四处求神拜佛，祈求神灵保佑免除灾害。后来村民的诚心祈祷感动了天地，没多久在我们村子里，就是现在这个乌龙庙的地方，出了一条大墨蛇，一夜之间老鼠就都不见了，村里人为了感谢这条大墨蛇，就建了这座乌龙庙。"① 乌龙庙之所以选址在此，与当地所讲的风水有关。"乌龙庙在的这块地方是整个阳乐田村的风水宝地，处于五龙归位的地点，是首龙的龙头所在的地方，这个位置好，就在这建了乌龙庙。"②

乌龙庙坐北朝南，由四部分组成。上堂为正堂，堂内供奉着乌龙大王的神像，乌龙大王像旁是四大金刚神像，厅堂上方挂着一个"敕封乌龙大王"的巨匾。中堂为贡院，塑有莲花观音像，梁上有"乌龙庙"匾额。

---

① 访谈对象：田经祥，70 岁，阳乐田村人。访谈人：邵齐齐。访谈地点：乌龙庙旁。
② 访谈对象：田年喜，72 岁，阳乐田村人，往届村支书。访谈人：邵齐齐。访谈地点：乌龙庙旁。

下堂为学宫，也挂着"乌龙庙"的巨匾。末段则为戏台。抗日战争期间乌龙庙曾遭敌机轰炸；1966—1967 年间庙内的设施全部被毁，改成了村小学。到了 20 世纪 80 年代后，民间信仰开始复兴，阳乐田村的乌龙庙也随着民间端午习俗和龙舟习俗的恢复和发展而得到修缮。

乌龙庙内供奉着乌龙大王及观音菩萨的神像，庙内墙壁上又有田氏的谱系图，既是神庙又像宗祠，既有村民对神的崇拜，也有村民对祖先的崇拜，两者交融糅合，在一定程度上增强了阳乐田村田氏村民对乌龙庙的虔诚信仰。其中，对大墨蛇的崇拜是自然崇拜，作为田氏宗祠，乌龙庙也承载着祖先崇拜的功能。

图 24　乌龙大王与天泽公并列，共同享受村民的香火与祭拜

（二）东阳社区放置了金龙的火神庙

田野调查之行的第二站是东阳社区。在东阳社区做调查期间，我们住在了龙头制作的传承人陈兵寿家中。在采访陈兵寿的过程中，了解到了龙船头制作的情况。陈兵寿于 1998 年第一次雕刻龙头，当时雕刻的第一个龙头就是张嘴金龙。对于龙船头的"张嘴"和"抿嘴"之分，陈兵寿是这样解释的："这是老辈传下来的，具体的我也讲不清楚，应该是家族大的龙船头的嘴就张的大，就凶猛一些；家族小的龙船头就是抿嘴，就温柔一些。但是现在张嘴与抿嘴并没有那么讲究了。以前是东阳坊才有张嘴的

龙船头，别的地方的觉得张嘴的好看，现在就也用张嘴的龙头了。"① 据陈兵寿说，现在他雕刻的一个新龙头的价格是 5000 元左右，为一个老龙头重新上色要 600 元。但雕刻龙头的收入是季节性收入，行情好的时候雕刻龙头可以赚到 2—3 万元，不好时也就 1 万多元钱，陈兵寿现今家庭收入的主要来源为外出装潢所得的收入。

图 25　龙头制作传承人陈兵寿

东阳社区的龙船所用龙船头是金龙，其所对应的庙宇与祠堂是"火神庙"和"红门楼（又称陈氏宗祠）"。火神庙在破"四旧"期间遭到了破坏，后改成"道县东阳小学"，现在则主要用来放置东阳社区每年参加比赛的龙船和龙船头。

东阳社区的红门楼就是陈氏祠堂，祠堂里面有陈氏祖先的画像，初一、十五陈氏村民都会在祠堂里烧香、烧纸钱祭拜祖先，陈氏的红白事也都是在祠堂里举办。由于东阳坊社区比较大，还有蒋姓、何姓人，虽不皆是陈姓，但是在龙船比赛时他们打造的龙头都是金色的龙头。东阳社区如今端午龙船比赛的成绩不尽人意，也与他们不是同姓同宗也有关联，社区

---

① 访谈对象：陈兵寿，56 岁，东阳社区人，道州龙船龙头制作传承人。访谈人：邵齐齐。访谈地点：陈兵寿家中。

图 26 被废弃的"火神庙"

的人在认同与凝聚力上就会稍弱一些。

图 27 东阳红门楼

三 当代"非遗"语境下的道州龙船信仰

(一) 官方"非遗"的引导

传统的道州龙船赛在"申遗"之前只是一个区域性的端午民俗活动，每年按部就班地进行，其影响范围也仅限于道县。道县政府对龙船赛的干预也只是维护比赛秩序以防事故发生。但随着国家对非物质文化遗产保护的重视，国家"非遗"工作稳步推进，道州龙船赛也渐渐为主流文化所接受，如在道县的政府工作报告中，多次提及道州龙船赛的"非遗"保护和申报工作。作为具有地方特色的体育竞技活动，道州龙船赛逐渐受到政府的重视。2006年，"道州龙船赛"成功入选湖南省第一批非物质文化遗产名录，这是其首次作为地方性项目得到政府认可。

2017年，道县文化馆着手准备"道州龙船赛"申请成为国家非物质文化遗产的工作，但是其进入省级非物质文化遗产名录时是作为体育竞技类的项目的，在民俗专家的帮助下，道县文化馆最终决定以"道州龙船习俗"这一民俗活动来申请成为国家非物质文化遗产。

道州龙船赛的变化很大，端午节当天参赛龙船数量增加、众多学者来考察、诸多媒体密切关注。随着国家对"非物质文化遗产"工作的重视，道州龙船习俗的传承被纳入官方的话语体系之中，此时的道州龙船与从前相比，在性质上、影响上与地位上，都发生了很大的变化。作为一个地方性的民俗活动，道州龙船习俗文化何以逐步扩大影响，其文化传承又何以在当下得到实现？笔者认为，官方非物质文化遗产保护的各种措施起到了重要的引导作用。

联合国教科文组织颁布了《保护非物质文化遗产公约》，中国国内的文化政策、对待民俗文化的态度有所转变和调整。中国也开始由上而下地开展"非物质文化遗产"代表名录收集、整理、申报和认定的工作。对于地方来说，国家非物质文化遗产能为当地带来巨大的经济效益，如经济支持、政策倾斜等"好处"。由此也容易理解，当"非物质文化遗产"的概念出现时，为何各地热衷申报。看看我们周围，我们会发现各个地方都已经自觉地把利用传统民俗文化作为发展地方经济的手段之一，也就是人们常说的"文化搭台，经济唱戏"，道县的情况也不例外。

2017年与2018年参加龙船赛的龙船在110艘左右，参赛人员有

3000—4000 人，规模较大，在比赛期间约有上万名群众观看，而且 2018 年 6 月 17 日龙船赛举办期间中央电视台的工作人员来道州拍摄比赛情况，并于中央电视台体育频道与新闻频道进行了直播。2018 年 5 月湖南省政府印发了《关于批准宁远县、道县为湖南省历史文化名城的通知》，同意批准宁远县、道县为省级历史文化名城，道县的入选更为当地旅游经济的发展提供了条件。当地政府也确有发展旅游、靠旅游提升当地经济水平之意，也渴望在国家重视传统文化的背景下利用民俗文化、传统文化来招商引资发展地方经济，这一点道县文化馆的工作人员也曾透露过。

道县文化馆在"道州龙船习俗"申请国家非物质文化遗产中扮演着重要的角色，他们作为地方政府的代表，对于民间传统习俗的重视与挖掘也是在非遗的大语境下展开的。将传统文化、民俗文化作为地方经济发展的资源，是各地政府取得"非遗"政绩的普遍做法，道县也是如此。"文化搭台，经济唱戏""弘扬民族传统"等基层政策，不仅为地方经济发展提供了新的活力，同时也使民间文化及其组织者赢得了社会的承认，民间文化、民俗活动不再局限于当地的小范围内，开始走向公众视野，在公共话语中占据一席之地，也在相当程度上获得了合法性。

因为"道州龙船习俗"要申请国家非物质文化遗产，在道县文化馆的组织与协助下，阳乐田村作为典型，2017 年举行了多年不曾完整举办的仪式。此次龙船仪式的举办在非遗的大语境下更像是一场带有表演性质的仪式展演。

在五月初五的端午龙船竞渡开始之前，参赛的各村落有一段很长的准备时间。在长达两三个月的准备时间里，参赛村落要准备新的龙船、龙船头或者将旧的龙船与龙船头进行修补，还要练习扒龙船以在竞渡中取得优异成绩。道州龙船习俗的一系列仪式活动就在这期间展开，但是由于仪式复杂又讲究，考虑到人力、物力、财力各方面的问题，参与龙船竞渡的很多村落现在很少举办完整的仪式。

道州龙船习俗里还包括师公做法的仪式。"师公做法的仪式不是每年都搞的，以前是隔几年会举办一次，现在是一般都不搞了，一是没有资金，二是现在的人对这个也不像以前那样感兴趣了。而且这也不是规定必须要搞，村里有人牵头有人出钱，那就搞一下，没有的话就不搞了。今年特殊，因为你们都来了，要申请国家非物质文化遗产，上面也给拨了资金。"① 阳乐田村老支书田年喜做出了如上的解释。

（二）民间精英的力量

道州龙船习俗在申请国家非物质文化遗产的过程中，地方精英也扮演了重要的角色。此处所述的地方精英主要指在这一区域内有名声、有影响力的组织参与者，与地方机构（如文化馆）进行联系、沟通的民俗活动的参与者。这些地方精英在当前"非遗"的大语境中，积极活跃，在传统民族文化保护中扮演着特殊而又重要的角色，也发挥着重要的作用。阳乐田村之所以会作为申遗时专家学者考察的重要地点以及民俗仪式展演的主要地点，是因为此村落的龙船习俗仪式及庙宇保存完好，而且道州龙船习俗内含的宗族认同文化在阳乐田村的表现也尤为突出，这一切都与阳乐田村的往届村支书田年喜有着莫大的关系。

田年喜是所述地方精英的代表。田年喜作为上一任阳乐田村的村支书，如今虽已卸任，但是村民仍会请老支书操办村内的很多大事。包括此次"道州龙船习俗"申遗，阳乐田村作为一个典型的、保存完好的例子，是专家、学者必去的地方。每当专家学者来阳乐田村调查采访或文化馆的人前来处理申遗事宜，接待者总是这位已经卸任的老支书，而不是现任的年轻支书。一是因为老支书对龙船习俗的各个步骤了然于胸；二是乌龙庙之所以保存完好，老支书功不可没，而且庙内的一些陈设与设计主要也出自老支书。在道州龙船习俗申请国家"非遗"之前，田年喜带领村民于20世纪80年代及2007年对乌龙庙进行了修缮，才使乌龙庙在历史的风雨中保存下来。20世纪80年代，国家政策放松、信仰民俗复兴，但是修缮规模并不大。第二次修缮工作始于2007年，修缮之后的乌龙庙仍由上堂、中堂、下堂、戏台四部分组成。上堂里仍供奉着乌龙大王，但据老支书所言，上堂里的墙壁上以前是画满了小幅壁画的，但是没能保存下来，壁画的具体内容也被遗忘，如今墙壁上的画则是由老支书设计的。现今的壁画有"孙悟空大闹天宫""鼠猫结亲"等，对于壁画内容的含义，老支书也给出了自己的解释："'孙悟空大闹天宫'的壁画，我是想表达正义

---

① 访谈对象：田年喜，72岁，阳乐田村人，往届村支书。访谈人：邵齐齐。访谈地点：田年喜家中。

的东西要树立起来，邪气要压下去，不管官位大小，错了都可以造反，正义最重要。'鼠猫结亲'意思是老鼠与猫结亲，动物都能这样和谐，又何况是人。"① 从老支书对这些壁画的解释可以看出，其所蕴涵的多是教育意义，而这种具有教化含义的壁画也正体现出了民间的一种思维方式、乌龙庙所扮演的角色与发挥的功能：乌龙庙不仅仅是保佑村民的神庙，还具有教化村民的功能。中堂除了有观音菩萨的神像之外，墙壁上还增加了十八罗汉的画像以及田氏简略谱系图。对于"十八罗汉"壁画，老支书说他希望鼓励村里青年上进、能够像十八罗汉一样各显神通；墙壁上的谱系图，则是为了让子孙记住自己的根。除此之外，田年喜还积极组织本村人员练习扒龙船。

2017年5月，道县文化馆在为"道州龙船习俗"申请国家非物质文化遗产前后奔忙，而阳乐田村作为道州龙船习俗的典型代表也忙得不亦乐乎。除打造新龙船、龙船头并练习扒龙船之外，阳乐田村还筹备着一件对村里田氏村民来说意义重大的事，那就是为他们的田氏始祖田天泽塑像。对于为何此时为始祖塑像、塑好的像准备安放至何处等问题，老支书曾做出过如下的回答："村里人都觉得乌龙大王的像雕的不好看，现在不是在申请国家非物质文化遗产吗，好多专家学者要来我们阳乐田考察，所以就决定找人新打了一座天泽公的像。"② 老支书的回答其实有一个问题，乌龙大王不是村民口中曾救过旱灾鼠灾的大墨蛇吗？为何又与田氏始祖天泽公等同了？对这个问题村内的另外一位老人也曾解释过："这个乌龙大王原来并不是叫乌龙大王，我们村子里是称为'本部公公'，但是这个本部公公究竟是谁，也说不清了。"③ 2017年端午前两天，进行了天泽公像的落座仪式，最终田氏始祖的塑像与乌龙大王像并排放置在了乌龙庙的上堂内，如此一来，"敬神"的仪式转变成了"祭祖"的仪式，原本相对隐晦的宗族意识也明显的显现出来。

---

① 访谈对象：田年喜，72岁，阳乐田村人，往届村支书。访谈人：邵齐齐。访谈地点：乌龙庙上堂内。
② 访谈对象：田年喜，72岁，阳乐田村人，往届村支书。访谈人：邵齐齐。访谈地点：田年喜家中。
③ 访谈对象：田智宗，77岁，阳乐田村人，高中学历。访谈人：邵齐齐。访谈地点：田智宗家中。

总之，此次道州龙船习俗申遗，阳乐田村的人乐意参与并支持，老支书田年喜等地方精英积极配合并大力促成。这样做一是出于作为田氏族人的荣耀，强化宗族的认同；二是希望得到官方的认同，不再被认作"搞迷信"；三是申遗一旦成功，经济利益也会随之而来，何乐而不为呢？

（三）普通民众的参与

道州龙船习俗在申请国家非物质文化遗产时民众也是积极参与并配合的，他们的态度是支持的，虽然他们对非物质文化遗产的概念并非太了解，但是当看到地方政府、专家学者、中央电视台都十分关注本地龙船习俗时，他们是有一种自豪感和认同感的。比如阳乐田村的村民就常说"我们道县的龙船出名了""我们阳乐田村现在出名了"，他们作为民间文化创造和享用的主体去参与这一系列的活动，其实只是出于朴素的地域情感和日常生活中常见的实用主义。

道州龙船的龙船头特色鲜明，与外地龙舟造型也不同，船身一直沿用传统造型，龙船身长 18—20 米，中间宽约 1.3—1.5 米，抬头翘尾，每条龙船中间设鼓、锣一套，配有长约 5 米的"关刀舵"来控制方向。正常情况下，龙船上设指挥、鼓手、锣手、舵手各 1 人，桡手数量不超过 20 人。龙船头一般用柳树、樟树制作而成，原因在于柳树、樟树木质硬而细腻，防水防腐，经久耐用。制作龙船头和打造龙船的师傅一般都是道州本地人，道州龙船的脊骨（龙骨）用椿芽树制成，而船扒子则用苦楝树制作。"我们村打龙船要用的椿芽树和苦楝树都是要去'偷'的，就是在树主人不知情的情况下，偷偷伐断他们家的树，树主人就会追着骂，偷树的人就要跑，跑得越快、骂得越凶就越好，这样就可以消灾了，在扒龙船的时候就可以平平安安，船也会跑的很快了。"① 不仅打船用的树要偷，在打船和举行架马仪式（打造新龙船时举行的仪式）时需要鸡血祭拜，此处的鸡血也来自所偷的鸡，其说法和偷树一样，这些做法便有一种模拟巫术的意味了。每年新的龙船头基本都是在外村打好然后择吉日迎进本村，迎进本村时会放鞭炮祭祀，请各路神灵前来保佑。打造新龙船时要举行架马和倒马的仪式，所谓架马即打船师

---

① 访谈对象：田年喜，72 岁，阳乐田村人，往届村支书。访谈人：邵齐齐。访谈地点：田年喜家中。

傅启动打新龙船的开工仪式，也叫作启马；倒马即新的龙船打好之后村里举行的完工仪式。在架马和倒马的仪式中，师傅都会烧香化纸并杀雄鸡取血，以祈求平安无事，此外举行倒马仪式时还会下帖子请外地宗亲以及邻村村民前来，以摆酒席庆祝。

做仪式的师公是从道县的赤坝塘请来的："我6岁就跟着我公公搞法事了，毛主席破四旧时禁止搞这些，就停了一段时间，到了20世纪80年代又开始做了，但是现在年龄大了，80岁了，不再亲自做了，交给两个儿子了。今年是阳乐田情况特殊，主要还有我来做，儿子给我打下手。"① 2017年的仪式完整又热闹。

师公所做法事共分八个步骤：一是开坛启事；二是发文；三是安太岁；四是开光点眼；五是点俊；六是打犁头火；七是送瘟；八是送圣。在师公做法事的过程中还有"乐龙"和"暖龙"的仪式。所谓"乐龙"就是外雕的龙头回本村时，要选好日子由族老领队敲锣打鼓，吹着马哨，浩浩荡荡地把龙头迎回村，并敬奉在祠庙里。期间，师傅要杀鸡滴血，烧香化纸做法事，还要下帖请来邻村、同宗、亲朋好友，摆上酒宴共同欢乐。新龙船下水时，请邻村关系好的旧龙船陪划，即为"暖龙"。但阳乐田村2017年的"暖龙"仪式是由本村的旧龙船陪新龙船下水的。2017年阳乐田村举办了宴席，来参加宴席的多是本村人以及关系友好的外村村民。据阳乐田村村民讲，很多年的仪式没有这么隆重热闹了，而举办本次宴席所需的资金主要来自道县文化馆。

师公做法事的八个步骤的具体内容如下。

1. 开坛启事。开坛启事就是师公在纸牌楼前请祖师，并恳请祖师授权。纸牌楼即师公做法事所用器具，用竹篾扎成，上挂师公亲自剪的神仙小像。"这个纸牌坊是为各路神仙做的，一会做法事时要请各路神仙。"②

2. 发文。所谓发文，就是发文请神，师公说这是祖传下来的方式。发文请神，请的是各路大神。

3. 安太岁。安太岁的意思就是在庙堂内进行收瘟，目的在于避开邪

---

① 访谈对象：周玉藻，80岁，赤坝塘人，师公。访谈人：邵齐齐。访谈地点：周玉藻家中。
② 访谈对象：周玉藻，80岁，赤坝塘人，师公。访谈人：邵齐齐。访谈地点：阳乐田村乌龙庙内。

图 28　法事举办当天阳乐田村的宴席

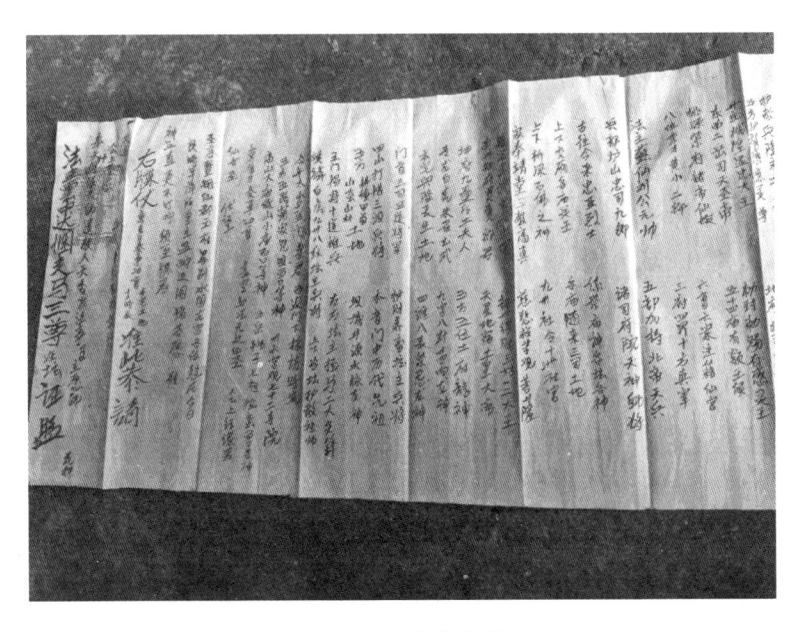

图 29　师公的请神牒文

气的东西以保平安。

4. 开光点眼。开光点眼即为将参加比赛的龙船头开光点眼,开光是由师公开光，而点眼是由阳乐田村的村支书或本村德高望重之人或为庙宇捐赠良多的人来点。点眼就是用毛笔蘸着朱砂与鸡血的混合物来点龙头的眼睛和耳朵，目的在于让龙显灵，使龙船达到"眼观四方，耳听八方"的神境。

5. 点俊。龙船四周点燃蜡烛，摆满粽子、轿子粑粑等祭品，伴随着龙船的锣鼓声，师公说唱敬屈原（从生到死的历程）。同时，在场的本村人就会跟着喊"啊哈""喔嗬"来附和，以呐喊助威，场面十分震撼。

图 30　点俊（1） 　　　　　图 31　点俊（2）

6. 打犁头火。所谓打犁头火，即师公施法的同时，两个赤身的男青年头上捆上红头巾，手里拿着烧红的老犁头，逆时针绕着新龙船边跑边喷火。这是为了驱赶瘟神以祈求平安。喷火的材料用桐油、煤油、高度酒和鸡蛋调和而成。桐油的作用是驱邪，高度酒可去除油的异味并且使喷火发出声响。

7. 送瘟。送瘟是将不吉利之物统统送走，以保佑龙船下水时的平安。

8. 送圣。意即送神，就是祭祀程序完成后将请来的各路大神恭敬送走。

当师公的法事做完之后龙船就会下水扒阴龙船，老支书说扒阴龙船一般是在晚上转点后、别人睡觉时举行。所谓扒阴龙船就是龙船下水后前三圈不响鼓不打锣不说话，龙船在河中默默地转三圈，三圈之后锣鼓齐响，呐喊竞划。目的在于纪念先世的祖辈，驱赶那些不吉利、不干净的东西，祈求平安幸福。正式比赛前的仪式至此就结束了。

四 引发的思考

道州龙船的龙船头造型独特，与别处不同，与宗族、祠庙关系十分密切，由"龙生庙，庙生龙"演绎而来。相同的龙头说明他们是同出一脉或共奉一庙的，本地人一看龙船头就知道哪条龙船是哪个村的。此外，龙船头间还隐含"一帮船"的关系，即同伙。每一种龙头都是一个村或一个族群的文化标识，其他村或族群的龙头绝对不允许使用、混淆本宗族信仰的相同颜色。如阳乐田村，因有供奉"乌龙大王"的乌龙庙，其龙头就是乌色的；东阳社区有供奉"火神爷"的火神庙，龙船头就是金色的。金龙头就是东阳社区约定俗成的"专利"，是一种认祖归宗的传统遗训，任何其他社区和行政村都不能用也无权用金龙头。

从 2006 年"道州龙船赛"进入省级非物质文化遗产名录至 2017 年"道州龙船习俗"申请国家非物质文化遗产，道县当地人民不断发挥民间智慧，利用精英力量，在国家保护非物质文化遗产的背景下汲取各方优势，多元互动，共同推动龙船习俗文化在成为非物质文化遗产方面的努力。道州龙船习俗文化的资源化与遗产化为当地的经济发展提供了契机，也使得龙船习俗得到官方认可、获得合法性地位，为其传承提供了条件。

但是道州龙船习俗所内含的信仰民俗成分也面临着不断被地方力量、现代学术等干预、建构的情况，这一点在非遗的大语境下也是值得反思的。非物质文化遗产为信仰民俗的当代发展带来机遇同时也产生了其他方面的影响，如在民间传统文化的遗产化过程中，信仰民俗的地位转变和价值重构十分明显。信仰民俗作为民众自发产生的一套神灵崇拜观念、行为习惯和相应的仪式制度[①]，是基于当事人主观意识的一种"内心"问题。在信仰民俗遗产化的建构中我们能看到多方互动，这种种互动也代表了当代话语是如何看待现实生活中所普遍存在的信仰民俗问题的。

"文化遗产化是可以被称之为这样一个过程，即每次将原来具有地域社会价值的东西升级到更高层次中的时候，仅仅把经过'提炼'的'精髓'部分作为拥有普遍性价值的'资源'提取出来，而去除那些经过'提

[①] 钟敬文主编：《民俗学概论》，上海文艺出版社 1998 年版，第 187 页。

炼'后残留下来的'非资源'的要素的一个过程。"① 这就使得民间文化的遗产化存在一个问题，即对当地的民众来说，生活实践领域中的信仰民俗并非仅仅是那些被抽取提炼的"精髓"或者提炼后遗留的残留物，信仰民俗的整体才是真正的"资源"，才与民众的现实生活息息相关。

第四节　非遗语境下的桃源县九溪板龙灯祭祀文化

美国著名学者本尼迪克特·安德森认为，国家权力必须通过文化象征的形式表达。② 湖南省桃源县九溪乡政府部门在非物质文化遗产保护的时代背景下，坚持用文化引领地方发展，逐步走出了一条"文化强乡"之路。

九溪乡是常德市桃源县西北部的一个偏远乡镇，离县城54千米左右，占地约100平方千米，人口约有2.25万。九溪人自古以来就喜欢唱歌哼戏舞龙灯，他们"忙时扛起锄头种地，闲时登上舞台唱戏"，群众文化丰富，板龙灯作为其名牌节目，成功申报常德市非物质文化遗产保护项目。近年来，在各级政府的正确引导下，由九溪乡128名农民组成的板龙灯表演队先后应邀出席了湖南省第八届运动会、湖南省第四届农民运动会及多项省、市级艺术节活动，"湖南经视"的"桃花开朵朵、越策走透透"栏目对其进行了专题报道，九溪乡也因群众文化活动的丰富多彩而荣获"全省群众文化艺术之乡""全国群众文化体育先进乡镇"等荣誉称号。

在国家与社会之间的良性互动中，九溪板龙灯文化的发展实现了对传统文化的坚守。

一　九溪乡板龙灯祭祀文化的内在传承

舞龙是农耕文化的产物，舞龙活动最初用于娱神和祭祀，龙灯的起源和形成过程，反映了原始先民宗教信仰的发展、演进。在中华民族的各式龙灯活动中，板龙灯以其粗犷、壮观、别具一格的风采，赢得了广大民众

---

①　［日］樱井龙彦、陈爱国：《应如何思考民间信仰与文化遗产的关系》，《文化遗产》2010年第2期。

②　［美］本尼迪克特·安德森：《想象的共同体：民族主义的起源与散布》，吴叡人译，上海人民出版社2005年版，第137—150页。

的喜爱。板龙灯又叫板凳龙灯，又名板板龙灯，湖南、江西、江苏的多个地区都流行元宵节舞板龙灯的活动。和其他各式龙灯活动不同的是，板龙灯的龙身由若干块木板连结而成，每块木板上扎着燃有三盏蜡烛的彩色灯笼，舞龙不用手舞而用肩扛，即每两人用肩膀抬着一条龙板进行舞动，有时候，龙板可以达到几百条，场面非常壮观。

每逢正月十五谷龙诞辰，九溪乡的河滩田野上就会铜锣嘹亮、鞭炮轰鸣，呐喊声声。气势雄伟的板龙灯在河滩上狂跑呼叫，势如排山倒海，远远望去，又宛如一条巨大的火龙在田野上奔游，场面非常壮观。根据地方文献记载和民间传说，九溪乡板龙灯活动最初和祭祀祈福联系紧密，承载着农耕民族对风调雨顺、五谷丰登的渴望。在九溪乡，至今还流传着谷龙助罗家获丰收的传说。相传明朝初年，江西人罗鼎夫妇为谋生从江西辗转来到湖南桃源，途中拾得一颗大蛋，大蛋里孵出一条金色小龙，当晚罗鼎梦见金龙藏身于他家谷仓，从此罗家谷仓每日可出谷36担。后来果如梦中一样，金龙为罗家带来了稻谷丰收的好运。40多年过去了，罗家已成为当地经济富裕的大户。这一年恰逢久旱不雨，庄稼颗粒无收，罗家为救济百姓，开仓赊粮，饥民蜂拥而至，最后谷龙因出谷过量，死于仓底。为感谢谷龙对百姓的大恩大德，罗鼎率领民众裁龙身八段，厚葬谷龙，并舞板龙灯祭祀，从此，九溪玩草龙灯的活动便改为玩板龙灯的活动。人们还塑谷龙神像于庙中，供民众祭拜，每年的正月十五与六月三十（谷龙生日与逝日）被确定为祭祀谷龙日，九溪从此形成了舞板龙灯祭祀谷龙的传统。①

从这个传说可知，祭祀谷龙、祈盼丰收是九溪板龙灯活动的最初目的，《湖南民间舞蹈集成》也有这样的记载："板龙灯流传在桃源北部的九溪、漆河、双溪口等地。传说参加者可保五谷丰登，人丁兴旺。"此外，由传说中江西人罗鼎在九溪板龙灯活动中举足轻重的地位，再联系到江西上饶、婺源、玉山一带农村也有舞板龙灯"舞龙求雨"的习俗，我们大致可以推知九溪板龙灯与江西板龙灯之间的某种渊源关系。

明朝末年，九溪祭祀谷龙的活动达到鼎盛，九溪官坪的上山坪有占地2400多平方米的九层堂屋供奉谷龙神位。罗家外甥、当时权倾一时的

---

① 解黎晴：《板龙灯，舞出千古的风流》，《寻根》2013年第1期。

图片 32　桃源县九溪乡的板龙灯　　（拍摄人：李琳）

"宰相式"人物杨嗣昌为武陵人，因深受崇祯皇帝信任而被民间称为杨阁老。据说当年杨嗣昌曾专程来九溪看望舅父罗为裳，在九层堂屋对谷龙神位礼躬朝拜，并亲笔书写"龙吟虎啸"金匾，高悬堂上。当时举行了盛大的板龙灯活动，板已由以前的 8 块和 18 块发展到 108 块。清朝末年，板龙灯的板已发展到 1008 块，并伴有隆重的祭祀活动，逐步形成了融宗族祭祀与庙会娱乐为一体的板龙灯文化。

九溪板龙灯文化还和九溪独特的地方历史文化联系在一起，形成了鲜明的地方特色。据说元朝时，九溪人民为反抗朝廷横征暴敛，以正月十五玩龙灯为名举事，特意创造了一种新型的龙灯。起义军肩扛木板，木板合而为龙灯，木板拆开则为武器，名为"板龙灯"，他们以此作为掩护，发动起义。虽然起义失败了，但板龙灯活动却由此传承下来。每年正月十五，民众自发组织板龙灯活动。玩龙灯时，板龙灯在乡村城镇的小道上穿行，灯光灿烂，万人空巷，热闹非凡。板龙灯舞起来有时长达四五公里。时而缓缓行进，时而迅猛如风，时而如一支长蛇大阵，摇头摆尾，有时还不断舞出"神龙戏珠""福禄寿喜""游龙戏水""双龙出洞""天鹅抱蛋"等技巧造型。舞龙的人都是乡人，每家每户都会出一块灯板。龙灯所到之处，人们都要秉烛燃香，以示敬奉。舞龙的人群也要参拜四方，虔诚地祈祷新年风调雨顺、国泰民安。直到今天，这种融宗族祭祀与庙会娱乐为一体的板龙灯文化，仍深受民众的追捧与热爱。广大群众已把玩板龙灯作为寄托美好祝愿、放松身心、进行情感交流的最好的娱乐方式之一。

二 九溪板龙灯文化发展的外在驱动

在经济全球化和科技革命不断深化的当今世界，文化已成为一个国家软实力的核心构成部分，各国纷纷把提高文化软实力作为重要发展战略，非物质文化的保护问题也被重视起来。正如杜赞奇指出的，国家通过策略性干预[1]，实现了对民间文化资源的渗透和利用。在当下的中国，乡村的建设和发展在很大程度上得益于政府的引导和投资。

在国家政策和资金的支持下，九溪乡政府成立了文化工作领导小组，出台鼓励扶持政策，制定发展规划，设立文化发展基金，培训演艺人才，保护民间文化。九溪乡政府还一再加大对板龙灯文化的投资力度，修建了影剧院，新建了全市第一批"示范乡镇综合文化站"。乡财政每年拿出专项经费8万元，扶持社会力量参与民间文化建设。2014年，地方政府多方筹措资金近100万元，建成了农民文化宫。同时，地方政府还采取群众自筹资金、利用板龙灯演出收入、企业赞助等多种获得资金的方式，筹集资金300多万元，新建了九溪板龙源大舞台，使之成为方圆百里演艺交流的汇聚地，为九溪乡民间艺术的繁荣与发展提供了一个交流展演的平台。在政府部门的大力扶持下，板龙灯成功申报市级"非物质文化遗产"，还在"百团大赛"群众文化比赛中获得一等奖。

国家行政力量是一种制度化的政治力量，具有强制性和极强的渗透力，但这种强制性和渗透力必须是在群众喜欢并乐意接受的前提下才能发挥其最大功效。"对文化部门组织的文化下乡活动，88%的农民表示了'不满意'。分析原因，不是农民不喜欢'文化下乡'活动，而是因为这类活动主要集中在集镇上，表演时间不能适应农时，表演内容有时不合农民口味，表演时接待费用较高等，因而觉得那不是给农民看的。"[2] 随着农民的经济生活愈来愈富足，他们对文化的需求也日益高涨，但他们需要的是适合自

---

[1] [美] 杜赞奇：《文化、权力与国家：1900—1942年的华北农村》，王福明译，江苏人民出版社2010年版，第19页。

[2] 王廷兴、陈仁铭、刘明锋：《"有些'文化下乡'不是给我们看的"——襄樊市农民文化需求调查》，《中国文化报》2005年8月4日。

己口味的文化。农民的"口味"不是大都市的口味，他们可能觉得某港台大明星的专场演唱会索然无味，但对贴近他们的生活、为他们所熟悉的板龙灯以及其他反映农民生活的民间戏曲却十分热衷。政府部门需要做的是退到后台为农村文化建设服务并提供方向保障。素有"戏窝子"之美誉的九溪的老百姓喜欢听戏唱戏、玩板龙灯。九溪乡政府积极引导九溪人将祖辈传下来的传统文化包装成具有代表性的地方文化节目向外界推广。

在国家提供的发展舞台上，板龙灯等非物质文化遗产应邀走出民间，参与政府或附属于政府的活动，实现了国家对民间文化资源的渗透和利用。

图片33 九溪板龙灯表演　　（拍摄人：李琳）

其实，九溪板龙灯文化发展中地方政府的引导和投资，是国家权力在保护非物质文化遗产传承中的有益探索。凝聚着深刻民族记忆和民族精神的板龙灯非物质文化遗产，是农业文明时代在特定地域与特定历史时期发展起来的艺术。社会发展到工业文明时代，原生环境发生了改变，"非遗"已不能完全依赖市场的自然选择，而是需要政府一定程度的干预。

三　九溪板龙灯文化的发展与繁荣

正如杜赞奇所说，权力的执行是以文化网络为基础的，但不同权力之间会因为具体事件或彼此协商或彼此博弈。国家与民间社会彼此协商的新型国家管理模式，越来越受到国际社会的广泛关注和推崇。这种共同协商的新型国家管理模式，与传统的自上而下的国家管理方式相区别的是，国家与民间"在众多具有不同利益但共同发挥作用的领域建立了相互合作关系"①，最后在结果上达到双赢或互惠。九溪板龙灯的发展表明，地方政府是国家权力与民间进行沟通、协商和执行的桥梁，在板龙灯文化的发展中，国家与民间社会在利益上达成了一致，从而实现了一种情境性的权力对接。

九溪乡通过政府搭台、民间社会自主管理等方式，为板龙灯等民间文化构建了多元的服务体系。如政府组建了民间文化艺术协会，通过协会对民间艺术团体进行资格认定，对文艺作品进行创作指导、审查把关。政府还组建了九溪文化演艺集团，以公司化运作方式对演艺团体实行统一管理和调配，进行市场运作驱动。按照"强化核心力量、培育中坚力量、壮大新生力量"的思路，在充分发挥板龙灯文化传承人引领作用的同时，政府还与地方高校（如湖南文理学院艺术学院）签订合同，定向培养演艺人员，并定期邀请省市知名艺术家开展讲座，对演艺人员进行培训指导。特别是通过民间文化艺术协会的引导，吸引了大批热爱文艺工作、喜爱民间文化的年轻人，形成了有近千人的演艺人才队伍。政府提供了方向以及具体的服务指导，九溪乡还成立了由128名村民组成的板龙灯队，无论是政府还是民间组织的大型活动中，总少不了板龙灯队的身影，板龙灯也因此成为九溪乡的招牌节目。总之，九溪乡政府作为民间文化的"引导者""服务者"，让民间力量自主管理，发挥了民间力量的优势，调动了他们的积极性。

但民间文化保护"必须是基于本民族自觉、内在的意愿"，不能完全靠"外来的开垦"②。毛泽东1927年在《湖南农民运动考察报告》中谈到农村的文化建设时指出："菩萨要农民自己去丢，烈女祠、节孝坊要农民自己去摧毁，别人代庖是不对的。"③ 虽然国家有能力在非物质文化遗产

---

① ［美］辛西娅·休伊特·德·阿尔坎塔拉：《"治理"概念的运用与滥用》，黄语生译，《国际社会科学杂志》（中文版）1999年第1期。
② 周文中、邓启耀：《民族文化的自我传习、保护与发展》，《思想战线》1999年第1期。
③ 《毛泽东选集》（第一卷），人民出版社1991年版，第33页。

保护中发挥主导作用,"但如果国家和政府以强势力量对非物质文化遗产保护进行干涉,其结果往往就是以官方趣味来替代民间趣味,真遗产变为假遗产,并会出现'大保护大破坏,小保护小破坏,不保护不破坏'的尴尬局面"①。民间艺术团体在重大节日期间还举行大规模的综合性文艺活动,丰富了广大群众的节日生活。九溪乡第七届"益丰杯"农民艺术节和第八届"佳沅杯"农民艺术节,就是由企业冠名举办、民间艺术团体参与演出的盛会,吸引了近万名群众自发观看。此外,民间艺术团体还积极参加各种表演和比赛,在提高演员的演艺水平的同时,也促成了九溪民间艺术的繁荣景象。

总之,非物质文化遗产作为民族文化记忆,是民族独特文化身份与文化个性的标志。九溪板龙灯非物质文化的发展强调了民族传统文化的继承和复兴。

---

① 胡丽婷:《非物质文化遗产保护中的国家与民间社会关系论析》,《江西社会科学》2012年第8期。

结　语

湖南各地区由于地理环境、历史文化的差异形成了多种文化形态，这些文化形态共同组成了湖南地区复合的文化生态系统。作为一个多民族聚居的中南内陆省份，历史上湖南的汉族与其他少数民族长期杂居在一起，他们各自信仰不同的神灵，但在文化上相互学习，在事业上相互合作，所以信仰对象种类复杂，如各种民族巫术或原始宗教遗俗、自然神信仰、祖先神信仰、民间圣贤信仰，还有岁时祭仪等，构成了独特的信仰民俗文化生态。

中央民族大学牟钟鉴先生在2006年提出"恢复和发展中国模式的宗教生态"的构想，其实就是把文化生态学的相关理论用于宗教研究，他指出："要恢复和发展中国模式的宗教生态，必须在新的历史条件下全面复兴中华民族的优秀文化，……社会主义在信仰文化上一定是多元的、丰富多彩的。……各种健康的民间信仰，都应有各自的合理的存在空间，不可能互相取代，而要彼此尊重。"[①] 牟钟鉴先生提出建立宗教文化生态的中国模式理论，引起诸多学者的共鸣，十几年以来学界产生了一大批有影响的关于中国宗教文化生态的研究成果，这些研究成果深入思考并概括了我国多元文化和谐共存的历史现象，探索了我国宗教生存发展的未来道路。

一种文化要想永远保持它的活力和优势，就必须讲求多样性，保持开放的态势，不断注入新的血液以更新自身，这样才能获得未来的可持续发展。文化只有在相互的交流、碰撞中才能实现融合，从而稳定有序地推进总体文化的发展，湖南地区信仰民俗文化生态的开放性、多样性是其能够获得良性发展的前提。历史上湖湘本土文化与域外文化相互交流、相互渗

---

① 牟钟鉴：《宗教文化生态的中国模式》，《中国民族报》2006年5月16日第6版。

透,使湖湘信仰民俗呈现出瑰丽多姿的风貌。从湖南信仰民俗漫长的发展历程来看,主流文化无疑发挥过重要作用,但不可否认的是,信仰民俗也反过来对主流文化产生过深远的影响。湖南地区信仰民俗文化具有强烈的力量,让我们对中国非主流的民间文化有了更清醒的认识:"中国的民间信仰不仅与生成塑造它的地方社会和地方民众有着密切的关联,而且与国家政治、现代学术、当代社会文化潮流等紧密相关,还与世界文明不可分割;我们不能脱离具体的历史环境去评价民间信仰的文化价值与社会意义,而应将其置于具体的社会文化历史条件下去做出符合其生存与传播规律的现代性建构。"①

湖南作为中部多民族省份,近年来在社会经济取得长足进步的同时,信仰民俗却面临着内部和外部的种种生态上的困境:全球化的时代巨变,现代教育的"去传统化",年轻人对信仰民俗的关注锐减,信仰民俗政策的不确定性,信仰民俗的欠合法性。在转型期西方宗教文化对湖南信仰民俗文化形成了强烈的冲击,如乡村基督教在传播的过程中排斥信仰民俗的信仰体系和思想文化,基督教在湖南地区的飞速发展彰显了西方文化的强势与霸权,严重损坏了湖南地区多元和谐的宗教文化生态。世俗化背景下,湖南信仰民俗的神圣性被消解,信仰民俗日趋娱乐化、功利化。某些地区信仰民俗活动走向高端化、商业化,与普通民众产生了隔阂,势必导致广大民众与信仰民俗活动的疏离。这些对信仰民俗的未来发展是不利的。

要构建平衡的湖南地区信仰民俗文化生态,首先要坚持"和而不同"的文化认知传统。历史上湖南地区信仰民俗文化的平衡发展,和湖湘地区千百年来形成的"和而不同""多元包容"的文化认知传统紧密相关。历代人口迁徙、南北文化交流,使湖湘信仰民俗文化与北方文化、其他少数民族文化的交流互动越来越频繁,多元文化相互碰撞,更容易产生文化认同,从而形成了湖湘信仰民俗文化的广纳博收、兼容并蓄的特色。同时,不同宗教之间要开展广泛的对话,对话能促进交流,对话能增进理解。通过对话,不同宗教既能发现彼此信仰之间的相异之处,同时又能深入地了解彼此之间的共同之处,从而在这共同性和差异性之间寻求一种"和而不同"

---

① 张祝平:《本体与他者:当代中国社会民间信仰"非遗化"反思》,《中国农业大学学报》(社会科学版) 2017 年第 6 期。

的立场。在湖南地区信仰民俗和其他宗教进行对话交流的过程中,地方政府不但要维护不同宗教各自的话语权和本土性,而且要竭力使不同宗教做到知己知彼,使他们在不同文化的参照中重新解读对方,搭建文化交流的平台。此外,我们还要加快宗教事务管理的法制化建设,为湖南地区信仰民俗管理提供政策与法律保障。信仰民俗为非制度化宗教,从立法的角度来看,至今还没有一部较为系统详细的法规专门规范信仰民俗。尽管《宗教事务条例》已经得到修订,但由于它是一部宏观性的国家法规,注重纲领性,在实际的实施过程中缺乏一些具体的配套法规,也没做好与其他法律法规的对接。而民间信仰活动要想合法,只有依靠法律,做到有章可循、有组织可管、有法可依。

信仰民俗在当今中国的非主流地位引发了很多思考,从非物质文化遗产保护的角度对信仰民俗进行研究,必须要注重其经过变迁沉淀下来的民族厚重感,注重其有益于大众身心健康的文化传统。在湖南地区的非物质文化遗产保护工程中,信仰民俗文化是大众的信念和仪式,代表着国家主流话语的一种文化认同。研究信仰民俗文化的生态系统,能够为非物质文化遗产保护提供新思路、新动力。湖南地区信仰民俗是湖湘民俗文化的根本,是湖湘本土化的信仰资源和文化资本,在普通民众中间有极强的生命力和广泛的认同度。我们对湖南地区信仰民俗的合理内容进行正当保护,也要适当摒弃其不合理的思想与内容。我们不能把信仰民俗申遗当成获得合法生存途径的一种策略与机遇,而是应该把申遗当成"进行自我反思、自我改造并重新建构的一个契机"。[①] 湖南地区信仰民俗是湖南众多信仰资源中的重要组成部分,它丰富了湖湘民众的精神文化生活,保护它也就是保护文化生态平衡。只有在宽松、和谐、多元的文化环境下,湖南地区的信仰民俗才能保持生命力和活力,从而使民间社会中的文化资源真正鲜活地存在于人民群众的日常生活中。

---

① 王霄冰、林海聪:《妈祖:从民间信仰到非物质文化遗产》,《文化遗产》2013年第6期。

参考文献

一 古籍与地方文献

白钢:《钟相杨么轶事及其史料价值》,山西人民出版社1978年版。

(清)陈运溶编纂:《湘城访古录 湘城遗事记》,岳麓书社2009年版。

《中国民间故事集成湖南卷》,汉寿县资料本,汉寿县民间文学集成办公室1987年版。

何培金点校:清道光《洞庭湖志》,岳麓书社2002年版。

(宋)洪兴祖:《楚辞补注》,白化文等点校,中华书局1983年版。

湖南历史资料编辑室编:《湖南历史资料》,湖南人民出版社1981年版 第2辑 总第14辑。

湖南人民出版社编:《屈原的传说》,湖南人民出版社1984年版。

刘自齐、赵丽明选译:《板塘苗歌选》,岳麓书社1992年版。

《洞庭湖变迁史》,湖南省水利电力科学院研究所编,湖南省水利电力科学研究所1967年版。

李学勤主编:《十三经注疏毛诗正义》,北京大学出版社1999年版。

刘益安、冯一:《钟相杨么起义的故事》,河南人民出版社1979年版。

(战国)吕不韦辑:《吕氏春秋》,(清)毕沅辑校,中华书局1991年版。

《汨罗市志》,汨罗市民间文学集成办公室1987年版。

彭小峰主编:《衡岳漫话:湖南省文史研究馆编》,上海书店出版社1994年版。

(清)饶佺修:《湖湘文库(甲编)乾隆衡州府志2》,岳麓书社2008

年版。

施金炎:《洞庭史鉴》,湖南人民出版社 2002 年版。

施隆庭:《汉寿历史典故与传说》,中国文史出版社 2004 年版。

《中国民间故事集成湖南卷》,石门县资料本,石门县民间文学集成办公室 1987 年版。

同德斋主人编:《湖湘文库（甲编）广湖南考古略》,湖南教育出版社 2010 年版。

熊箭:《洞庭湖水文化研究》,湖南大学出版社 2008 年版。

杨永国等搜集整理:《杨幺的故事》,湖南人民出版社 1979 年版。

《中国民间故事集成湖南卷》,益阳县资料本,益阳县民间文学集成办公室 1987 年版。

（清）应先烈修:《湖湘文库（甲编）嘉庆 常德府志》,岳麓书社 2008 年版。

《古罗志》,《永乐大典方志辑佚》,中华书局 2004 年版。

袁珂校注:《山海经校注》,上海古籍出版社 1980 年版。

《中国民间故事集成湖南卷：岳阳市北区资料本》,岳阳市北区民间文学集成办公室 1996 年版。

《岳阳市南区资料本》,岳阳市南区民间文学集成办公室 1987 年版。

《中国民间故事集成湖南卷》,岳阳县资料本,岳阳县民间文学集成办公室编 1987 年版。

中国民间文艺研究会湖南分会主编:《南岳的传说》,湖南人民出版社 1981 年版。

中国民间文艺研究会湖南分会主编:《洞庭湖的传说》,湖南人民出版社 1985 年版。

《湘阴县志·稀见中国地方志汇刊》,中国书店出版社 1992 年版。

中国作家协会湖南分会编:《湖南民间歌谣选集》,湖南人民出版社 1959 年版。

周志民等:《岳阳民间故事精选》,中国工人出版社 1992 年版。

（南朝梁）宗懔：《荆楚岁时记》,宋金龙校注,山西人民出版社 1987 年版。

二 国外专著

［美］露丝·本尼迪克特：《文化模式》，王炜等译，生活·读书·新知三联书店1988年版。

［法］列维-布留尔：《原始思维》，丁由译，商务印书馆1986年版。

［日］渡边欣雄：《汉族的民俗宗教——社会人类学的研究》，周星译，天津人民出版社1998年版。

［英］詹·乔·弗雷泽：《金枝》，徐育新等译，大众文艺出版社1998年版。

［奥］弗洛伊德：《图腾与禁忌》，文良文化译，中央编译出版社2005年版。

韩森：《变迁之神：南宋时期的民间信仰》，包伟民译，浙江人民出版社1999年版。

黑格尔：《精神现象学》，贺麟、王玖兴译，商务印书馆1985年版。

［美］塞缪尔·亨廷顿：《文明的冲突与世界秩序的重建》，周琪、刘排、张立平、王圆译，新华出版社1998年版。

［英］马林诺夫斯基：《巫术科学宗教与神话》，李安宅译，中国民间文艺出版社1986年版。

［英］马林诺夫斯基：《文化论》，费孝通等译，中国民间文艺出版社1987年版。

［法］列维-斯特劳斯：《图腾制度》，渠东译，上海人民出版社2002年版。

J. H. Steward：Theory of Culture Change，University of Illinois Prss：Urbana，1979，39—40。

泰勒：《原始文化》，连树声译，谢继胜、尹虎斌、姜德顺校，上海文艺出版社1992年版。

［法］爱弥尔·涂尔干：《宗教生活的基本形式》，渠东、汲古译，上海人民出版社1999年版。

［美］杨庆堃：《中国社会中的宗教》，范丽珠译，上海人民出版社2007年版。

三 国内专著类

蔡相烽：《以妈祖信仰为例——论政府与民间信仰的关系》，《汉学研究中心民间信仰与中国文化国际研讨会论文集》（上册），台北汉学研究中心1994年版。

陈建宪：《神祇与英雄》，生活·读书·新知三联书店1994年版。

陈进国：《信仰、仪式与乡土社会》（上、下），中国社会科学出版社2008年版。

陈晓毅：《中国式宗教生态——青岩宗教多样性个案研究》，社会科学文献出版社2008年版。

范丽珠、欧大年版编：《中国北方农村社会的民间信仰》，上海人民出版社2013年版。

范正义：《众神喧哗中的十字架：基督教与福建民间信仰共处关系研究》，社会科学文献出版社2015年版。

方培元：《楚俗研究》，湖北美术出版社1999年版。

葛兆光：《中国思想史》，复旦大学出版社1998年版。

郭于华主编：《仪式与社会变迁》，社会科学文献出版社2000年版。

郝苏民主编：《仪式、崇拜与有序的神圣》，中央民族大学出版社2008年版。

黄永林：《民间文化与荆楚民间文学》，华中师范大学出版社2005年版。

黄芝岗：《中国的水神》，上海文艺出版社1988年版。

李琳：《洞庭湖水神信仰研究》，湖南人民出版社2012年版。

李向平：《信仰、革命与权力秩序——中国宗教社会学研究》，上海人民出版社2006年版。

李向平：《中国当代宗教的社会学诠释》，上海人民出版社2006年版。

李亦园：《信仰与文化》，台北巨流图书公司1982年版。

林国平：《闽台民间信仰源流》，福建人民出版社2003年版。

林河：《九歌与沅湘民俗》，三联书店上海分店1990年版。

林美容：《妈祖信仰与汉人社会》，黑龙江人民出版社2003年版。

林美容：《台湾人的社会信仰》，台北自立晚报社文化出版部 1993 年版。

刘守华：《中国民间故事史》，湖北教育出版社 1999 年版。

刘晓春：《仪式与象征的秩序——一个客家村落的历史、权力与记忆》，商务印书馆 2003 年版。

陆栋梁：《湘桂走廊丧葬仪式音乐研究》，广西人民出版社 2016 年版。

路遥等：《中国民间信仰研究述评》，上海人民出版社 2012 年版。

吕大吉、牟钟鉴：《概说中国宗教与传统文化》，中国社会科学出版社 2005 年版。

彭大成：《湖湘文化与毛泽东》，湖南人民出版社 2003 年版。

施敏锋：《民间信仰的湖州镜像 一种区域社会视野下的"公共知识"探究》，浙江工商大学出版社 2016 年版。

司马云杰：《文化社会学》，中国社会科学出版社 2001 年版。

孙玉平：《中华泰山》，山东文艺出版社 1999 年版。

谭其骧：《云梦与云梦泽》，《复旦学报·历史地理专辑》1980 年版。

田金霞、余勇、姜红莹：《湘西北少数民族文化与旅游发展研究》，对外经济贸易大学出版社 2008 年版。

王铭铭：《村落视野中的文化与权力》，生活·读书·新知三联书店 1997 年版。

王铭铭：《山街的记忆——一个台湾社区的信仰与人生》，上海文艺出版社 1997 年版。

王孝廉：《水与水神》，学苑出版社 1994 年版。

乌丙安：《中国民间信仰》，上海人民出版社，1995 年版。

巫瑞书：《孟姜女传说与湖湘文化》，湖南大学出版社 2001 年版。

巫瑞书：《南方民俗与楚文化》，岳麓书社 1997 年版。

吴嵘：《贵州侗族民间信仰调查研究》，人民出版社 2014 年版。

向柏松：《中国水崇拜》，上海三联书店 1999 年版。

徐民权等主编：《洞庭湖近代变迁史话》，岳麓书社 2006 年版。

徐晓望：《妈祖信仰及其文化精神》，《莆仙文化研究——首届莆仙文化学术研讨会论文集》，莆田，2002 年。

徐晓望：《福建民间信仰论集》，光明日报出版社 2011 年版。

杨利慧：《女娲的神话与信仰》，中国社会科学出版社 1997 年版。

叶春生、蒋明智：《悦城龙母文化》，黑龙江人民出版社 2003 年版。

袁珂：《中国神话史》，上海文艺出版社 1988 年版。

岳永逸：《灵验·磕头·传说——民众信仰的阴面与阳面》，生活·读书·新知三联书店 2010 年版。

詹鄞鑫：《神灵与祭祀：中国传统宗教综论》，江苏古籍出版社 1992 年版。

张松辉：《十世纪前的湖南宗教》，湖南大学出版社 2004 年版。

郑振满、陈春声：《民间信仰与社会空间》，福建人民出版社 2003 年版。

钟敬文主编：《民俗学概论》，上海文艺出版社 1998 年版。

周振鹤：《中国历史区域文化研究》，复旦大学出版社 1997 年版。

卓新平主编：《宗教比较与对话》，社会科学文献出版社 2000 年版。

宗力、刘群：《中国民间诸神》，河北人民出版社 1986 年版。

四 期刊、报纸、会议论文

蔡登秋：《论三明列西村谢佑信仰文化生态与现代性启示》，《黄河科技大学学报》2016 年第 5 期。

陈彬：《湖南省瑶族"盘王大庙"的另一种生存策略》，《井冈山大学学报》2011 年第 4 期。

陈建坡：《民间信仰与中国社会编纂研讨会综述》，《文史哲》2006 年第 1 期。

陈建宪：《论道教对中国神话的继承与发展》，《华中师范大学学报》（人文社会科学版）2003 年第 11 期。

陈曦：《宋代荆湖北路的水神信仰与生态环境》，《湖北社会科学》2009 年第 9 期。

陈霞：《宗教与生态学的对话与互动》，《世界宗教研究》2004 年第 4 期。

范丽珠、李向平、周越、陈进国、郑筱筠：《对话民间信仰与弥散性宗教》，《世界宗教文化》2013 年第 12 期。

范丽珠：《制度性宗教 VS 分散性宗教》，《世界宗教文化》2010 年第 5 期。

范正义：《民间信仰研究的理论反思》，《东南学术》2007 年第 2 期。

高丙中：《民间的仪式与国家的在场》，《北京大学学报》2001 年第 1 期。

郭于华：《仪式与社会变迁》，社会科学文献出版社 2000 第 5 期。

何敦培：《湖南民间信仰及其与地方社会的关系》，《民族研究》2008 年第 10 期。

贺雪峰：《村庄精英与社区记忆：理解村庄性质的二维框架》，《社会科学辑刊》2000 年第 4 期。

侯莹：《城镇化视阈下少数民族民间信仰的困境和调适探析——以滇越边境地区为例》，《经营管理者》2016 第 28 期。

黄建铭：《民间信仰的社会功能及导控——构建和谐社会视角》，《福建行政学院经济管理干部学院学报》2006 年第 3 期。

黄永林：《论新农村文化建设中的现代与传统》，《民俗研究》2008 年第 4 期。

金泽：《民间信仰面临的挑战与选择》，《中国民族报》2007 年第 3 期。

金泽：《能否和谐发展：民间信仰面临的挑战与选择》，《福建省社会主义学院学报》2006 第 1 期。

金泽：《能否和谐发展：民间信仰面临的挑战与选择》，《福建省社会主义学院学报》2006 年第 1 期。

李华伟：《乡村公共空间的变迁与民众生活秩序的建构》，《民俗研究》2008 年第 4 期。

李琳：《生存的忧患与诗化的审美》，《武陵学刊》2015 第 4 期。

李霞：《民间信仰的社会凝聚机制：性别角度的初步探讨》，《天府新论》2005 年第 5 期。

李向平：《神圣悖论与民间信仰双重性》，《河北学刊》2018 第 1 期。

李向平：《"宗教生态"还是"权力生态"——从当代中国的"宗教生态论"思潮谈起》，《上海大学学报》（社会科学版）2011 第 1 期。

林国平：《关于中国民间信仰研究的几个问题》，《民俗研究》2007

年第 1 期。

林国平：《民间宗教的复兴与当代中国社会——以福建为研究中心》，《世界宗教研究》2009 年第 4 期。

林国平：《去巫化与正统化：民间信仰的生存和发展之路——以福建民间信仰为例》，《世界宗教研究》2013 年第 1 期。

林继富：《民间传说与民间信仰互动研究》，《华中师范大学学报》2003 年第 11 期。

林继富：《同质异形的神灵谱系——藏族湖神与水神关系透视》，《西北民族研究》2004 年第 2 期。

刘守华：《中国道教与神话》，《民间文学论坛》1991 年第 5 期。

路遥、迪木拉提、姜生、叶涛、金泽：《民间信仰与中国社会研究的若干学术视角》，《山东社会科学》2006 年第 5 期。

牟钟鉴：《从比较宗教学的视野看中国宗教文化模式》，《中国宗教》2007 年第 7 期。

牟钟鉴：《对中国民间宗教要有一个新的认识》，《中国民族报》2008 年 11 月 11 日。

牟钟鉴：《宗教生态论》，《世界宗教文化》2012 年第 1 期。

牟钟鉴：《宗教文化生态的中国模式》，《中国民族报》2006 年第 5 期。

覃德清：《中国民间宗教信仰现状与改革的思考》，《民间文学论坛》1997 年第 4 期。

王爱国：《宗教生态平衡与抵御境外宗教渗透——兼谈民族识别与民族民间信仰若干问题》，《世界宗教研究》2010 年第 4 期。

王霄冰、林海聪：《妈祖：从民间信仰到非物质文化遗产》，《文化遗产》2013 年第 6 期。

王元林、李娟：《历史上湖南湘江流域水神信仰初探》，《求索》2009 年第 1 期。

吴雪梅：《多中心乡村社会秩序的建构——以明清时期两湖地区为考察对象》，《华中师范大学学报》（人文社会科学版）2012 第 6 期。

向柏松：《民间信仰与非物质文化遗产保护》，《中南民族大学学报》（人文社会科学版）2006 第 5 期。

萧放：《文化遗产视野下的民间信仰价值重建》，《探索与争鸣》2010年第4期。

杨世英：《侗族傩戏现状令人忧》，《中国文化报》2011年4月26日。

叶涛：《关于泰山石敢当研究的几个问题》，《民俗研究》2017年第11期。

叶涛：《泰山后石坞元君庙与邹城西关泰山香社——当代民间信仰组织的个案调查》，《民间文化论坛》2004年第4期。

叶涛：《泰山香社传统进香仪式研究》，《思想战线》2006年第2期。

尹虎彬：《传承论的民间信仰研究》，《西北民族研究》2014第5期。

张建文、高完成：《新修订〈宗教事务条例〉出台的背景、意义及亮点》，《中国宗教》2017年第1期。

张晓虹：《区域信仰的本土化与地方信仰的转型——基于清代陕南杨泗将军信仰的考察》，《陕西师范大学学报》2008年第11期。

张祝平：《本体与他者：当代中国社会民间信仰"非遗化"反思》，《中国农业大学学报》（社会科学版）2017年第6期。

张祝平：《论民间信仰文化生态系统的当代建构》，《浙江学刊》2013第3期。

张祝平：《论社会主义新农村建设中的民间信仰问题》，《湖北社会科学》，2008年第3期。

张祝平：《民间信仰的新动向》，《中国民族报》2014年3月25日。

赵可欣：《民间信仰传承的困境分析——基于福建M村的调查》，《商》2016第7期。

钟伯清：《多元与和谐：中国民间信仰的基本形态———一个村落民间信仰的实证调查》，《福州大学学报》（哲学社会科学版）2007年第5期。

周星：《民间信仰与文化遗产》，《文化遗产》2013第5期。

周星：《日本的丰桥鬼祭：对一项无形民俗文化遗产的现场观察》，《文化遗产》2015第11期。

朱海滨：《民间信仰的地域性》，《社会科学研究》2009年第4期。

朱汉民：《船山诠释与湖湘文化建构》，《社会科学战线》2012年第8期。

朱汉民：《湖湘民间信仰的多元建构》，《湖南大学学报》（社会科学版）2013 第 6 期。

卓新平：《当代中国的信仰理解与信仰包容》，《文汇报》2012 年 4 月 9 日。

五 学位论文

陈丽丽：《宗教市场论视域下的黑龙江省农村基督教家庭教会研究》，硕士学位论文，黑龙江大学，2015 年。

陈亮：《九歌二湘研究》，硕士学位论文，南京师范大学，2006 年。

工亚利：《魏晋南北朝灾害研究》，博士学位论文，四川大学，2003 年。

黄佳琳：《20 世纪 80 年代以来江浙沪农村宗教信仰状况考察》，硕士学位论文，华东师范大学，2004 年。

冀花芳：《湖南非基督教运动研究》，硕士学位论文，湘潭大学，2014 年。

贾艳红：《汉代民间信仰研究》，博士学位论文，山东大学，2004 年。

姜雪：《现代性语境下的保家仙信仰及其实践》，硕士学位论文，辽宁大学，2014 年。

李奋：《新疆宗教文化生态现状研究》，博士学位论文，中央民族大学，2010 年。

李美莲：《基督教在近代湘西的传入及其影响研究》，硕士学位论文，吉首大学，2012 年。

钱林勇：《民间信仰在当前中国乡村治理中的功能研究》，硕士学位论文，南京航空航天大学，2016 年。

史亚辉：《伏波神崇拜及其仪式与功能解析》，硕士学位论文，广西民族大学，2008 年。

松柏：《吴越民间水神信仰研究》，硕士学位论文，温州大学，2008 年。

王默：《多元信仰文化与族际互动》，博士学位论文，兰州大学，2017 年。

王荣国：《明清时代的海神信仰与经济社会》，博士学位论文，厦门大学，2001 年。

严婷:《上海地区施相公传说与信仰研究》,硕士学位论文,华东师范大学,2009年。

杨丹:《近代湖南武陵山区的环境变迁》,硕士学位论文,湖南师范大学,2014年。

张俊峰:《明清以来洪洞水利与社会变迁》,博士学位论文,山西大学,2008年。

章程:《侗族傩舞"咚咚推"的象征符号解读》,硕士学位论文,中央民族大学,2011年。

赵容俊:《先秦巫俗之研究》,硕士学位论文,台湾大学,2002年。

代后记　和一只鸟的凝望

你就这样屹立在我的窗棂上

似乎伸手就可触摸到

但却又是那么遥不可及

当我坐在书桌旁为完成这个课题陷入冥想时，这只小鸟就这样飞过来了，它眨巴着圆溜溜的小眼睛认真地看着我，没有一丝的胆怯与慌乱。似乎漫长的一个世纪过去了，我一动不动，呼吸几乎都停滞了，它就在我面前，似乎触手可及。但它终究自顾自地飞走了，留下我独自惆怅。

窗外是风吹过樟树林的声音，湘大秀山上的樟树林茂密参天，我还在为我的课题冥思苦想。

听说在每个人的生命里都有一颗星星，它遥不可及，可是你一抬头总能看见它。

我突然想到，人生中的很多事物，似乎都是近到伸手就可触摸到，但却又是那么遥不可及，但如果我们能在抬起头来时，看到那颗属于自己的星星，我们就会有了信心与勇气，这或许就是信仰的力量吧。即使我们是在疲惫不堪的时候，我们也会说：只愿一路风景够美，能配得上这所有苦痛挣扎。

感谢所有在我申报和完成课题中提供给我帮助的人们，是你们，帮助我抬起头来看到了那颗属于我的星星。

感谢我的导师刘守华老师，我现在还记得十多年前的那个夏天，我第一次走进老师家门时刘老师和师母和蔼可亲的笑容，还有十多年来无私的关怀与帮助；感谢我的导师黄永林老师和师母罗忻老师一直以来的鼓励与督促；感谢陈建宪老师在我读博士期间的无私指导。

感谢湖南文理学院的龙献忠校长、佘丹清院长在我申报本课题时给我的必不可少的指导，我永远感恩在心；感谢中国社科院宗教所的卓新平所长，能得到您的指点，我何其幸运。

感谢北京大学廖可斌先生对一个家乡无名小辈的无私帮助与真诚指导，感谢湘潭大学文学与新闻学院的李剑波院长，他的诚挚善良、勤奋朴实为我做人做事树立了榜样，感谢湘潭大学文学与新闻学院给我提供了一个宽松自由的学术氛围，也感谢我的研究生李园园、金媛、邵齐齐为我校对书稿时所付出的辛苦。

感谢我在这十几年来我在田野调查时遇到的所有给我帮助的人，是你们，让本课题得以顺利开展。

感谢中国社会科学出版社罗莉老师、刘艳老师、伊岚博士的帮助，让本课题研究成果得以顺利出版；感谢爱人多年来的支持，是你给了我克服所有困难的力量与勇气，感谢在国外深造、已经长大独立的儿子，你们是我生命中最坚实的后盾；感谢公公婆婆还有父母对我们的所有付出。

本部专著出版离我的博士论文结集出版已有6年，6年的时间本应磨得一把好剑，但这6年里，种种琐事让我只能靠挤出时间才得以完成这项课题。值得庆幸的是，本专著虽然有诸多缺陷，但它毕竟是一部经历过风雨考验的心灵之作，也是我十多年来对湖南地区民间信仰研究的学术总结，我更期望它是一部抛砖引玉之作，能引发更多的学界同仁参与到对湖南地区信仰民俗的研究中来。本专著对有些问题的研究还有待深入，如湖南地区多民族聚居区的信仰民俗文化是怎样相互影响相互融合的？这种文化生态又是怎样影响到湖南地区各民族对中华文化的文化认同？这将留在我2019年新申报的国家课题"南岳信仰传播与湖湘多民族文化交融研究"里作更进一步的探讨。